Hier beginnt Ihre Kreuzfahrt!
www.hlkf.de

Willkommen an Bord – mit Uwe Bahn und Johannes Bohmann

Die Kreuzfahrt lebt!

„Rock 'n' Roll ohne Protokoll" verspricht Udo Lindenberg für seine „Rock-Liner-Cruise" auf der Mein Schiff im Mai. Einen „Central Park", so groß wie ein Fußballfeld, hat die Oasis of the Seas. Auf frisch gemähtem Rasen Crocket spielen kann man auf den neuen Schiffen von Celebrity Cruises. Mit einem schwimmenden Brauhaus lockt die AIDAblu, mit sechs Bowlingbahnen die Norwegian Epic – und mit 4.000 Quadratmetern Segelfläche die Sea Cloud Hussar: Sie sticht im Juni ab Hamburg in See. Mit „nur" 136 Passagieren an Bord.

Kreuzfahrt mal anders mit Udo Lindenberg

Keine Frage: Die Kreuzfahrtwelt wird 2010 so bunt wie nie zuvor. Und so vielfältig, dass wir Ihnen auch in diesem Jahr wieder Orientierung bieten möchten – mit unserer Auswahl der besten Schiffe, der schönsten Häfen und der interessantesten Geschichten. 65 Schiffe, darunter auch diverse Newcomer und einige Exoten, beschreiben wir im Detail, alle anderen sind zumindest in unseren neuen Flottenporträts vertreten. Aber auch von Reisen zwischen Amazonas und dänischer Südsee möchten wir erzählen. Und vom Landgangsabenteuer in acht der schönsten Kreuzfahrthäfen der Welt. Kommen Sie mit uns an Bord, um es selbst zu erfahren: Die Kreuzfahrt lebt!

Herzlich, Ihre

FOTOS: privat (1), C. Oldendorf (1), T. Acke (1); TITEL: Princess Cruises (2), Turespaña (1); ILLUSTRATION: G. Zbinden

Inhalt

REPORTAGEN

SCHIFFE

FOTOS: K. Ullrich (1), C. Oldendorf (1), MSC Kreuzfahrten (1), P. Guenther

Inhalt

REISEZIELE

FOTOS: Bergen Tourist Board (1); Turespana (1); MSC Kreuzfahrten (1); iStock (1)

MSC
Meer Sonne Charme

AIDA
AIDAaura
www.aida.de

Willkommen an Bord
der unbegrenzten
Urlaubsmöglichkeiten.
AIDA
DAS CLUBSCHIFF
www.aida.de

Mein Schiff wird kommen

In nur 38 Tagen hat TUI Cruises die Celebrity Galaxy in „Mein Schiff“ umgebaut. Für 50 Millionen Euro. Hält Mein Schiff, was es verspricht? Erste Aufschlüsse nach einer Nordlandfahrt

VON UWE BAHN

FOTO: Uwe Bahn

Hingucker: Mein Schiff im Geirangerfjord

Relaxen à la TUI Cruises: die Himmel & Meer Lounge und die „Entspannungsinseln“

Was hat dieser Mann vor? Mitten zwischen den gewaltigen Felswänden des Geirangerfjords stoppt Kjell Holm sein Schiff. Ausgerechnet hier, in einer der spektakulärsten Passagen der Kreuzfahrt. Die Passagiere kleben förmlich an der Reling und schauen einander fassungslos an: Der Kapitän lässt das Schiff um neunzig Grad drehen – bis die 262,50 Meter quer im Fjord liegen. Und nun steuert er auf einen gewaltigen Wasserfall zu, der oben von den Felsklippen in die Tiefe stürzt. „Mein Staff-Kapitän möchte duschen“, lautet die kurze, knappe Erklärung. Der Angesprochene steht derweil mit aufgespanntem Regenschirm vorn an der Bugspitze. Wenige Augenblicke später prasselt das Wasser auf den Seemann hernieder. Tosender Applaus – so etwas gibt's auf keinem Schiff. Kapitän Kjell Holm lächelt verschmitzt. Und sagt den Satz, den die Reederei so gern hört: „Das ist mein Schiff!“

Diese Worte möchte TUI Cruises auch von den Gästen hören, schließlich ist das der offizielle Name: „Mein Schiff“. Cleveres Marketing, zweifellos. Dennoch gibt es eine weitere Option: „Nicht mein Schiff“. Also frei nach Shakespeare: „Mein“ oder „nicht mein“, das ist hier die Frage. Auch für uns. Vier Bekannte reisen mit mir.

Mein Schiff, so sagt es der Katalog, soll für „Individualität und Freiraum“ stehen. Ein kühner Kurs bei einer Kapazität von fast 2.000 Passagieren. Aber in der Tat: Zwischen Back- und Steuerbord ist reichlich Raum. Weitläufig ist das Sonnendeck, hier kommt es zu keinen Kämpfen um die Liegen, wie man sie von anderen Schiffen dieser Größenordung kennt. Viel Platz ist auch in den beiden Pools. „Ich konnte sogar ein paar Bahnen ziehen“, schwärmt ein Schwimmer, der schon in so manches Schiffsbassin gestiegen ist. An sonnigen Seetagen sieht es aber auch auf diesem Pooldeck eher nach Benidorm als nach Bali aus.

Doch die Rettung ist nicht weit: der eigene Balkon. Zweihundert davon wurden beim Umbau der ehemaligen Galaxy zur Mein

Auge in Auge mit einer Mitbewerberin – und der Staff-Kapitän bem „Duschen"

Schiff zusätzlich angeschweißt. Sinnvoll, wenn auch längst Standard bei allen neuen Schiffen. In der Kabine steht der Inbegriff der Individualität: die eigene Nespresso-Maschine! Das persönliche Glück wird nur dadurch getrübt, dass kaum einer den Betriebsschalter der Kapsel-Kaffeemaschine findet.

Also doch in eine der dreizehn Bars und Lounges? Besonders beliebt ist die Himmel & Meer Lounge auf Deck 12, backbord vorn. Die riesigen Panoramafenster schlagen jeden Flatscreen – gerade in der Zauberlandschaft Norwegens. Und in den teppichgroßen Kuschelkissen schlürft so mancher seinen Cocktail, bis der Kapitän ihn mit der nächsten Durchsage weckt: Im Namen der Besatzung wolle er sich für den Sonnenschein in Bergen entschuldigen. Die Stadt sei sonst sehr zuverlässig verregnet. Das Schiff schmunzelt – Kjell Holm ist ein echter Glücksgriff.

Leider nicht das Entertainment. „Premium" soll es sein, Durchschnitt ist es. Die Abende im Theater wirken wenig inspi- ►

MEIN SCHIFF 2010

Wer die Mein Schiff 2010 erleben möchte, hat diverse Routen zur Auswahl. Neben dem westlichen Mittelmeer werden die Ostsee und Norwegen angefahren; erstmals geht es auch nach Island, Schottland und zu den Färöer-Inseln sowie rund um Großbritannien, mit Abstechern nach Belfast und Dublin. Im September und Oktober geht es ab Mallorca nach Tunis, Palermo, Neapel und Ajaccio auf Korsika, gefolgt von Törns nach Marokko und zu den Kanaren. Wer nur einmal schnuppern will, ob die Mein Schiff auch sein Schiff ist, kann eine von drei Kurzreisen buchen: Sie führen von Hamburg oder Kiel nach Oslo, Kopenhagen oder Dover.

FOTOS: Uwe Bahn (3), TUI Cruises (2)

Kreuzen per Schiff, per Rad, per Bahn: im Saudafjord, in Bergen, mit der Flåmsbahn

FOTOS: Uwe Bahn (1), TUI Cruises (2)

riert. Mit staubigen Schlagershows und müden Musicals werden nicht wie versprochen „neue Maßstäbe" gesetzt. Bieder sind auch die Bands in den Bars – Schiffsstimmung kann so nicht aufkommen. Auf dieser Reise bleibt die Disco Abtanzbar jeden Abend verwaist, die TUI-Bar wirkt kalt, trotz wechselnder Lichteffekte. Und Bordpianist Bastian ist als Sänger weitestgehend talentfrei.

Ein großes Plus an Bord ist dagegen der 1.700 Quadratmeter große Wellnessbereich Spa & Meer. Mit seinen privaten Spa-Suiten gehört er zu den Trümpfen auf dem TUI-Schiff. Von der Thai-Yoga-Massage bis zum schlammigen Rasulbad – alles ist im Angebot. Sogar eine Nassrasur für den Mann, mit Traubenkernpeeling und Rotwein-Aftershave-Gel. Wohlsein! Ob die größte Sauna auf See mit ihren 54 Plätzen besonders individuell ist, möge jeder im Angesicht seines Schweißes selbst entscheiden.

Das fällt uns bei den Restaurants nicht schwer. Eindeutig ist das Votum für die Grillgastronomie Surf and Turf: Es schmeckt wunderbar! Auch wenn hier zugezahlt werden muss: Schon nach kurzer Zeit erkocht sich das T-Bone-Team seine Stammgäste. Well done!

Eine andere Welt ist das rummelige Buffetrestaurant Anckelmann-Platz mit seiner „All you can eat"-Attitüde. Eine Alternative hierzu ist das riesige Atlantik-Restaurant mit verschiedenen Menüs zur Wahl. Hier wird der Gast auf zwei Decks bedient – eigentlich der Ort, um eine individuelle Duftmarke zu setzen. Noch haben Küche und Service Luft nach oben, aber das Atlantik wird sich entwickeln.

Im Heck von Deck 11 sind gleich drei Restaurants untergebracht: Das Italo-Bistro La Vela bereitet frische Nudeln im Wok – das Schlangestehen lohnt sich. Der Spanier Tapas y Más hat seine Stärken bei den Chorizos und seine Schwächen bei den Datteln im Speckmantel. Klasse: Bei Sonnenschein lässt sich das Dach öffnen! Das ►

FOTOS: TUI Cruises (2)

Wohl dem, der eine Balkonkabine hat ... die Hängematte gehört zur Ausstattung

Fischrestaurant Gosch hat mit dem Sylter Original so viel gemein wie eine Garnele mit einer Giraffe. Und der Weißwein kommt zehn Minuten nach dem Essen, nicht nur bei uns. Es bleibt bei *einem* Besuch. Auf die Sushibar müssen wir leider verzichten, da sie zum akustischen Einzugsgebiet des Bordpianisten Bastian gehört, siehe oben. Gelungen ist dagegen der Abend im Feinschmecker-Restaurant Richard's: Beim Krimi-Dinner versöhnt das Entertainment-Ensemble mit Schauspieltalent – auch wenn wir den Mörder nicht erraten.

Ein Glücksgriff: Kapitän Kjell Holm

Vielleicht liegt auch in der Kleinkunst, im versteckten Charme die Chance dieses Schiffs. Kapitän Kjell Holm jedenfalls hat das richtige Gespür dafür. „Morgen früh", kündigt er an, „habe ich eine kleine Überraschung für Sie ..." Um Punkt neun, zur besten Frühstückszeit, löst er das Versprechen ein: Das Schiffshorn bläst auch die letzten aus den Kabinen, die nicht mitbekommen haben, dass wir nicht dort sind, wo wir sein sollten. Der Kapitän hat einen „kleinen Abstecher" in den Saudafjord nördlich von Stavanger gemacht. Und dort hat er nun das Schiff direkt vor einem Campingplatz postiert und tutet die schlafenden Skandinavier aus ihren Wohnmobilen. Zur diebischen Freude auch des norwegischen Lotsen: Noch niemals hat sich ein Kreuzfahrtschiff hierher verirrt.

„Nicht ein Schiff, mein Schiff!" Kjell Holm darf das sagen – es ist ja sein Schiff. Unseres kann es noch werden. Das Potential dazu hat es. Einiger Korrekturen bedarf es zwar noch – doch es wird sich seine Fans sicher erfahren. ■

www.kreuzfahrtguide.com

News, Reportagen und Bildergalerien – auf der Homepage zu diesem Buch finden Sie noch viel mehr aus der Welt der Schiffe

Ob Sie frische Infos zu den Giga-Neubauten der neuen Kreuzfahrtzeitrechnung suchen, ob Sie die Routings der nächsten Saison sehen möchten oder die besten Sonderangebote der Reedereien: Auf **www.kreuzfahrtguide.com** finden Sie es. Dazu gibt es tagesaktuelle Nachrichten aus der weiten Welt der Kreuzfahrt (die wir wöchentlich in unserem „Cruiseletter" versenden) sowie Reportagen zu Taufen und anderen Events der Branche. Schauen Sie in speziellen Bildergalerien hinter die Kulissen der Megaliner. Lesen Sie die Reiseberichte ausgewiesener Kreuzfahrtexperten und lassen Sie sich durch unsere Schiffs-Rankings bei der Planung Ihrer Reise helfen.

Apropos: Während wir im Buch leider nur Platz für die detaillierte Vorstellung von 65 Kreuzfahrtschiffen haben, finden Sie in unserer Online-Schiffsdatenbank die Daten und Fakten von 250 Schiffen – und auf den hinterlegten Decksplänen können Sie schon jetzt die für Sie passende Kabine auswählen. Ebenso verhält es sich mit den Destinationen: Nach See- und Flussreisezielen unterteilt, finden Sie auf unserer Website Fotos, praktische Tipps und weiterführende Links zu über 200 Häfen in aller Welt.

Und wenn Sie Traumroute und -schiff dann beieinander haben, finden Sie in den über 20.000 Angeboten unseres Kooperationspartners **www.e-hoi.de** ganz sicher die passende Reise zu Ihrem persönlichen Wunschtermin – und das mit Bestpreisgarantie. Wir wünschen viel Freude – beim Stöbern und Träumen!

Per Mausklick aufs Schiff: Probieren Sie es einmal aus!

Butler, please!

Verwöhnen nach Strich und Faden: Der „Yacht Club“ von MSC macht’s möglich. Auf der MSC Fantasia probierten wir es aus

VON JOHANNES BOHMANN (TEXT & FOTOS)

1.700 Quadratmeter für Leib und Seele: Empfang im MSC Aurea Spa

Für Lorenzo Fioto, so könnte man meinen, wurde dieser Job erfunden. Bereits als 20-Jähriger übte der heute in Würde ergraute Neapolitaner ihn aus. Zwölfmal hat er dabei die Welt umrundet, hat Staatspräsidenten ebenso gedient wie Hollywoodstars. Und einmal, bald 25 Jahre ist das nun her, hat er in Ausübung seiner Pflicht sogar dem Tod ins Auge geblickt: als Butler des Kapitäns der Achille Lauro, während jener dramatischen Tage der Entführung durch palästinensische Terroristen im Oktober '85. Er nimmt die goldgeränderte Brille von der Nase, muss warten, bis das Beben in seiner Stimme verebbt. „It was ... so terrible." Er stand dabei, als der Passagier Leon Klinghoffer ermordet und im Rollstuhl über Bord geworfen wurde. Wir schweigen lange, bis das Gespräch wieder einsetzen kann.

„Ein Butler muss alles können", sagt Lorenzo dann plötzlich – und strahlt wieder wie gewohnt. „Ich kann auch Haare schneiden, Massagen geben und Blumen binden." Und ja, gern packt er die Koffer aus, wenn seine Gäste es wünschen. Natürlich putzt er auch Schuhe, bügelt Anzüge und Kleider auf, arrangiert einen privaten Chauffeur, einen Fotografen, einen persönlichen Guide für den Landausflug. „Und sollte mal jemandem erst nach dem Abendessen einfallen, dass er morgen gern einen Helikopter-Rundflug hätte, versuchen wir auch das." Denn Lorenzo und seine 22 Mitarbeiter – 21 Männer und eine Frau, Butlerin Aliona aus Odessa – sind für ihre Gäste immer da. Und das heißt in diesem Fall tatsächlich: 24 Stunden. Jeden Tag.

MSC Yacht Club nennt sich das Reich, über das Lorenzo wacht – und dessentwegen die MSC Fantasia der ganze Stolz der Erfolgsreederei aus Neapel ist. Gianluigi Aponte persönlich, der Patriarch des Familienunternehmens, das seinen eigentlichen Reichtum in der Containerschifffahrt erwirtschaftete, soll die Idee zu diesem „Schiff-im-Schiff-Konzept" gehabt haben. Statt eine eigene Luxusyacht à la Seabourn oder SeaDream zu bauen, lässt er 200 Gäste, die solchen Luxus wollen, einfach auf einem großen Schiff mitreisen. In yachtähnlichem Ambiente und mit, so der Anspruch, „sechs Sternen" im Service. Alle anderen der bis zu 3.274 Passagiere des 133.000-Tonners reisen dagegen unter gefühlten vier Sternen. Zwei Welten also auf einem Kiel: Dass diese Idee auf der im Juli ►

Gianluca Bossi, der Capitano persönlich, führt uns über das Schiff. Bell Boys in roter Livree kümmern sich ums Gepäck – und auf dem Pooldeck wird es still, weil das Dinner beginnt

2009 getauften MSC Splendida wiederholt wird, zeigt, dass man fest an sie glaubt.

99 Balkon-Außensuiten, verteilt auf zwei Decks, umfasst der Yacht Club. Sie sind erlesen ausgestattet, mit Marmor und Lapislazuli in den Bädern und ägyptischer Baumwolle auf den Betten. Der Inhalt der exquisit bestückten Minibar ist im Reisepreis enthalten, ebenso die Wunsch-Tageszeitung im fotokopierten Originalformat. Beharrlich werden Handtücher getauscht, Obstkörbe nachgefüllt, Blumen aufgefrischt. Und zu jeder Tages- und Nachtzeit kann man rufen: „Butler, please!" Der bringt dann stante pede das kontinentale Frühstück oder den High Tea auf dem Silbertablett herbei. Oder eine jener Köstlichkeiten, die Benedetto Minuto für die Topsail Lounge zaubert: Dort, im Wohn-, Speise- und Panorama-Aussichtszimmer des Clubs, ist der sympathische Sternekoch aus Reggio di Calabria der Star. „Seinetwegen", glaubt Lorenzo, „verlassen manche den Yacht Club während der Reise gar nicht mehr."

In der Lobby: Treppe aus Swarovski-Glas

Außer vielleicht, um das gleich unterhalb gelegene Aurea Spa aufzusuchen? Suchtgefahr jedenfalls geht auch von dort aus: Mittels heißer Steine, Schlamm oder Aromen wird man therapiert, wird balinesisch oder thailändisch massiert – oder besser: rejuveniert. Zwei- oder vierhändig, von lächelnden Asiatinnen in gelben Gewändern und mit atemraubenden Schraubstockgriffen. Willenlos wie ein Neugeborenes nippt man dann noch am Wellnesstee auf der Liege – und schlappt im Bademantel zurück in die Suite. Ein Glas Prosecco oder, Dekadenz ist süß, das Betthupferl von gestern, ein Schokolädchen von Venchi, warten.

Und doch fragt man sich irgendwann: Wie geht's eigentlich dem Rest dieser Welt? Was

machen eigentlich die anderen 3.074 „normalen“ Passagiere? Per Priority-Check-in haben wir die Fantasia betreten, wurden von rot livrierten Bell Boys abgeholt, an Schlangen vorbeigelotst zu Monique, der sympathischen Yacht-Club-Rezeptionistin aus Hamburg – und haben vom gigantischen „Rest“ dieses Megaliners bisher kaum etwas gesehen.

Kapitän Gianluca Bossi persönlich gibt sich die Ehre, die Lücke zu füllen. Er spaziert mit uns über das riesige Pooldeck, zeigt uns seine „Lieblingsecke“ (nein, nicht den Formel-Eins-Simulator, sondern den gewaltigen Plüsch-Eisbären im Kinderclub), speist mit uns im Restaurant Cerchio d’Oro – und erzählt und erzählt. Von Reedersgattin Rafaela Aponte, die auch auf diesem Schiff die komplette Innendeko entwarf: „Haben Sie die Swarovksi-Treppen in der Lobby gesehen?“ Von der Loren, die quasi zur Familie gehört: „Sie ist als Kind mit Aponte zur Schule gegangen.“ Von seinen Kindern, vom Segeln vor den Cinqueterre, wo er zu Hause ist. Von den deutschen Gästen, die immer alles über die Technik wissen wollen – oder bereits zu wissen glauben ... Und von der glanzvollen Taufe des „schönsten Schiffs der Welt“ im Dezember 2008 in Neapel, bei der er, wie schon so oft, neben Sophia stehen durfte ... Natürlich haben wir ihn längst erkannt: Bossi ist jener fotogene Bilderbuch-Capitano, der bei fast jeder MSC-Taufe in der ersten Reihe strahlt. Che bella figura – wir sind, auch wenn gerade Lanzarote hinter dem Horizont verschwindet, in Italien!

Was zum einen bedeutet: Man weiß zu genießen. Und zum anderen: Es darf gern auch bunt, kokett und trubelig sein. Und das hört mit einer Disco in kreischendem Pink oder einem 1.000-Quadratmeter-Kasino samt ►

Oceanliner-Flair: die Promenade auf Deck 7

DER ULTIMATIVE LUXUS

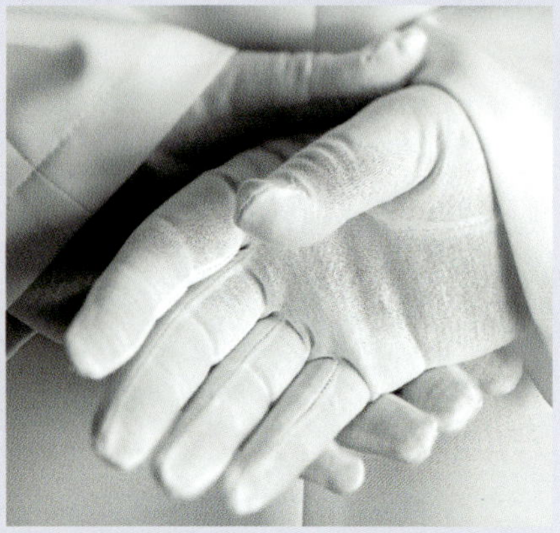

FOTO: MSC Kreuzfahrten

Berufskleidung weiße Handschuhe

Nichts, so scheint es, verkörpert Luxus an Bord so sehr wie der persönliche Butler. Eine ganze Reihe von Reedereien bietet diesen Service mittlerweile an. Interessant ist dabei, dass Unternehmen, von denen man den Butler erwarten würde (etwa **Seabourn** oder **Holland America**), dies nicht tun, während andererseits Anbieter, die zuvor weniger mit High Class assoziert wurden, dem Trend folgen. Zu Letzteren zählen neben MSC sicher auch Costa und NCL.

Butler-Service gibt es bei folgenden Anbietern:

- bei **Azamara Cruises** für alle Gäste
- bei **Celebrity Cruises** für Suiten der Penthouse-, Royal-, Celebrity-, Century- oder Sky-Class
- bei **Costa Kreuzfahrten** für Suiten und Samsara-Spa-Suiten auf **Costa Concordia**, **Serena**, **Luminosa** und **Pacifica**
- bei **Crystal Cruises** für die Kategorien Penthouse, Penthouse Suite und Crystal Penthouse
- bei **Cunard** für die Queens Grill Class auf der **Queen Mary 2** und der **Queen Victoria**
- bei **Hapag-Lloyd Kreuzfahrten** für die Penthouse Deck-Suiten der **Europa**
- bei **MSC Kreuzfahrten** für die Yacht Club-Suiten der **MSC Fantasia** und der **MSC Splendida**
- bei **NCL** (Norwegian Cruise Line) für alle Penthouse-Suiten und Garden Villas
- bei **Oceania Cruises** für die Owner-, Vista- und Penthouse-Suiten
- bei **Silversea Cruises** für die Grand-, Royal-, Rosselini-, Owner's-, Silver- und Medallion-Suiten

Die einzige Butlerin: Aliona aus Odessa

eigenem Pokerraum noch lange nicht auf: Auch vorm Männer-Striptease bei der abendlichen Animation schreckt man nicht zurück. Man stelle sich so etwas auf Cunards Queen Mary vor – der britische Gentleman wäre garantiert „not amused".

Zumindest nicht der Grill-Class-Passagier – ein Bezug, den wir wählen, weil er eine Blaupause für den Yacht Club abgibt: Das Zwei-Klassen-Konzept stammt von den großen Transatlantik-Linern. Und dass es nicht ohne Tücken ist, muss nun einmal gesagt werden: In ihrer eigenen Welt werden die Yacht Club-Gäste nach Strich und Faden verwöhnt. Da ihrer Topsail Lounge aber für echtes Fine Dining das Ambiente fehlt, müssen sie sich dafür in eines der beiden Hauptrestaurants begeben: Ein eigener Bereich ist dort für sie reserviert – laut und etwas eng ist es trotzdem. Oder in den französisch inspirierten Gourmettempel L'Etoile: Sie zahlen dort nicht, wie die „normalen" Gäste, extra.

Und schließlich, aus Sicht jener „Normalen": Es ist schade, dass ihnen der Zutritt zum gesamten vorderen Bereich des Schiffs verwehrt ist. Den nimmt der Yacht Club ein – und nur von ihm aus kann man nach vorn hinausblicken aufs Meer. ■

Segeln auf Wolke zwei

Der Name Sea Cloud steht für Segelabenteuer de luxe – beim Original, das 1931 vom Stapel lief, ebenso wie bei der „Zwei“, die 2001 gebaut wurde. Auf ihr waren wir in der Karibik dabei

VON UWE BAHN

Prachtkulisse: die Sea Cloud II vor den Pitons von St. Lucia

Weiße Lady mit drei Masten: Die Sea Cloud II hat 2.800 Quadratmeter Segelfläche

Sie haben sich alle den Wecker auf acht Uhr gestellt. Auf so mancher Spaßkreuzfahrt wäre das mitten in der Nacht. Aber hier sind die Passagiere zu früher Stunde vollzählig auf dem Sonnendeck versammelt. Denn es ist dieser Moment, der die ganze Faszination der Sea Cloud II ausmacht. Vor allem seinetwegen sind sie an Bord, die neunzig Gäste dieser so stilvollen wie unvergesslichen Karibikkreuzfahrt.

Endlich greift sich Kapitän Evgeny Nemerzhitsky sein Walkie-Talkie und gibt das Kommando, auf das sie alle warten: „Set sail!" Hoch oben im vorderen Fock- und im mittleren Großmast lösen die Matrosen die Schlaufen. In atemberaubender Höhe von 50 Metern, angeseilt wie die Bergsteiger in der Eiger-Nordwand. Und dann bekommen die drei eben noch kahlen Masten der Bark ihr majestätisches weißes Kleid: Die Sea Cloud II steht unter vollen Segeln. Mitten im karibischen Meer, einem der schönsten Segelreviere der Welt. ►

FOTOS: U. Bahn (1), Sea Cloud Cruises (1)

An der Pier von St. Kitts (rechts) und Baden vor Bequia – ein ganz besonderer Frühsport

Wie an einer Perlenkette sind hier die Kleinen Antillen aneinandergereiht: Canouan Island, Bequia oder Anguilla – so heißen die schönsten Juwelen dieser Tour. Hier segelte schon Ende des 15. Jahrhunderts ein gewisser Christoph Columbus – in der bekannt irrigen Annahme, er hätte Indien erreicht. Weshalb man auch heute noch von den „Westindischen Inseln" spricht.

Gerade im Winter, wenn es kalt ist bei uns in Europa, ist die Karibik die Kreuzfahrtdestination schlechthin. Bis etwa Anfang Dezember haben sich die Hurricanes ausgetobt,

Ein Höhepunkt: Antiguas English Harbour

und dann schicken vor allem die amerikanischen Reedereien ihre schwimmenden Städte zu den Inseln. Nach St. Lucia, Sint Maarten oder Antigua – also dorthin, wo die Goliath-Schiffe mit ihren 100.000 Tonnen und mehr überhaupt noch festmachen können. Die Sea Cloud II fährt dagegen einen ganz anderen Kurs: Sie wirft den Anker dort, wo es für die großen Liner weder Liege- nach Ankerplätze gibt.

Zum Beispiel in der Bucht von Soufrière direkt vor den beiden Pitons, den berühmten Bergkegeln von St. Lucia. Mit Tenderbooten werden die Passagiere hinübergeshuttelt. Oder es geht mit Zodiacs zu einsamen Stränden, die nur auf dem Wasserweg erreichbar sind. Bei einem Schiff mit 3.000 Passagieren undenkbar. Das mag zwar zehn Restaurants haben, eine Shoppingmeile und einen weitläufigen Wellnessbereich. Aber das vermisst auf der Sea Cloud II niemand, hängen doch auf diesem Windjammer 2.800 Quadratmeter Segelfläche an den drei Masten. Das ist das Entertainment, um das es geht – und deshalb darf ein Theater hier ebenso fehlen wie eine Borddiskothek.

Dafür gibt es für alle Interessierten nautische Nachhilfe bei Thomas Darlington, dem ersten Offizier an Bord. Alle 24 Segel haben einen Namen – „Außenklüver" oder „Groß-Untermars" zum Beispiel, und der Seemann kennt sie alle. Die Takelage ist ein Gesamtkunstwerk, das die meisten dann doch mehr in der Praxis fasziniert. Wer sich dennoch in die Mast-Materie vertiefen will, findet sein „Fachgespräch" auf der Brücke, die für alle Passagiere offen ist. Außer bei Segelmanövern, denn die sind auf der Sea Cloud II noch echte Handarbeit, die kein Joystick oder Knopfdruck erledigen kann.

Segeln, wie es um 1900 noch üblich war, so lautete die Grundidee beim Bau der Dreimastbark. Vorbild war das legendäre Schwesterschiff Sea Cloud, auch ein echter Rahsegler, der bereits 1931 in Kiel gebaut wurde – und immer noch fährt. Siebzig Jahre später, genauer am 6. Februar 2001, wurde die Sea Cloud II nach dreijähriger Bauzeit in Las Palmas auf Gran Canaria getauft. Seitdem hat sie immer eine Handbreit Wasser unter dem Kiel – und so manchen Sturm überstanden.

FOTOS: U. Bahn (2), iStockphoto (1), J. Bohmann (1)

DIE SEA CLOUD-FAMILIE

Kreuzfahrten unter weißen Segeln – bei der Hamburger Reederei Sea Cloud Cruises hat man dafür ab dem kommenden Jahr die Wahl zwischen drei Schiffen: Mit dem Dreimaster **Sea Cloud Hussar** (Seite 78) erhält die Familie noch einmal Zuwachs. Und mit einem Kabinenangebot für bis zu 136 Passagiere werden die Kapazitäten durch das neue Flaggschiff auf einen Schlag fast verdoppelt: Die **Sea Cloud II** bietet 94 Gästen Plätz, bei der älteren **Sea Cloud** ist es ein erlesener Kreis von gar nur 64 Passagieren.

Mit seinem Namen greift das neue Schiff übrigens auf die Geschichte zurück: Der erste Name, den die erste Sea Cloud trug, war **Hussar**. Das Schiff dieses Namens, das als Privatyacht eines New Yorker Börsen-Tycoons in Auftrag gegeben wurde, lief 1931 vom Stapel – bei der Krupp Germaniawerft in Kiel. Einige Jahre später wurde es in Sea Cloud umgetauft und 1978 schließlich, nach einem bewegten Leben, in Hamburg zum Kreuzfahrtschiff umgerüstet. Und erst 2001 erhielt es mit der Sea Cloud II, die wir hier vorstellen, die erste Schwester.

Heute bläst der Wind mit Stärke fünf – das ideale Segelwetter, der Kapitän ist in seinem Element. Flaute herrscht dagegen in der Praxis von Dr. Heiko Bienengräber. Kaum jemand lässt sich in der Sprechstunde des Bordarztes blicken. Einige Passagiere haben ein praventives Pflaster hinterm Ohr – das war's. Seekrankheit? Fehlanzeige. Zumindest auf diesem Törn. Vielleicht liegt es auch an ►

Schlemmen kann man fast rund um die Uhr. Und nobel residiert man in den Eignersuiten

den üppigen Mahlzeiten? Die beginnen nämlich bereits um sechs Uhr für die Frühaufsteher mit den ersten Schnittchen, Gebäck, Tee und Kaffee auf dem Lidodeck. Hier endet auch der kulinarische Karibiktag mit dem Mitternachtssnack. Dazwischen: Frühstücksbuffet, Themenbuffet am Mittag, Happy-Hour-Happen, Abendmenü im Restaurant. Da darf es dann übrigens auch etwas feiner sein, ansonsten ist das Bord-Outfit gepflegt sportlich-maritim.

Bermudashorts und buntes Hemd lautet der Dresscode dagegen beim Beach Barbecue. Dazu tendert die Küchen-Crew der Sea Cloud II die halbe Bordküche an den Strand der hübschen Insel Nevis. Bei gegrillten Garnelen, Rum-Punch und Reggae-Klängen ist der Sonnenuntergang noch schöner als auf dem Lidodeck. Vor allem dort spielt sich das Leben am Abend ab, auch weil Gaynor Trammer hier ihren angestammten Platz hat. An ihrem kleinen Piano sitzt die Lady aus Washington D.C. hinter der Bar und untermalt die blaue Stunde mit „As Time Goes By", „My Way" und anderen Klassikern aus ihrem 1.500-Stücke-Repertoire. Unaufdringliche Bordunterhaltung, die an dem einen oder anderen Abend durchaus etwas karibischer sein könnte.

Das Interieur an Bord ist klassisch-maritim, das heißt: viel Messing und Mahagoni. Äußerst ästhetisch sind auch die 47 Kabinen, die mit Marmorbädern ausgestattet sind. Wer Bordsport treiben will, der kann den kleinen Sauna- und Fitnessbereich auf dem Kabinendeck nutzen. Meist sind die Räume aber verwaist – ein Aufguss vor Antigua wirkt ja auch klimatisch komisch. Willkommen ist hingegen das größte Freibad der Karibik: An der Steuerbordseite der Sea Cloud II lässt sich eine Badeplattform hinunterklappen. Und die wird reichlich genutzt: Baden vor Bequia – das ist ein ganz besonderer Frühsport.

Die Abende an Deck sind entspannt und relaxt. Aber einmal während jedes Törns entert die Crew das Entertainment: Dann hat der bordeigene Shanty-Chor seinen Auftritt. „I Am Sailing" oder „Hamborger Veermaster" werden vielstimmig über die Planken geschmettert. Ohne Zugaben kommt die Besatzung nie davon. Aber dann schickt sie Chorleiter Vasile doch in die Kojen. Morgen früh müssen die Matrosen wieder in den Mast. Denn um neun Uhr steht im Tagesprogramm wieder ganz großer Sport an: „Set sail". Und danach ankern vor St. Barths, der cleansten aller Karibikinseln. Dort findet die St. Barths Bucket Regatta statt. Ein Segel-

Das ist das Entertainment, um das es geht: der Blick in die Segel, die von Hand gesetzt werden

Event, bei dem rund eine Milliarde Euro im Wasser schwimmt. Und mittendrin ankert die Sea Cloud II. Nur die Maltese Falcon zieht noch mehr Blicke auf sich: ein 88 Meter langer Hightech-Segler, der 100 Millionen Euro gekostet haben soll – und der fast nur noch mit der Computer-Maus bedient wird. Ein Blickfang ist er gewiss. Doch die Passagiere sind sich ausnahmslos einig: Lieber die Sea Cloud II als so ein digitaler Dreimaster. Dafür stellen sie auch gern den Wecker auf acht Uhr. ■

SEGEL-KREUZFAHRTEN 2010

In der Karibik

Die **Sea Cloud II** fährt bis Anfang April 2010 (und zum Jahresende wieder ab Mitte Dezember) in der Karibik. Dabei steuert sie nicht nur die kleinen Antillen, sondern auch Kuba, die Dominikanische Republik und das lateinamerikanische Festland an. Zur Auswahl stehen fünf Abfahrten zwischen dem 13.1. und dem 29.3.; die erste Dezemberreise startet am 13.12. in St. John's auf Antigua (weitere Infos unter www.seacloud.com). Die bequemste Anreise ist in der Comfort Class von Condor. Angeflogen werden viele karibische Inseln, u. a. Barbados, St. Lucia und Antigua (Info: www.condor.de).

Auch das Schwesterschiff **Sea Cloud** ist während der ersten drei Monate des Jahres traditionell in der Karibik anzutreffen. Es kreuzt 2010 an acht Terminen vom 4.1. bis zum 23.3. zwischen St. John's auf Antigua und Bridgetown auf Barbados (Info: www.seacloud.com).

Mit dem Fünfmast-Vollschiff **Royal Clipper** kann man die Karibik im November und Dezember erleben, auf jeweils achttägigen Törns ab Barbados (fünf Termine zwischen 7.11. und 5.12.; Info: www.royalclipper.de). Schon ab September kreuzt die **Club Med 2** zwischen Barbados, St. Lucia und Co. Angeboten werden vier Termine vom 13.11. bis zum 4.12.; die Törns dauern jeweils acht Tage (Info: www.clubmed.de).

In Europa

Wer die Sea-Cloud-Segler lieber in europäischen Gewässern erleben möchte, kann dies den ganzen Sommer über tun: Die **Sea Cloud** und die **Sea Cloud II** sind bis in den Herbst zwischen Venedig, Piräus, Barcelona, Valletta und Nizza im Mittelmeer unterwegs. Mit großer Spannung erwartet wird auch die Premiere der neuen **Sea Cloud Hussar**. Sie soll am 30. Juni in Hamburg getauft werden – und bietet u. a. Schnupperreisen von der Hansestadt nach Edinburgh an – ab 1.259 Euro pro Person.

FOTOS: L. Bahn (1), Sea Cloud Cruises (2)

In besten Händen

Wer auf dem Phoenix-Flaggschiff Amadea reist, fühlt sich binnen kürzester Zeit wie zu Hause. Das Geheimnis: eine wundervolle Crew

VON JOHANNES BOHMANN (TEXT & FOTOS)

Traubensaft und „Würschtl“: Kellner Randy serviert ein Leibgericht

Türkis die Bauchbinde, türkis der Schornstein: die Amadea in Arendal

So viel vornweg: An der Route lag es nicht, dass diese Reise so trefflich gelang. „Rund um Dänemark" ist ein unspektakuläres Programm. Von Oslo und Kopenhagen zwar abgesehen, doch in ersterem waren die Kinder krank, und in letzterem „fiel" der Regen waagerecht: Schon der kurze Gang hinüber zur „Lille Havfrue" ließ uns binnen Sekunden selbst aussehen wie frisch den Fluten entstiegene Meerjungfrauen. Ansonsten: nette Spaziergänge im norwegischen Arendal, im dänischen Aalborg, im schwedischen Helsingborg. Hörnum auf Sylt schwänzten wir, Bagenkop auf Langeland strich der Himmel für uns: Bei Windstärke sechs, in Böen sieben, war kein Tendern möglich.

Doch um die Route sollte es auch gar nicht gehen – zumal es sich ausdrücklich um eine Schnupperreise von nur fünf Tagen handelte. Viel zu kurz eigentlich für dieses Schiff, das bekannt dafür ist, dass es gern lange unterwegs ist: Statt zum Beispiel wie andere die „Höhepunkte der Ostsee" in sechs Tagen abzuhaken, nimmt die Amadea sich dafür schon mal vierzehn oder gar achtzehn Tage Zeit.

Die MS Amadea also – das Flaggschiff des Bonner Kreuzfahrtanbieters Phoenix Reisen. Einer Firma, die nicht gerade durch laute Werbebotschaften oder stylishe Kataloge auffällt. Noch das Schrillste am Auftritt ist die Corporate-Design-Farbe: Türkis! Türkis sind die Schornsteine und Bauchbinden aller Phoenix-Dampfer – im Sommer kann man sie beim Passagierwechsel am Bremerhavener Columbus Cruise Center manchmal im Päckchen bestaunen. Türkis sind auch die Mappen, in denen die Reiseunterlagen kommen, türkis die Umhängetasche, mittels derer man jeden verirrten Phoenix-Landausflügler sofort orten kann – und türkis auch die Jacketts der Reiseleiter, die uns an der Gangway empfangen. Dass man am Ende diese Farbe sogar liebhaben kann – wer hätte es gedacht.

Christian Adlmeier heißt der Mann, der das Türkis lebt wie kein zweiter. Sein halbes Leben hat der gebürtige Bayer als Cruise Director auf See verbracht – für Phoenix. Und wenn er bei seiner ersten Ansprache von seinen „silbanen Hoan" spricht, ist das kein Kokettieren: Man ist gemeinsam ergraut, ►

Amadea-Gesichter: Stewards bei der Austernparty, Kapitän Jens Thorn, Musikduo Diana und Gil

denn man kennt sich: Das treue Stammpublikum ist ein Phoenix-Trumpf – und mehr als nur die Hälfte des Erfolgs auch der Amadea. Man ist, wie Seereisenchef Michael Schulze es ausdrückt, auch in der Firmenleitung „immer nah dran an Team und Gästen". Familiär soll es sein, nicht gekünstelt, freundschaftlich ist der Umgangston. Dass etwa die Künstler an Bord mit den Gästen speisen und in Gästekabinen schlafen, ist Teil dieses Konzepts.

Eine große Familie: Zum Abschied steht neben den Künstlern, Köchen und Reiseleitern auch die Kabinen-Crew auf der Bühne

Ein zweiter Trumpf aber ist dieses Schiff selbst: eine lächelnde Schönheit aus Fernost. 1991 lief es vom Stapel – in Japan, unter dem Namen Asuka. Was „Aska" gsprochen wird, wie Adlmeier erklärt, und „Garten Eden" bedeutet; ein zauberhaftes, mehrere Decks hohes Wandgemälde in der Lobby zeigt selbigen. Es blieb dort, als Phoenix das Schiff 2005 übernahm, ebenso wie diverse andere Reminiszenzen an das Land der aufgehenden Sonne. Ein „Japanisches Zimmer" auf Deck 9 gehört dazu, die Bambus-Arrangements im Spa, die Orchideengestecke vor den Restaurants, die Manuskripte japanischer Lyrik in der Bibliothek – und die Hightech-Spülung der Herrentoilette vor dem Amadea-Restaurant. Wie man die fehlerfrei bedient, ist eine Art heimlicher Bordsport für den Herrn ...

Falls es schiefgeht: Im Restaurant werden Sie nicht zu

Ein Rückzugsort: das Kaminzimmer der Bibliothek. In der Vista Lounge gibt's Kaffee und Kuchen

spät kommen. Im Amadea wie auch im Vier Jahreszeiten gibt es keine Pünktlichkeitspflicht: Man kann von 18 bis 21 Uhr kommen – und sitzen, wo man will. Zur Entspannung, der eine Kreuzfahrt ja auch gelten soll, trägt das ungemein bei. Zumal, wenn man wie wir mit zwei Kindern reist. Doch wenn man die richtige Crew dafür hat, kann man auch dem Tischverhalten von Damen, die im zarten Alter von vier beziehungsweise knapp zwei Jahren auf Kreuzfahrt gehen, sehr nonchalant begegnen. Zum Geburtstag der Jüngeren, der an Bord gefeiert wurde, schweben Luftballons über dem Tisch – und dass Traubensaft und Würschtl das Leibgericht der Älteren sind, hat Kellner Randy wohl instinktiv gewusst. Anders gesagt: Maître Krüger, Sie servieren nicht nur eine fabelhafte Küche – bis auf die Suppen, da muss jemand verliebt gewesen sein, so tief griff er ins Salzfass – Sie haben auch eine wundervolle Crew!

So darf man sich also rundum wohlfühlen, auch wenn man dem Altersprofil der Gäste so gar nicht entspricht (auch ein 91. Geburtstag wird gefeiert) – und sich dem Bordalltag anvertrauen. Und der ist klassisch durch und durch. Mit Ritualen wie Galaabend (zweimal in fünf Tagen!), Seekartenverlosung und Eisbombenparade, mit Aktivitäten wie Shuffleboard, Bingo oder Tischtennisturnier („Jagen Sie den Ball über die Platte mit Mariella!") – und mit Angeboten zur Nahrungsaufnahme von sechs (Early-Bird-Frühstück) bis Mitternacht (Late-Night-Snack in der Bibliothek). Dazwischen: die Elf-Uhr-Bouillon am Pool, das Mittagsbuffet, die Kaffee-und-Kuchen-Stunde in der Vista Lounge (musikalisch untermalt von „Professor" Anatoli Gololobov, je nach Aussicht mit Grieg oder Sinatra), die Cocktailstunde, das Fünf-Gänge-Dinner ... Aber zum Glück steht auch „Walk a mile: einmal rund ums Deck" im Programm (mit Mariella, Sie wissen schon). Und außer dem Fitness- gibt's auch den Golfclub, ganz oben auf dem Schiff. Dort kann man pitchen, putten, chippen oder Golfbälle aus Fischfutter ins Meer jagen. Nein, nicht mit Mariella, sondern mit Golftrainer Chris. ►

Made in Japan: An ihr Vorleben als Asuka erinnert vieles an Bord. Das Wandgemälde des Gartens Eden gehört ebenso dazu wie die Originallettern vom Bug und die Orchideenvasen

AMADEA KURZREISEN 2010

Wer die Amadea kennenlernen möchte, aber keine Zeit für die üblichen zwei- bis dreiwöchigen Törns hat, kann 2010 nur aus folgenden Angeboten auswählen:

12 Tage rund um Westeuropa Vom 17. bis 29.5: von Nizza über Porto Cervo, Alicante, Málaga, Portimão, Gijón, Honfleur und Amsterdam nach Hamburg; ab € 1.499 ab/bis Hafen

8 Tage Norwegische Fjorde Vom 29.5. bis 6.6.: Nordfjord, Romsdalsfjord, Geiranger, Ålesund, Sognefjord, Flåm, Bergen und Stavanger; ab € 999 ab/bis Hamburg. Eine ähnliche Reise von zwölf Tagen Dauer gibt es vom 24.8. bis 5.9 ab/bis Bremerhaven; ab € 1.699

12 Tage Britische Inseln Vom 12. bis 24.8: London, Isles of Scilly, Milford Haven, Glengarriff, Dublin, Glasgow, Portree und Invergordon; ab € 1.699 ab/bis Bremerhaven

12 Tage Ostsee Vom 5. bis 17.9.: Danzig, Königsberg, Åland, Helsinki, St. Petersburg, Tallinn, Stockholm, Karlskrona; ab € 1.599 ab/bis Bremerhaven

Darf ich, will meine ältere Tochter wissen, eigentlich auch ins Theater? Sie darf, schon am ersten Abend – was je nach Betrachtung ein Fehler ist oder nicht. „Lord of the Dance", „Burn the Floor", „Abbamania" oder „Buddy Holly Show" heißen die Programme – und keinen Tag vergisst sie zu fragen, wann es endlich losgeht. Ergebnis eins: Buddy Holly verabschiedet sich persönlich von ihr, von der Bühne aus. Ergebnis zwei: Ich habe meine Tochter auf dieser Reise wohl ans Theater verloren.

Bleibt der Trost der Nacht, den ich zu einem Absacker in der Kopernikus Bar nutze. Um zu staunen, dass auch ein Schiff wie dieses wenig schläft. Die Reiseleiter sind dabei – und mutieren zu Animateuren. Bieten Drinks dar, die „Küsschen" oder „Scharfer Hüpfer" heißen, fordern zu Eisgolf und Eisstockschießen auf am Mottoabend „Hüttenzauber", tanzen ab zu DJ Ötzi, aufgelegt von „Deejay Jayjay", der eigentlich Jean-Jacques heißt und aus dem Elsass kommt. Die Bar tobt, die Hütte brennt. Und Jayjays T-Shirt ist: türkis! ■

Hansa
Kreuzfahrten
2 starke Partner
DELPHIN
KREUZFAHRTEN
DELPHIN
KREUZFAHRTEN
Delphin Kreuzfahrten GmbH
Rathenaustraße 33
63067 Offenbach
Telefon: 069-800 88 688
www.delphinkreuzfahrten.de
MS Delphin Voyager ... zu Hause auf den Meeren der Welt
Hansa
Kreuzfahrten
lansa Kreuzfahrten
Villy-Brandt-Platz 3
8215 Bremen
elefon: 0421-33 4 66 78
www.hansakreuzfahrten.de
MS Delphin ... das beliebte Verwöhnschiff
MS Princess Daphne ... der klassische Liner
✓ Klassisches Kreuzfahrtkonzept
✓ Abwechslungsreiche Routen
✓ Nur eine Bordsprache: Deutsch
✓ Legere, freundliche Atmosphäre
✓ Eine Tischzeit für alle Gäste
✓ Frühbucher- und Kombirabatte

Fünf Sterne für den Amazonas

Der längste Fluss unseres Planeten ist die Hauptverkehrsader des weltgrößten tropischen Regenwaldes. Sogar Hochseeschiffe können ihn befahren. Auf der Hanseatic waren wir dabei

VON KURT ULRICH (TEXT & FOTOS)

Begegnung mit Land und Leuten – am Heck und in den Dörfern (oben)

Lufttemperatur 34 Grad, Wasser 26 Grad, Luftfeuchtigkeit 98 Prozent", informiert Käpt'n Wolter über Bordlautsprecher von der Brücke. Mit zwölf Knoten fährt unser Fünf-Sterne-Expeditionsschiff von Belém aus flussaufwärts. An Backbord und Steuerbord türmen sich vierzig Meter hohe Baumriesen zu einer undurchdringlichen Wand auf. Mal ein Dorf mit auf Pfählen stehenden Hütten, mal eine Kleinstadt mit knallbunten, von einer überdimensionierten Kirche überragten Häusern. Und hier und da hölzerne Dampferchen im Regionalverkehr, Einbäume voll winkender Kinder, mit Bananen und Kokosnüssen beladene Flöße. Die Passagiere stehen fotografierend an der Reling, erfrischen sich im Pool, trinken Ártica-Bier, ziehen sich mit einem Buch in die klimatisierte Observation Lounge zurück. Oder sie sehen auf der stets zugänglichen Brücke dem brasilianischen Lotsen über die Schulter: Auf dem Laptop vor ihm flimmert die elektronische Seekarte.

Der längste und wasserreichste Fluss der Welt ist die Hauptverkehrsader des weltgrößten tropischen Regenwalds. Auf Europa übertragen, würde der Amazonas sich von Lissabon bis Warschau, von Palermo bis Kopenha- ►

Wenn die Hanseatic ankert, geht es mit Zodiacs auf Expedition. Willig lässt sich der Häuptling der Bora-Indios fotografieren – und jede Menge Motive findet man im grünen Regenwalddach

gen erstrecken. Wir 184 Binnenkreuzfahrer lavieren auf ihm zwischen zwei Welten: moderner Komfort, exzellenter Service und exquisite Küche an Bord – organisiertes Abenteuer und ein Hauch Exotik bei den Landgängen und Zodiac-Ausflügen.

An Bord befindet sich ein halbes Dutzend Lektoren und Lektorinnen, unter ihnen der weißbärtige, in England geborene John Harwood, den alle nur „Mo" nennen. Von Haus aus Biologe, tingelte er als Musiker um die Welt und ließ sich vor dreißig Jahren in Manaus nieder. Er ist ein Amazonaslexikon auf zwei Beinen – und mutiert abends zum Entertainer: Als Vorsänger beim Sing-Along sorgt er in der Explorer Lounge für Stimmung.

So fachkundig wie locker stimmt das Lektorenteam auf die Ausflüge ein. Amazonien ist ein Lebensraum der Extreme: In Belém schweben Jets ein, im Urwald jagen Indiostämme, die noch nie einen weißen Mann gesehen haben, mit Blasrohren und vergifteten Pfeilen. Hier werden Anakondas elf Meter lang, flattern Kolibris, die nicht größer als eine Wespe sind, wiegen Zwergseidenäffchen lediglich 150 Gramm. Nirgendwo sonst präsentiert sich die Natur vielfältiger: 25.000 Pflanzen-, 3.000 Vogel-, 2.000 Fischarten.Und Myriaden von Insekten, die sich auf jeden Quadratzentimeter unbedeckter menschlicher Haut stürzen.

Als erster hat der Spanier Francisco de Orellana, begleitet von sechzig Soldaten und dem Dominikanermönch Gaspar de Carvajal, 1541/42 den Fluss bis zur Mündung befahren. In seinem Tagebuch berichtet Carvajal von Indianerüberfällen – und von Frauen, die „mit Pfeil und Bogen" angriffen: „Sie waren sehr kräftig und völlig nackt, nur ihre Scham hatten sie bedeckt." „Amazonen" nannte er sie – und verwechselte im Gefechtseifer wohl Indios in Kriegsbemalung mit Frauen. Ein Irrtum, dem der Fluss seinen Namen verdankt.

Die Hanseatic ankert. Mit Rettungsweste, Kameras und Mückenspray klettern wir in die an der Gangway wartenden Zodiacs: robuste, von 35-PS-Außenbordmotoren angetriebene

Gummiboote. Mit ihnen tuckern wir durch die Seitenarme des Flusses, fotografieren tellergroße Schmetterlinge, schläfrige Faultiere und rosarote Süßwasserdelfine, lauschen Brüllaffen, die sich in den Baumwipfeln verstecken. Oder angeln Piranhas, die der Koch morgen auf die Speisekarte setzen wird …

Später bummeln wir, stets umringt von Kindern, durch ärmliche, meist nur aus wenigen Holzhütten bestehende Dörfer. Hinter einem Indioführer, der mit seiner Machete eine Schneise in den Regenwald schlägt, stolpern wir im Halbdunkel über Wurzeln, verfangen uns in Lianen – und erfahren Erstaunliches. Das Harz des Grado-Baums, sagt der Indio, bilde einen natürlichen Wundverband, die Wurzel des Curarina-Buschs helfe gegen Schlangengift, und Sanango-Pflanzen kurierten Kopfweh. „Der Amazonas", erklärt er, „ist die größte Apotheke der Welt."

1.700 Kilometer vom Atlantik entfernt, erreichen wir Manaus. Im Hafen der 1,6-Millionen-Einwohner-Stadt drängen sich hölzerne Passagierschiffe für den Regionalverkehr, dahinter ragen Hochhäuser auf, machen sich Slums breit. Um 1900 belieferte Manaus die ganze Welt mit Kautschuk und schwamm im Geld. Eine elektrische Trambahn rumpelte durch nachts beleuchtete Straßen, vorbei an Palästen und dem pompösen Teatro Amazonas. Erst als fernöstliche Plantagen billigeres Gummi lieferten, verlor Manaus seinen Ruf, ein „Paris im Urwald" zu sein. Nur das Theater erstrahlt seit einer 15 Millionen Dollar teuren Renovierung wieder im alten Glanz: drei Reihen Logen, Büsten von Dramatikern und Komponisten – und ein Bühnenvorhang, der eine allegorische Darstellung des „Encontro das Águas" zeigt: Bei Manaus treffen der dunkle Rio Negro und der helle Rio Solimões zusammen. Strikt getrennt fließt das Wasser beider Flüsse nebeneinander her, um sich erst nach zehn Kilometern zum milchkaffeebraunen Amazonas zu vereinen.

Wieder fährt die Hanseatic auf dem jetzt munter mäandernden Strom flussaufwärts. ►

In den Dörfern Amazoniens hält man sich Papageien, Affen oder sogar Boas als Haustiere – und fischt Piranhas für den Grill. Der Kontrast dazu: das legendäre Opernhaus von Manaus

AMAZONAS 2010

Beide Expeditionsschiffe von Hapag-Lloyd Kreuzfahrten, die **Hanseatic** und die **Bremen**, fahren auch 2010 wieder auf dem Amazonas, und zwar auf der langen Strecke von Belém bis hinauf nach Iquitos in Peru: Die Bremen bietet die Hinreise vom 7. bis zum 27. April an und den Rückweg vom 24. April bis zum 10. Mai.; die Hanseatic fährt stromaufwärts vom 4. bis zum 23. April und stromabwärts vom 20. April bis zum 5. Mai.

Die kürzere Strecke von Belém über Santarém bis Manaus bieten diverse weitere Schiffe an, meist als Teilstrecke großer Südamerika-Kreuzfahrten. 2010 sind dies im ersten Halbjahr u. a. die **Royal Princess**, die **Deutschland**, die **Seabourn Spirit**, die **Princess Daphne** und die **Vistamar**.

Wir lernen, welch ein gigantischer Speicher von Treibhausgas der Regenwald ist – aber auch, dass jede Minute eine Waldfläche von fünf Fussballfeldern allein in Brasilien verschwindet. Bereits sind 17 Prozent des Baumbestands vernichtet. Wird der Raubbau nicht gestoppt, ist die grüne Lunge in fünfzig Jahren verschwunden; ein weltweiter Klimakollaps wäre die Folge.

Nach 17 Tagen geht das Schiff in Iquitos ein letztes Mal vor Anker. Beim Farewell in der Explorer Lounge hält Käpt'n Wolter Rückschau: „Wir haben 242 Tonnen Treibstoff verbraucht, zweimal an einer Pier angelegt, 18-mal geankert – und nie die Stabilisatoren ausgefahren. Die höchste Welle war gerade mal zwanzig Zentimeter hoch." Ist diese erlebnisreiche Reise wirklich schon zu Ende? Mit etwas Wehmut stellen wir fest: Wir haben eine faszinierende, aber auch bedrohte Region entdeckt. Man könnte auch sagen, wir seien damit der Empfehlung einer brasilianischen Zeitung gefolgt: „Besuchen Sie Amazonien, bevor es zu spät ist!" ■

Von der Cara zur Blu

Vor 14 Jahren startete die erste AIDA – sieben Nachfolgerinnen hat sie seither gehabt. Anlass für ein Resümee: Wie war AIDA gestern – was ist es heute?

VON UWE BAHN

Die AIDAcara im Hafen von Lerwick, der Hauptstadt der Shetland-Inseln

FOTOS: J. Bahn (2)

AIDA-Urgestein: Hotelchef Klaus Große fuhr schon als Chef-Steward auf der Arkona

Kein freier Hotspot im Hafen!" Klaus Große klappt sein MacBook wieder zu. Normalerweise wird der Clubdirektor der AIDAcara auf der Suche nach einem freien WLAN-Netz immer fündig. Ob in Tallinn, Tanger oder Trondheim. Nur hier in Cobh, im Süden Irlands, lässt sich keine digitale Quelle für seinen Computer anzapfen. Vielleicht liegt es daran, dass hier die Zeit stehen geblieben ist. Cobh (früher Queenstown) war der letzte Hafen, von dem die Titanic am 11. April 1912 zu ihrer verhängnisvollen Transatlantiktour aufbrach.

Aber das war lange vorm E-Mail-Zeitalter. Auch als Große 1991 bei der Deutschen Seereederei begann, sah die Kreuzfahrtwelt noch anders aus. Als Chef-Steward fuhr er auf der Arkona, einem Kreuzfahrt-Klassiker und einzigen Schiff in der Flotte der Deutschen Seereederei, sozusagen die Urgroßmutter der AIDA. Aber ein kreativer Kreis um Reedereichef Horst Rahe heckte Anfang der neunziger ein revolutionäres Konzept aus. Ein Neubau sollte her. Ein Clubschiff, das alle Tabus der Kreuzfahrt bricht: Kein Smoking, kein Captain's Dinner, keine festen Tischzeiten. Jung und frisch sollte das neue Schiff sein – und kein schwimmendes Seniorenheim. ►

Die AIDAcara fährt für die Rostocker oft als „Vorkosterin" auf weniger bekannten Routen. Auch rund um Großbritannien – hier mit den Shetlands, Dublin und Cobh – fuhr sie als erste

Am 4. Juni 1996 bekam die Deutsche Seereederei auf der Werft im finnischen Turku ihr Baby. Es war die Geburt der AIDA. „Wir waren fasziniert, aber hatten unsere Zweifel, ob es funktioniert", erzählt Große mit einem Lächeln. Denn nun ist er der Direktor des Schiffs: Die AIDAcara ist jene Ur-AIDA. Den Zusatz „cara" erhielt sie, als 2002 und 2003 weitere Neubauten hinzukamen: die AIDAvita und die AIDAaura. Sie wirken, auch wenn sie weiterentwickelt wurden, wie Zwillingsschwestern der Erstgeborenen. Die sternförmige Bar, der Fitnessbereich („Body & Soul"), das Calypso- und Marktrestaurant – das alles wiederholt sich. Nur die ganz Eingefleischten spüren den Unterschied.

FOTOS: U. Bahn (3), J. Bohmann (1)

Kleine Decksrunde: David und Wolfgang

„Ich war elf Mal auf der AIDA – und immer auf der cara", erzählt ein Stammgast wie von der ersten Liebe. Und mit der fährt er nun rund um Großbritannien. Bei einer Tonnage von 38.557 BRZ kann das Schiff auch kleinere Häfen anlaufen, zum Beispiel Falmouth in Südengland oder Lerwick auf den Shetland-Inseln. Und auch der Overnight-Stopp in Dublin gehört nicht unbedingt zum Kreuzfahrt-Pflichtprogramm.

Auch nach 14 Jahren auf See ist die AIDAcara noch gut in Schuss. Und sie leistet wie damals Pionierarbeit. Als „Vorkosterin" wird sie von der Rostocker Reederei auf neue Routen geschickt: nach Südostasien, nach Indien und 2010 erstmals auch nach Südamerika. Und vielleicht wird sie ja auch irgendwann einmal auf Weltreise gehen.

Seit den Anfängen hat sich viel verändert in Rostock. Die Pioniere der Gründerzeit haben oder wurden ausgecheckt. Heute gehört AIDA zum Carnival-Konzern – und gilt dort als Vorzeigeflotte. Mit der AIDAdiva begann 2007 ein neues Kreuzfahrtkapitel. Erstmals

passten mehr als 2.000 Passagiere an Bord. Und statt drei Restaurants gab es sieben, mit Sushi-Bar, Steakhouse und dem bewährten Rossini jetzt drei „Bezahl"-Restaurants. Individualität hat eben ihren Preis. Das Showtheater wurde durch das Theatrium ersetzt, eine Eventfläche über drei Decks, die ganztägig genutzt wird. Für Vorträge, Kunstauktionen, Konzerte und die Abendshows, von denen es jetzt mehrere kurze gibt. In konsumfreundlicher Länge, denn Bars und Kasino flankieren nicht zufällig das Theatrium. Flatscreens an den Wänden, Lounges, ein großzügiger, kostenpflichtiger Wellnessbereich, je nach Schiff indisch, asiatisch, afrikanisch – das alles steht für den neuen AIDA-Zeitgeist.

Fast schon rustikal wirkt die Innovation auf der neuen AIDAblu: das Brauhaus. Ein Stück Verrücktheit aus der Gründerzeit der Kussmundschiffe ist also geblieben: Die AIDAblu produziert ihr eigenes Bier an Bord. „Eins, zwei, g'suffa!" Heißt das back to the Roots? Zurück in alte Partyzeiten, in denen es auf den Clubschiffen Duz-Pflicht gab? Keineswegs, denn mit dem asiatischen East-Restaurant, den Spa-de-luxe-Suiten und dem 4-D-Duft-Kino Cinemare (Gerüche!) bleibt die neue AIDAblu trendy. Und hat doch ein halbes Deck mehr Platz als die anderen drei Schiffe der neuen Generation.

Auf der AIDAcara schultern derweil die Fahrradscouts Wolfgang und David 40 Räder über die Gangway zur Kaimauer. Es soll in die schottischen Highlands gehen – zu den sanfteren Hügeln, denn „Soft Tour" steht im Programm. Die beiden erklären nicht nur die Shimano-Schaltung, sondern auch die Ölplattformen, die hier im Clyde River liegen. Und auch was Malt Whisky bedeutet und wie die Schotten den Dudelsack spielen.

Diese Kombination aus Sightseeing und Radfahren kommt bei den Passagieren an – die Ausflüge sind fast immer ausgebucht. Zu Recht. Aber AIDA-Landausflüge sind teuer. Zu teuer. Dafür hält sich die Kompetenz der „Land und Leute"-Scouts am Counter in Grenzen. „Wie weit ist es vom Liegeplatz in Invergordon zu Fuß ins Zentrum?" Wer auf eigene Faust erkunden will, bekommt selten eine schnelle Antwort. Es fällt auf: AIDA forciert etwas zu brachial die Bordumsätze. Von der Kindershow gibt es nicht nur die Fotos ►

So soll es aussehen auf der AIDAblu: Bella-Donna-Restaurant, East-Restaurant und eine der pastellfarbenen Spa-Suiten. Eine Weltneuheit auf Wellen ist das Brauhaus (unten links)

und das Kaufvideo. Auch die Hörspiel-CD zum Nachtanzen am Merchandise-Stand direkt vorm Theaterausgang. Für 16 Euro 90. Oder Happy Hour, halber Preis in der AIDA-Bar – wenn es den Tischwein im Restaurant gratis gibt. „Besuchen Sie unseren Bordshop, heute Abend ist Ladies' Shopping Night!" Mit solchen Durchsagen ist der Weg zur Heizdecke nicht weit.

„Ja gerne" steht auf dem Schildchen, das die Crewmitglieder auf der Brust tragen. Eine Service-Philosophie, die Club-Direktor Klaus Große nahezu perfekt verkörpert. In zwei Jahren hat er rund 5.000 Kollegen auf See: Dann fährt AIDA mit neun Schiffen und der modernsten Flotte über die Ozeane. Die „alte Dame" AIDAcara wird trotzdem ihre Fans behalten. Denn eines wird sie immer von der neuen AIDAblu und allen anderen unterscheiden: Sie ist ein Stück Kreuzfahrtgeschichte, mit ihr fing alles an.

Und als gelte es, den Zeitgeist auch auf der AIDAcara zu pflegen, klappt Klaus Große wieder sein MacBook auf. Und triumphiert. „Ich habe einen Hotspot!" Und das ausgerechnet auf den Shetland-Inseln. ■

FOTOS/VISUALISIERUNGEN: AIDA Cruises (5)

AIDACARA & AIDABLU 2010

Die **AIDAcara** bietet 2010 bis April von Bangkok aus zweiwöchige Kreuzfahrten durch Südostasien an. Ziele sind Thailand, Malaysia, Singapur, Brunei und Vietnam. Nach einer Transasien-Reise über Indien startet das Schiff im Sommer von Kiel aus zu den nordischen Metropolen Oslo, Göteborg, Bergen und Kopenhagen. Im Herbst kreuzt die AIDAcara um die Kanaren und im Winter 2010/2011 erstmals in Südamerika.

Die neue **AIDAblu** wird am 9. Februar 2010 im Hamburger Hafen von der Designerin Jette Joop getauft. Der Festakt mit großem Feuerwerk findet in einer Winterlandschaft mit „Iglu-Zelten" vor der Fischauktionshalle statt – mit Schnee-Inseln auf dem Pooldeck, Eisbühnen und Ice Bars. Die Jungfernfahrt führt von Hamburg nach Palma de Mallorca.

So war's 1997: AIDAcara und Arkona

Probelauf an der Elbe: Bei der Taufe der Mein Schiff im Mai 2009 war Udo bereits live dabei

„Rock 'n' Roll ohne Protokoll"

Der Kreuzfahrtfan Udo Lindenberg hat eine geniale Idee präsentiert: den Rock-Liner auf hoher See. Wir fragten nach, was dahintersteckt

Regelmäßig lässt sich Altrocker Udo Lindenberg auf Kreuzfahrtschiffen sehen – und wird nun mit seiner neuesten Idee vom Gast zum Akteur: Auf der **Mein Schiff** von TUI Cruises veranstaltet er im Mai 2010 eine „Rock-Liner"-Themenreise von Hamburg nach Dover und London, mit Live-Auftritten seines Panikorchesters sowie weiterer deutscher Rockstars an Bord – und mit der Rückkehr pünktlich zur Einlaufparade des Hamburger Hafengeburtstags als krönendem Abschluss. „Keine Rolling-Rentner-Schaukelage", verspricht der 63-jährige dabei, sondern „einen Törn mit panik-frischen Power-Experten." Die Idee zündete wie ein Rakete: Binnen vier Tagen war die Reise ausverkauft!

Kreuzfahrt Guide: Was ist der Rock-Liner?
Udo Lindenberg: Der Rock-Liner ist die Revolution, eine neue Form der Seefahrt. Bei aller Wertschätzung der anderen Kollegen: Der Rock hat noch gefehlt, also obergeile Bands nur vom Allerfeinsten aus der Chefetage der Rockszene. Und natürlich unsere Fans, das heißt, wir kriegen auch ein ganz anderes Publikum an Bord. Das wird ein totaler Push für die ganze Branche. Es kommen endlich mal die locker-losen Easyvögel. Die haben's nicht so mit dem Dresscode, die machen lieber Rock 'n' Roll ohne Protokoll.

Was passiert auf der Bühne?
Wir werden Teile aus der „Stark wie zwei"-Show bringen. Nur kommt der Udonaut

„Ich auf'm Grufti-Dampfer. Ob das gut geht?" Es geht. Udo auf Cunards Queen Mary 2

wohl nicht von der Decke, dafür vielleicht der Udonautik mit 'ner Taucherglocke auf dem Kopf. Aber der hat den Hut da drunter.

Was wird's geben außer Live-Rockmusik?

Wir haben Lektoren. Experten sprechen über Rockgeschichte, zeigen alte Filme vom Beat-Club, Jimi Hendrix mit 18. Wenn wir nach London fahren, gehen wir an die Schauplätze unserer Originalmusik: Abbey Road Studios, oder wo Rod Steward herkommt, „Street Fighting Man" der Stones und das ganze Gedöns.

Wie sieht ein Captain's Dinner auf dem Rockliner aus?

Ich glaube, dass der Captain großen Spaß haben wird. Weil das alles mit uns nicht so steiftiermäßig ist. Ich zieh keine weiße Dinner-Jacke an, und meine Freundin wird sich nicht drei Meter lang die Haare hochzwirbeln.

Aber bei der Rettungsübung stehst du auch brav mit der Rettungsweste zwischen den 2.000 Fans ...

Ja, ich bin ein basisdemokratischer Vogel. Ich geh da auch mal durch als Panik-Inspektor.

Du machst fünf Tage Urlaub mit deinen Fans. Auf See gibt's kein Entrinnen.

Das ist ja ein wunderbares Schiff, es gibt da natürlich Geheimratsecken, das ist wie backstage. Sonst wirst du ja bekloppt, wenn du ohne Ende nur Udogramme geben musst.

Und wenn dann die Fans mit dir in der Bordsauna sitzen?

Ach, das kann man schon mal machen, so lecker wie wir aussehen, spärlich bekleidet, aufregend bis schwer erregend. Ich geh in die Sauna mit Hut, ich bin der Meister der Überraschungen.

Dein Lieblingsplatz auf dem Schiff?

Auf dem Kahn haben die ja ein sehr großes Angebot. Die Bars sind sehr unterschiedlich, dann gibt's diese Sushi-Dinger, Chill-Stationen. Man kann 'ne Menge Sport machen, wir sind ja auch Sportskanonen. Der Greis ist heiß, muss ja fit bleiben für die Bühne ...

Es gibt einen Jogging-Parcours ...

Ja, mach ich auch. Muss nur aufpassen, dass bei starkem Wind der Hut nicht wegfliegt.

FOTOS: Tina Acke (2)

FOTO: Tina Acke (1)

Seegang? Ich bin hart im Nehmen ...

Gibt's denn weitere Pläne?
Die nächsten Rock-Liner-Cruises, da machen wir dann diese ganzen Kulturbegegnungen. Zum Beispiel in St. Petersburg, Baltikum. Da treffen wir dann unsere Kollegen, Bands aus Polen, aus Litauen. Die kommen an Bord, wir gehen auch mal an Land, machen ein Open-Air-Festival. In der Karibik kommen dann die ganzen Steeldrum-Experten. Wir wollen auf jeden Fall auch mal den Amazonas runterrudern. Mit 'ner wilden Dschungelbraut, alles schon besungen, diese schönen Sehnsüchte. Im Opernhaus von Manaus mal 'n Panikständchen. Was wir jetzt machen, ist der Auftakt, ein erster Aufschlag.

Also wohnst du in Zukunft auf See und nicht mehr im Hotel Atlantic?
Nee, aber ich verbringe schon seit einiger Zeit viele Wochen im Jahr auf hoher See, finde da die Muße. Nachts auf'm Balkon unter Sternen im Indischen Ozean, oder Südsee Richtung James Cook und seinem Spirit. Da fällt mir dann so richtig schöner Wahnsinn ein. Für Shows, für Texte. Für die besondere Begegnung mit dir selber am Rande der Welt, hinterm Horizont.

Wie viele deiner Songs sind denn auf hoher See entstanden?
Ich hab etliche Songs auf See geschrieben, auch die Idee mit dem Udonauten in der Show, der von der Decke runterkommt. Wir haben uns das weitestgehend auf Schiffen ausgedacht, zusammen mit meinen Kumpels, den Produzenten, dem Panikorchester, den Technikern, die waren alle mit. Zwanzig Leute auf einer New-York-Tour. In der Stille der See ist mir „Wenn du durchhängst" eingefallen. Ich war auch in Norwegen zur Mitternachtssonne. Das ist nicht von dieser Welt. Da kriegst du Ideen, die sind auch nicht ganz von dieser Welt.

Was war deine erste Kreuzfahrt?
Das ging los mit der Malerei. Ich war eingeladen auf der Europa und dachte: Kesse Idee, ich auf'm Grufti-Dampfer, ob das gut geht? Ich wollte aber unbedingt mal das Monster von Loch Ness besuchen, da ging der Dampfer nämlich hin. Dann ging das weiter: Shetlands, Orkneys, äußere Hebriden, Schottland. Das war ganz exotisch, da wäre ich ja sonst nie hingekommen. Begegnung mit krasser Natur, und Destillen besuchen, bisschen Whisky gurgeln. Danach hab ich die Kreuzfahrt für mich entdeckt.

Wie kommst du denn mit Seegang klar?
Ich bin hart im Nehmen, da war bisher noch nie was. Und wenn ansatzweise, hab ich halt 'n bisschen gegurgelt mit ein paar geheimen Ingredienzen. Es kam auch noch nie so richtig der Klabautermann um die Ecke. Und wenn's dann 'n bisschen schaukelt, dann ist es wie in der Wiege des Lindenberg-Babys.

ROCK-LINER 2010

Die erste Rock-Liner-Cruise führt vom 5. bis zum 9. Mai ab/bis Hamburg nach Dover, mit Ausflügen nach London. Aufgrund des Erfolgs der – ausverkauften – Tour sind Wiederholungen bereits geplant. Zur Liste der Gäste, so Udo Lindenberg, gehören Silbermond, Jan Delay und Helge Schneider. Aktuelles dazu erfahren Sie im Newsbereich auf **www.kreuzfahrtguide.com**

Freestyle im Viererpack

Mit Kindern an Bord eines Kreuzfahrtriesen – ein Abenteuer? Kein Problem, wenn alles so flexibel ist wie auf der Norwegian Jade

VON CHRISTIAN OLDENDORF (TEXT & FOTOS)

Seeluft macht müde: Lasse, Finn und „ihr" Schiff an der Küste von Cannes

Es ist kurz nach neun, als die kleine weiße Kugel tatsächlich auf der Siebzehn liegen bleibt. Jubel! Gewonnen! Champagner!!! Diese Reise beginnt wunderbar. Glücklich prosten wir uns zu. Stoßen an auf den unverhofften Dollarsegen, vor allem aber auf unsere erste gemeinsame Kreuzfahrt. Auf einem Schiff, zu viert in einer Kabine – wie das geht, das wissen wir zwar. Aber deutlich zweckmäßiger als hier war es bisher schon: Fährüberfahrten Richtung Norwegen oder Schweden, und länger als eine Nacht dauerte es nie. Jetzt aber sind wir seit knapp drei Stunden auf einem Spaßdampfer unterwegs: auf der Norwegian Jade – einem Jumbo für fast 3.000 Passagiere.

Der Blick geht wieder zur Uhr. Ja, wir setzen noch einmal. Wir sind zwar nicht, wie die meisten, als Paar auf Tour, doch Lasse, fünf, und Finn, drei, sind in guten Händen. Mit ihnen haben wir uns heute morgen in den Flieger gesetzt. Nach Barcelona, wo wir Kabine 11046 bezogen haben, für die nächsten zehn Tage unser Heim. Ein Abenteuer.

Eine Stunde später. Das Glas ist leer, das Geld fast wieder verspielt. Sei's drum – ►

Der „lustige Turm von Pisa" – und der grünweiße Riese im Hafen von Valletta

raten, dass sie schnell und günstig per Zug zum schiefen Turm fahren wollen. Wir schließen uns an, knabbern Pizza auf die Hand an der Piazza dei Miracoli – und kichern mit den blendend gelaunten Kindern über den „lustigen Turm von Pisa".

Von diesem Erlebnis beflügelt, werden wir fortan wahre Profis in puncto öffentlicher Nahverkehr: In Neapel steigen wir direkt am Nebenkai in das Schnellboot nach Capri und tuckern mit der Seilbahn hinauf zu den wunderbaren Plätzen und Gärten auf dem Inselrücken. Auf Sardinien lassen wir uns mit dem Taxi zum nächsten Strand bringen. In Messina buchen wir statt der geführten Stadtrundfahrt ein Tagesticket für eine Straßenbahn-Safari durch Siziliens drittgrößte Stadt. Valletta, die aufregende Hauptstadt Maltas, erleben wir per Pferdekutsche – und auf Mallorca, der letzten Station, mieten wir uns am Yachthafen sogar für einen Tag einen Mietwagen und erkunden die Badebuchten von Peguera und Santa Ponça ganz auf eigene Faust.

Einen einzigen Seetag, nicht zu vergessen, gibt es zwischendrin auch. Ihn nutzen wir dazu, Kapitän Trygve Vorren zu besuchen. Sein Arbeitsplatz ist auf Deck 11; wie auf Schiffen dieser Größe üblich, kann man ihm aber nicht auf der Brücke selbst zuschauen, sondern von einem „Bridge Viewing Room" aus. Käpt'n Vorren aber scheint ein Auge für Kinder zu haben: Beim Cocktailempfang nimmt er Lasse zur Seite – „I saw you on the bridge" – und posiert mit ihm fürs Erinnerungsfoto.

So gehen zehn Tage dahin – und dass sie so sorglos verfliegen, liegt nicht zuletzt auch am „Freestyle Cruising" à la NCL. Essen wann, wo und mit wem man möchte, lautet das Prinzip. Zwölf Restaurants stehen zur Wahl, und feste Tischzeiten gibt es nicht – für Reisen mit Kindern ist das ideal. Wenn es schnell gehen muss, geht's zum Kinderbuffet – wenn es neu und spannend sein soll, in eines der Themenrestaurants. Die, zugegeben, nicht allesamt Volltreffer für Kinder sind: Ein Hit, na klar, ist Mama's Italian Kitchen mit Pizza und Pasta, die Steaks im Cagney's schmecken jedem Piraten, und BBQ am Pooldeck macht allen Spaß. Kein Dreijähriger jedoch will einem Englisch sprechenden Koch eine Stunde dabei zusehen, wie er Bratreis, Gemüse, Fisch und Fleisch an einem Edelstahlgrill zubereitet. „Teppanyaki" heißt solches Show-Cooking auf Japanisch; und das Restaurant dieses Namens ist jeden Cent Aufpreis wert. Finn und Lasse aber hätten lieber einen Burger gehabt: „Dauert nicht so lange." Stimmt eigentlich. Und wir hatten ja „Freestyle" versprochen ... ■

Ihr Kreuzfahrtspezialist
www.e-hoi.de
20.000 Kreuzfahrten
Alle Top-Angebote
e-hoi Preisgarantie
TÜV-geprüft
über 40 Kreuzfahrt-experten
Carnival Victory
MINIKREUZFAHRT
z.B. 3 Tage ab € 99.-
MITTELMEERKREUZFAHRT
z.B. 8 Tage ab € 595.-
SEGELKREUZFAHRT
z.B. 8 Tage ab € 1.611.-

FAMILIENKREUZFAHRTEN IM ÜBERBLICK: WER BIETET WAS?

Ein paar grundsätzliche Tipps

- **Kabinengröße**: Familien mit einem Kind finden in der Regel in einer Standard-Doppelkabine Platz. Bei zwei (oder mehr) Kindern empfiehlt sich aber eine Minisuite – oder zwei Kabinen mit Verbindungstür.
- **Baby an Bord**: Wer mit Kleinkindern reist, sollte vorher anfragen, ob es Kinderbetten gibt – und die Möglichkeit, Fläschchen in der Kabine aufzuwärmen, Buggys abzustellen usw. Und: Babyphones funktionieren wegen der Stahlwände schlechter als an Land: Nehmen Sie deshalb ein Gerät mit möglichst hoher Reichweite mit.
- **Ausflüge**: Generell wird man mit Kindern wenig Ausflüge machen; vor allem lange Busfahrten sind eher quälend. Achten Sie aber auch darauf, dass zur An- und Abreise nicht stundenlange Bustransfers gehören.

NCL: Tree Top Kid's Center Von 9 bis 22.30 Uhr geöffnet; Kosten für Betreuung an Hafentagen und außerhalb der Öffnungszeiten: je Stunde 5 US-$ für das erste, 3 US-$ für Geschwisterkinder. Altersgruppen: Junior Sailors (2 bis 5), First Mates (6 bis 9), Navigators (10 bis 12 Jahre). Sprache im Kinderclub: Englisch. Günstige Getränkepauschale für Kinder (4 US-$ pro Tag) und spezielles Ausflugsprogramm für Familien.

Abends um zehn im NCL-Kinderclub

AIDA Cruises: AIDA Kids Club 6 bis 7 Stunden täglich geöffnet, mit mindestens zwei Betreuern; nach Absprache kostenlos verlängerbar, auch an Hafentagen. Altersgruppen: Seepferdchen (3 bis 6), Delfine (7 bis 9), Sharks (10 bis 11) sowie Orcas und Teens (12 bis 17 Jahre). Neben Piratenpartys, Bordsafari, Kinderabendessen etc. gibt es die „AIDA Clubbies" Alwine, Itzi, Dodo und Achwasachwas zum Schmusen oder Toben. Spezielle Ausflüge für Familien; günstige Kinderpreise und Ermäßigungen auf Kabinen mit Verbindungstüren; Kinder unter zwei Jahren reisen kostenlos.

MSC Kreuzfahrten: Kinderclub Geöffnet täglich von 9 bis 23 Uhr (Pause von 18 bis 19:30 Uhr), kostenlos; Altersgruppen: Mini Club (3 bis 6), Junior Club (7 bis 12), Teenager Club (13 bis 17 Jahre). Das Team spricht mehrere Sprachen, oft auch Deutsch. Betreuung auch an Hafentagen, u. a. mit eigenen Kindermenüs an Bord. Zwei Kinder unter 17 Jahren reisen kostenlos in der Kabine der Eltern mit.

Costa Kreuzfahrten: Squok Club Geöffnet täglich 9 bis 12, 15 bis 18 und 21 bis 23.30 Uhr; fünf Altersgruppen von 3 bis 17 Jahren; Abend-Babysitting bis 1.30 Uhr – alles kostenlos. Das Kinderprogramm „Fun@sea" (mehrere Sprachen, oft auch Deutsch) bietet alles vom T-Shirt-Bemalen über das Kapitänsinterview bis zur Poolparty mit Mitternachtstauchen. Neuerdings reisen Kinder bis 18 Jahren auf vielen Costa-Reisen kostenlos in der Kabine der Eltern mit.

Royal Caribbean: Adventure Ocean Täglich bis zu neun Stunden kostenlose Betreuung für 3- (Aquanauts) bis 17-Jährige (Teens); für Kinder unter drei gibt es Kleinkindergruppen (Anwesenheit der Eltern vorausgesetzt). Familienkabinen mit Platz für bis zu 6 Personen. Aktivitäten wie Minigolf, Kletterwand, Eislaufen, Inline-Skaten usw. Bordsprache ist Englisch.

Disney Cruise Line unterteilt die Kinder in fünf Altersgruppen von 3 Monaten bis 17 Jahren. Alle Clubs sind von 9 Uhr bis Mitternacht geöffnet und bis auf den Flounder's Reef Nursery Club (bis 3 Jahren) kostenlos. Auf den Schiffen hat man die Auswahl unter 9 Kategorien von Familienkabinen (3 bis 7 Schlafplätze). Außer 24 Stunden Micky, Donald & Co. gibt's jede Menge Entertainment à la Disney.

TUI Cruises „Insel der Seeräuber" Auf Deck 9 der **Mein Schiff** planschen, basteln und spielen die 3- bis 12-Jährigen (in den Ferien auch bis 17 Jahre) täglich kostenlos acht Stunden mit ausgebildeten Betreuern, die mit den Kindern auch Landausflüge unternehmen. Es gibt Familienkabinen für bis zu 5 Personen; Kinder bis 14 Jahren reisen in der Kabine der Eltern kostenlos mit.

Hapag-Lloyd Kinderclub Auf **Europa** und **Columbus** sind Kinder von 3 bis 15 Jahren willkommen und werden kostenlos betreut. Auf speziellen Familienreisen fahren Kinder bis 15 Jahren kostenlos in der Kabine der Eltern mit. Zu den Kinderausflügen zählen oft auch Fahrten mit Zodiac-Schlauchbooten.

Stolze Dimensionen: Die Equinox ist fast 37 Meter breit ...

Die neuen Raum-Schiffe

Megaliner trifft Boutique-Hotel: Die Cruiser der nagelneuen Solstice-Klasse von Celebrity machen vor, wie so etwas aussehen kann

VON THOMAS P. ILLES (TEXT & FOTOS)

Haben Sie das schon mal erlebt? Sie sind mitten auf dem Ozean, und plötzlich steigt der Geruch von frisch gemähtem Gras in Ihre Nase. Selbst Besitzer stolzer Megayachten, die sich alles Erdenkliche (und Unerdenkliche) leisten können, werden verneinen müssen. Vielleicht sollten sie mal eine Kreuzfahrt buchen: Die auf der Papenburger Meyer Werft entstandenen Celebrity-Schwestern Solstice und Equinox – die beiden ersten von fünf, die bis 2012 abgeliefert werden sollen – sind die weltweit ersten Kreuzfahrtschiffe mit echtem Rasen an Bord.

Was anfänglich wie ein etwas unbeholfener PR-Gag wirkte – Eislaufbahnen und Kletterwände, Freiluftkinos und Golfsimulatoren kannte man schließlich schon von anderen Schiffen – entpuppt sich beim ersten (am besten barfüßigen!) Betreten des 2.130 Quadratmeter großen Lawn Club tatsächlich als ganz besonderes sinnliches Erlebnis. Dies ist keine von Kunstpalmen und Plastikblumen gesäumte artifizielle Party-Insel – es ist eine mit einem schönen Schuss Naturerlebnis durchsetzte Oase der Eleganz und Authentizität. Eine Philosophie, die sich in allen

... und über 317 Meter lang

Sieben Decks haben Balkone nach hinten

anderen Teilen dieser innovativen, auch in Umweltfragen und Sachen Energieeffizienz neue Maßstäbe setzenden Schiffsklasse eindrucksvoll fortsetzt. So sehr, dass man von einer Neudefinition der zu Royal Caribbean gehörenden Premium-Reederei sprechen möchte. Von einem Quantensprung innerhalb der ganzen Industrie gar, die sich erstaunt die Augen reibt. Und ganz nebenbei handelt es sich um die mit rund 122.000 BRZ bisher größten je in Deutschland gebauten Passagier-Liner.

Zu weit ausgeholt? Fakt ist: Im Gegensatz zu den Neubaureihen etlicher anderer Reedereien, die im Laufe der Jahre kleine, mehr als evolutionär denn revolutionär zu bezeichnende Entwicklungsschritte erfuhren, leistete man sich bei der Solstice-Klasse den Luxus, einen Prototyp von Grund auf neu zu entwickeln. Konsequent reagierte man dabei auf zeitgenössische Lifestyle-Trends sowie die Urlaubs- und Freizeitbedürfnisse einer sich wandelnden, urbanen Gesellschaft und richtete das Bordangebot entsprechend aus. Der bisherige Erfolg der Schiffe spricht für sich: Neben den klassischen Kreuzfahrtgästen findet sich an Bord eine zunehmend kosmopolitische und anspruchsvolle Gästeschar ein. „Hot people", wie Hoteldirektor Simon Weir sie umschreibt, die sich bislang eher auf den eleganten Boulevards schicker Metropolen als auf einem herkömmlichen Kreuzfahrtschiff zu Hause gefühlt hätten.

Entsprechend präsentieren sich die Innenräume: Es herrscht coole, unaufdringliche und doch gediegene Eleganz. Aus hochwertigen Materialien gefertigte und mit originellen und geschmackssicheren Details durchsetzte Dekorationselemente strahlen Klasse, Wärme und Gemütlichkeit aus. Die Atmosphäre ist edel, hell – auch dank reichlich vorhandener Verglasung – und freundlich. Es dominieren Pastellfarben sowie Blau und Weiß in Kombination mit raffinierten Lichteffekten. ►

Breite Gänge, hohe Räume

Der Hauptspeisesaal

In der Bibliothek

Prätentiöser Design-Kitsch ist die Sache der Solstice-Klasse nicht. So ist beispielsweise auch der sogenannte Flying Tree, ein riesiger Ficus, der scheinbar schwerelos inmitten des Atriums schwebt, selbstverständlich echt.

Was sofort begeistert, ist das komfortable Raumgefühl. Groß ist das Platzangebot auf den Außendecks, alle Treppenaufgänge und die Verbindungswege zwischen den Außen- und Innenbereichen sind sehr viel breiter als üblich, und die meisten Aufenthaltsbereiche überraschen durch ungewöhnliche Raumhöhen und luftige Großzügigkeit. Schön aber auch: Trotz der stattlichen Ausmaße des 317,20 Meter langen Schiffs gibt es überall Nischen und Orte des Rückzugs und der Entspannung, alle mit eigenständigem Charakter – ein Gefühl von Gigantomanie kommt so nirgends auf. Und obwohl eine große Bandbreite an Erlebnisbereichen geboten wird, von klassisch-konservativ (um die bisherige loyale Celebrity-Kundschaft nicht ganz vor den Kopf zu stoßen) bis ultrahip, wirkt alles wie aus einem Guss. Eine architektonische Glanzleistung, sorgfältig gefertigt nach den Regeln bester deutscher Wertarbeit. Richard Fain, Chef der Celebrity-Mutter Royal Caribbean Cruises Ltd., betitelt die neuen Schiffe denn auch als „piece of art".

Neuland wurde auch bei der Konzeption der Kabinen betreten: Eine Gruppe von fünf Frauen, von der Reiseberaterin bis zur Kreuzfahrtnovizin, wirkte bei ihrer Gestaltung federführend mit. Das Ergebnis sind geräumige Gemächer mit klugen Layouts, eher europäisch als amerikanisch geprägt. Und es wurde praktisch gedacht: Es gibt angenehm große Stauflächen – und Nützliches wie ein Nachtlicht im Badezimmer oder eine Fußstütze in der Dusche. 1.426 Kabinen und Suiten hat das Schiff insgsamt: Neunzig Prozent davon sind Außenkabinen, und 84 Prozent bieten einen – erfreulich tiefen – Balkon. Und auf Deck 11 gibt es 130 exklusive Balkonkabinen für die Gäste der AquaClass, mit ungehindertem Zugang zum AquaSpa gleich nebenan. ►

Auf zu neuen Ufern: Im Abendrot verlässt die Celebrity Equinox den Hafen von Alexandria

Kulinarisch geht Celebrity ebenfalls neue Wege. Ein architektonisches Highlight ist der überwiegend in Weiß gehaltene, von schlichter und doch bemerkenswerter Eleganz geprägte Hauptspeisesaal. Ein Novum für die Reederei ist, dass es neben dem üblichen Selbstbedienungsbuffet auch diverse kostenpflichtige Spezialitätenrestaurants gibt. Besonders das asiatische Silk Harvest (exzellentes Sushi!), das Steakhouse Tuscan Grille sowie das edle Murano (tolle, aber kostspielige Weinselektion) stechen hervor und bereiten Freude. Selbst bei voller Belegung verteilen sich die Massen dank des cleveren Raumkonzepts immer gut. Bemerkenswert insofern, als es sich bei einem Schiff mit 2.850 Passagieren letzten Endes um ein, wenn auch hochklassiges, Mainstream-Produkt handelt.

2.130 Quadratmeter Rasen auf hoher See: der Lawn Club

Aber die Finesse steckt eben im Detail! So stehen, um nur ein Beispiel zu nennen, in den öffentlichen Toiletten Stoff- statt Papiertüchern zur Verfügung – edel! Überhaupt wird uns die Fülle der Elemente, die diese Schiffe zu einer Klasse für sich machen, erst nach ein paar Tagen an Bord in vollem Umfang bewusst: Jeden Tag entdecken wir neue Feinheiten. Die ausgeklügelte „Sound-Architektur" zum Beispiel: Die Musikbeschallung ist auf jeden Raum individuell und stilsicher abgestimmt. Oder die eigens gestaltete, zum Kauf angebotene neue Kunstkollektion. Oder die wirklich hochklassige Möblierung: Testen Sie, wenn Sie an Bord sind, nur mal die unterschiedlich designten, durchweg hochwertig verarbeiteten Sessel und Stühle.

Wie bringt man all das auf den Punkt? Vielleicht mit den Worten von Hoteldirektor Weir: „Wir haben eine Umgebung kreiert, in der die Gäste sich allein schon aufgrund der Güte der Hardware in ihrem Lebensgefühl und ihrer Selbstwahrnehmung aufgewertet fühlen." Augenzwinkernd fügt er hinzu: „Ganz besonders beobachte ich das bei vielen Frauen." Yachtbesitzer also, aufgepasst: Ein Rasen allein genügt nicht ...

Dresscode Pudelmütze

Kreuzfahrt mal anders: vier Tage im hohen Norden, mit Skiern und Winterpulli im Gepäck. Die Color Line macht's möglich

VON UWE BAHN (TEXT & FOTOS)

Passagiere an der Reling, eingepackt wie zu einer Grönland-Expedition

Wer mit geschulterten Skiern durch Kiel geht, ist ein Fall für die Couch. Diagnose: Pistenpsychose. Kiel hat keine Abfahrten, keine Loipen – und selten Schnee. Doch der Skiurlaub ist gar nicht so fern, denn Kiel hat einen Hafen. Und dort beginnt unser ganz persönliches Wintererlebnis: eine Skikreuzfahrt. Zugegeben: Wir haben unsere Bretter – wegen der Couch – im Auto verstaut. Und das steht nun eingeparkt auf Deck vier der Color Magic. Zwischen über 500 anderen Wagen, die im Bauch dieses Schiffes, das eigentlich eine als Kreuzfahrer verkleidete Autofähre ist, (Stell-)Platz finden. Nach Oslo soll es gehen und dann weiter nach Trysil, Norwegens größtem Skigebiet.

Wenn die anderen Kreuzfahrtschiffe die Ostsee längt verlassen haben, dann fahren die beiden Fähren Color Fantasy und Color Magic weiter. Im täglichen Wechsel von Kiel nach Oslo und zurück. Bei Wind und Wetter, bei Schnee und Eis. Die Color Magic könnte genauso gut auch im Mittelmeer oder in der Karibik verkehren, denn sie hat die Infrastruktur eines waschechten Kreuzfahrtschiffs: ein Theater, Spa- und Fitnessbereiche, einen Golfsimulator. Und natürlich jede Menge Gastronomie: Wir zählen acht Restaurants und zehn Bars.

Dazu kommt die 163 Meter lange und drei Decks hohe Magic-Promenade – eine Fußgängerzone mit Shops, Cafés und Bars. Jetzt im Winter ist das Sortiment im Bordshop der Jahreszeit angepasst: Hier hängen keine Bikinis, Sonnenhüte und Badeaccessoires, sondern Norwegerpullis, Rentierfelle und schneetaugliche Stiefel. Eher das Outfit für einen Hüttenabend als für eine klassische Kreuzfahrt.

Ein Blick nach draußen? Das Sonnendeck ist verwaist. Keine besetzten Sonnenliegen, kein Volleyballturnier, keine kreischenden Kinder im Whirlpool. Vereinzelt flanieren Passagiere an der Reling entlang. Eingepackt, als müssten sie Arved Fuchs auf einer Expedition begleiten. Dresscode Pudelmütze – das ist auf dieser Kreuzfahrt fast Pflicht.

War das Wetter in Kiel bei der Abfahrt noch nasskalt, so grüßt der Oslofjord am nächsten Morgen mit einer weißen Winterlandschaft. Einstimmung auf das, was da ►

Nur 200 Kilometer hinter Oslo liegt das größte zusammenhängende Alpin-Skigebiet Norwegens. Man kann abfahren und langlaufen – oder das Skifahren erst einmal lernen

zweieinhalb Autostunden nördlich auf uns wartet. Aber selbst für Oslo gilt: Ski und Rodel gut. Im berühmten Wintersportgebiet Holmenkollen steht nicht nur die Skischanze: Sieben Lifte bringen vor allem die Anfänger auf die Pisten. Wer an den flachen Hängen trotzdem verzweifelt: Es gibt auch eine Skischule. Und Langläufer finden über tausend Kilometer Loipen rund um den Holmenkollen.

Der Landausflug unserer „Skikreuzfahrt" führt aber weiter: nach Trysil, rund 200 Kilometer nördlich von Oslo. Auch wenn der dortige Hausberg Trysilfjellet nicht höher als der Brocken im Harz ist: Mit über siebzig Kilometern hat Trysil das größte zusammenhängende Alpin-Skigebiet Norwegens. Es gibt Abfahrten für jeden Schwierigkeitsgrad. Wir meiden die elf „schwarzen" Kilometer und konzentrieren uns statt desen auf den Einkehrschwung. Das Laaven und der Ski Pub'n sind die ersten Après-Ski-Adressen. Bei Livemusik und Linie-Aquavit vergisst sich hier so mancher Skifahrer – und wir vergessen, dass der Halbe in unserer Hand zehn Euro kostet. Norwegen eben.

Der „Herr der Hunde" zeigt seine Husky-Welpen

Etwas irreal wirkt diese Reise schon: Vom Schiff direkt in den Schnee. Und auch die Tour zur Husky-Farm am nächsten Tag ist der Ausflug in eine andere Welt. „Du kommst von der Kreuzfahrt?" fragt uns Tor Arne Myrheim, der Herr der Hunde. Wir sind nicht die ersten, die auf diese Weise zu ihm gelangen. Mit seinen Hundeschlitten fährt er die

Die Color Magic könnte auch im Mittelmeer verkehren, denn sie hat die Infrastruktur eines waschechten Kreuzfahrtschiffs. Herzstück ist die 163 Meter lange Shopping-Promenade

Touristen durch die Schneelandschaft. Ganz in der Nähe hatte Michael Schumacher zehn Jahre lang seine Hütte. Hier in der Abgeschiedenheit Trysils hat er sich also von Silverstone, Imola und Hockenheim erholt. Wir dagegen erholen uns im neuen Radisson Blue Resort Trysil. Noch wirkt es ein wenig kühl, aber das mag auch an den Außentemperaturen liegen: Hier werden schon mal zwanzig Grad minus gemessen.

Hotel und Kreuzfahrt – das ist für Pistenpassagiere als Package buchbar; Color Line hat sogar einen eigenen Winterkatalog aufgelegt. Allerdings: Die „hellen" Skimonate März und April haben ihren Preis.

Es dämmert noch, als wir um zehn Uhr wieder Richtung Oslo aufbrechen und drei Stunden später durch die Heckklappe der Color Magic fahren. Punkt 14 Uhr legen wir ab. Nach dem Schnee, jetzt also wieder Schiff. Das heißt für uns: Gepäck in der Kabine verstauen, Mittagessen im Oceanic-Restaurant ... und dann ab in den Monkey Pub auf Deck sieben. Zum Après-Ski. ■

SKI UND SCHIFF

Die **Color Fantasy** und die **Color Magic** – im Bild vor Oslo – fahren abwechselnd von Kiel (Abfahrt um 14 Uhr) nach Oslo (Ankunft am nächsten Morgen um zehn Uhr) und zurück. Es gibt diverse Kombi-Möglichkeiten und Pakete mit Hotelübernachtungen u. Ä. Mehr Info dazu gibt es unter www.colorline.de.

Trysil hat rund 6.000 Einwohner. Mit über 70 Pistenkilometern ist es das größte zusammenhängende alpine Skigebiet Norwegens. Die längste Abfahrt ist 5,4 Kilometer lang. Im Skigebiet Trysilfjellet fahren sechs Sessellifte, 17 Schlepplifte und neun Kinderlifte. Skifahren ist garantiert: Schneekanonen decken 70 Prozent der Pisten ab. Die Skisalson 2010 geht bis zum 2. Mai. Info: www.skistar.com/trysil; www.trysil360.com

Auf zu neuen Ufern – auch MSC ist wieder dabei. Die Magnifica debütiert im März

Kurs Wachstum

Auch 2010 wird wieder ein Jahr der Premieren: Mindestens elf neue Cruiseliner stechen in See – und dreimal wird in Hamburg getauft

VON FRED FRIEDRICH

Wachsen die Bäume auch im erfolgsverwöhnten Kreuzfahrtmarkt nicht mehr in den Himmel? 2009 jedenfalls hat der eine oder andere Anbieter Federn gelassen – und die Preise sanken. Trotzdem sind sich die Chefs von AIDA Cruises und TUI Cruises, Michael Thamm und Richard J. Vogel, einig: Neue Angebote generieren auch zusätzliche Nachfrage. Es wird also spannend sein zu sehen, ob die Neubauten 2010 tatsächlich für einen Passagierzuwachs sorgen – oder ob sie eher den Preiskampf anheizen werden.

Den Anfang macht die **Costa Deliziosa**. „Auch sie muss etwas wirklich Besonderes werden, ohne den typischen Wow-Effekt zu vernachlässigen", verrät der seit 2000 für das Design aller Costa-Neubauten zuständige Architekt, der Amerikaner Joseph Farcus. Wie bei der Schwester **Luminosa** werde auch auf der Neuen mit Licht gespielt. Diesmal allerdings eher im Hintergrund – zugunsten der Hervorhebung und Verstärkung eines für die Deliziosa geplanten „Parcours der Formen". Am 5. Februar feiert das Schiff in Costas Heimathafen Savona Premiere.

Ebenfalls im Februar, jedoch in Hamburg, startet die **AIDAblu**. Auf Heidi Klum, Eva Padberg und Franziska Knuppe folgt Jette Joop als prominente Patin. Als größtes Clubschiff der Flotte wartet es mit dem ersten schwimmenden Sudhaus auf. Das in gläsernen Kesseln vor den Augen der Gäste gebraute Bier wird in der Destille nebenan frisch gezapft und mit einer herzhaften Brotzeit serviert. Und aus 3-D wird 4-D: Im Cinemare soll künftig auch der Geruchssinn angesprochen werden. Neu für AIDA sind Kabinen mit direktem Zugang zum japanisch angehauchten Spa samt Body & Soul-Paket, bestehend aus Yogakurs, Massage und Teezeremonie. Der persönliche Spa-Butler stellt individuelle Trainingsprogramme zusammen und gibt wellnesskonforme Menü-Empfehlungen.

MSC bleibt sich treu und lässt auch das elfte Schiff der Flotte, die **MSC Magnifica**, von Sophia Loren taufen – ebenfalls an der Elbe, als Hommage an die deutsche Klientel. Neben der legendären Schauspielerin wird sich am 6. März dem Vernehmen nach auch Eros Ramazzotti als Stargast die Ehre geben. Der Täufling ist ein Spross der Musica-Klasse. Die Überführungsfahrt von der Werft in St. Nazaire in die Hansestadt wird in Deutschland exklusiv vermarktet.

Es bedarf schon nautischer Perfektion, die über 317 Meter lange, fast 37 Meter breite und exakt 69,40 Meter hohe **Celebrity Eclipse** ohne Komplikationen über die schmale Ems in die Nordsee zu überführen. Wahrscheinlich wird Vicente Pili auch auf dem Neubau als leitender Rasenpfleger tätig sein und dafür sorgen, dass der Lawn Club wächst und gedeiht. Ausdrücklich gilt für dessen Grünflächen: „Betreten erlaubt." Wie ihre Schwestern ist auch die Eclipse äußerst umweltfreundlich: Der Einsatz von Solarkollektoren ermöglicht Einsparungen von bis zu 30 Prozent.

Luxus auf höchstem Niveau verspricht die **Seabourn Sojourn**. Sie verwöhnt ihre maximal 450 Gäste – alle residieren in Außensuiten – in vier Restaurants sowie sechs Bars und Lounges. Trinkgelder, Champagner, erlesene Weine und andere Alkoholika sowie Softdrinks sind inklusive. Auch eine Massage unter freiem Himmel, einen Landgang und eine Strandparty mit gegrilltem Hummer und Kaviar gibt es kostenlos dazu. ►

Februar 2010: Costa Deliziosa

Reederei: Costa Crociere; Werft: Fincantieri, Marghera; 92.700 BRZ, 2.260 Passagiere. Die Themenwelt an Bord steht unter dem Motto „Parcours der Formen". Die Jungfernreise ab Savona ab dem 5. Februar führt Richtung Dubai

Februar 2010: AIDAblu

Reederei: AIDA Cruises, Werft: Meyer, Papenburg; 71.100 BRZ, 2.192 Passagiere. Gäste der Jungfernreise können die Taufzeremonie im Hamburger Hafen miterleben und nehmen anschließend Kurs auf Mallorca

April 2010: Celebrity Eclipse

Reederei: Celebrity Cruises; Werft: Meyer, Papenburg; 122.000 BRZ, 2.850 Passagiere. Nach zwei Kurzreisen ab/bis Southampton läuft die Celebrity Eclipse zur eigentlichen Jungfernreise Richtung Skandinavien und Russland aus

FOTOS/ILLUSTRATIONEN: Anbieter (4)

Juni 2010: Seabourn Sojourn

Reederei: Seabourn Cruise Line; Werft: Mariotti, Genua; 32.000 BRZ, 450 Passagiere. Die „North Star Maiden Voyage" startet am 6. Juni in London und führt über Schottland, die Faröer, Island, Norwegen und die Niederlande nach Dover

Juli 2010: Nieuw Amsterdam

Reederei: Holland America Line, Werft: Fincantieri, Marghera; 86.700 BRZ, 2.106 Passagiere. Basishafen während der Jungfernsaison ist Venedig. Von dort aus geht es ab 4. Juli 2010 ins östliche und westliche Mittelmeer

August 2010: Norwegian Epic

Reederei: Norwegian Cruise Line, Werft: STX Europe, St. Nazaire; 150.000 BRZ, 4.200 Passagiere. Vom Basishafen Miami läuft die Norwegian Epic ab 17. Juli zu siebentägigen Reisen in die westliche und östliche Karibik aus

Ein neuer Stern am Seglerhimmel: Die Sea Cloud Hussar startet am 30. Juni ab Hamburg nach Norwegen

Aller guten Dinge sind bekanntlich drei. Und so zerschellt am 30. Juni in Hamburg eine weitere Champagnerflasche. Hauptdarstellerin ist diesmal die **Sea Cloud Hussar**, mit 136 Metern Länge, über 17 Metern Breite und einer Gesamtsegelfläche von mehr als 4.000 Quadratmetern der größte jemals gebaute Dreimast-Passagiersegler. Am Bug prangt, wie bei den berühmten Schwestern, der goldene Sea Cloud-Adler. Bis zu 136 Passagiere werden von 90 Crewmitgliedern umsorgt.

Die **Nieuw Amsterdam** hat in der mehr als 130-jährigen Geschichte der Holland America Line bereits drei Vorgängerinnen. Natürlich waren die längst nicht so komfortabel wie die im Herbst 2010 startende Schwester der **Eurodam**: Sie bietet gläserne Aufzüge, Balkonkabinen und Suiten mit Panoramafenstern, private (kostenpflichtige) Cabanas am Lido Pool und ein Culinary Arts Center, in dem Starköche ihr Können demonstrieren.

„Mit der **Norwegian Epic** läuten wir die nächste Generation von Freestyle Cruising ein", verkündet NCL. „Weg vom rechteckigen

Kabinendesign hin zu geschwungenen Linien", lautet die Devise. Alle Außenkabinen haben einen Balkon, und für preisbewusste Gäste ist eine neue Art Innenkabine buchbar: In Studios mit Blick auf den Korridor lässt sich die Beleuchtung an die Tageszeit oder auch die Stimmung des Gastes anpassen; für romantische Nächte gibt es sogar eine „Love"-Einstellung. Die erste Ice Bar auf hoher See besteht komplett aus gefrorenem Wasser und ist konstant auf minus acht Grad Celsius heruntergekühlt. Pelzmäntel, Handschuhe und Mützen liegen bereit.

Nur 29 Minuten nach Buchungsfreigabe am 1. April 2009 war die Jungfernfahrt der **Queen Elizabeth** restlos ausgebucht. Der bei Fincantieri im italienischen Monfalcone ganz im traditionellen Stil – schwarzer Rumpf, weißer Aufbau, roter Schornstein – entstehende Neubau wird das zweitgrößte je für Cunard in Dienst gestellte Schiff. Neben dem schon von der **Queen Victoria** bekannten dreigeschossigen Royal Court Theater mit privaten Logen und der zweistöckigen Bibliothek gibt es als Neuerung einen Country Garden im Freien. Ob mit echtem Rasen (wie bei der Konkurrenz) bestückt, wird noch nicht verraten.

Kaum hat die **Oasis** debütiert, steht schon die **Allure of the Seas** in den Startlöchern. Die größten Cruiseliner der Welt stellen alles bisher Dagewesene in den Schatten: 5.400 Passagiere, 2.700 Kabinen, 220.000 BRZ, 16 Decks, 24 Restaurants, Cafés und Bistros. Beide bieten Sieben-Tages-Törns ab Fort Lauderdale an. Die Anlaufhäfen werden dabei wohl zur Nebensache – drei Seetage dürften kaum ausreichen, das Bordangebot auch nur ansatzweise zu nutzen.

Oceania Cruises, regelmäßig von Fachmagazinen mit Bestnoten ausgezeichnet, wirbt neuerdings verstärkt um die deutsche Klientel. Die wohl erst Anfang 2011 in Fahrt kommende **Marina** wird zwar wesentlich größer als die bisher eingesetzten Schiffe der Regatta-Klasse, übernimmt aber deren Konzept: Innen dominieren Holz, Marmor, Granit und Leder. Fast alle der 626 Kabinen verfügen über Teakholz Balkone, und die Gäste können in sechs Restaurants in offener Sitzung speisen. ■

Oktober 2010: Queen Elizabeth

Reederei: Cunard Line, Werft: Fincantieri, Monfalcone; 90.400 BRZ, 2.058 Passagiere. Die für den 12. Oktober geplante Jungfernreise führt von Southampton zu den Kanarischen Inseln und nach Madeira

November 2010: Allure of the Seas

Reederei: Royal Caribbean International; Werft: STX Europe, Turku; 220.000 BRZ, 5.400 Passagiere. Von Fort Lauderdale aus bricht die Oasis-Schwester jeden Sonntag in die westliche oder östliche Karibik auf

Ende 2010/Anfang 2011: Marina

Reederei: Oceania Cruises, Werft: Fincantieri, Sestre Ponente; 66.000 BRZ, 1.258 Passagiere. Vom neuesten Oceania-Schiff weiß man bisher nur, dass es Konzepte der kleineren Schwestern (im Bild die **Insignia**) übernehmen wird

FOTOS/ILLUSTRATIONEN: Anbieter (7)

FOTO: Getty Images/H. Neleman

Click and Cruise!

Alle Schiffe, alle Routen, alle Preise: Mit **www.e-hoi.de** ist die ganze Welt der Kreuzfahrt nur einen Mausklick weit entfernt

Kreuzfahrten boomen! Und das besonders in Deutschland: Laut den Statistiken des Deutschen Reise Verbands (DRV) wächst der heimische Kreuzfahrtenmarkt seit Jahren um bis zu zwölf Prozent jährlich. Aufgrund dieser Nachfrage haben die Reedereien ihre Kapazitäten stark erhöht: Zahlreiche neue Schiffe wurden und werden gebaut, Reiseziele und Reiserouten ständig erweitert. Analog dazu hat sich das Internetportal www.e-hoi.de entwickelt: Mit über 18.000 Kreuzfahrten auf mehr als 400 Schiffen bietet e-hoi einen umfassenden Überblick über das weltweite Angebot.

Die Best-Preis-Garantie

Immer mehr Reedereien passen ihre Preise täglich der aktuellen Nachfragesituation an. Diese Preisänderungen werden von e-hoi unmittelbar übernommen und dem Kunden ohne großen Zeitaufwand im Internet weitergegeben. Dabei gibt e-hoi eine „Best-Preis-Garantie": Als e-hoi-Kunde erhalten Sie jederzeit den günstigsten Preis, den der deutsche Seereisenmarkt zu bieten hat. Sollten Sie aber doch einmal die gebuchte Leistung bei einem anderen Anbieter günstiger bekommen, wird

CHIFFE | ERSTKREUZFAHRER | BEWERTUNGEN | SUCHE

Ihnen die Differenz zum e-hoi-Preis erstattet. Außerdem präsentiert e-hoi eine Vielzahl von attraktiven, tagesaktuellen Angeboten aus einer umfassenden Datenbank, aus der Sie „Ihre" Kreuzfahrt mit dem besten Preis-Leistungs-Verhältnis schnell und einfach finden und jederzeit sicher buchen können.

e-hoi agiert dabei als Reisemittler und ist ein Full-Service-Dienstleister, der von der Reservierung bis zur Übersendung des Reisepreissicherungsscheins die gesamte Betreuung des Buchungsprozesses übernimmt. Bei Fragen während des Auswahlprozesses oder der Online-Buchung steht Ihnen ein speziell geschultes Beratungsteam zur Verfügung.

Sicherheit ist Trumpf

Die hohen Standards in puncto Sicherheit, die sich e-hoi gesetzt hat, wurden auch vom TÜV Süd bestätigt, der e-hoi das Prüfsiegel „S@fer Shopping" verliehen hat. Im Fokus der Prüfung standen die Handhabbarkeit der Website, der Schutz der personenbezogenen Informationen und die sichere Bestellabwicklung. In allen Bereichen erzielte e-hoi Bestnoten – zum Vorteil Ihrer jederzeit garantierten Sicherheit.

www.kreuzfahrer.de

Unter **www.kreuzfahrer.de** betreibt e-hoi jetzt auch eine eigene Kreuzfahrt-Community. Hier können Sie als Kunde eigene Schiffsbewertungen abgeben und auf einer Skala von eins bis fünf das Schiff beurteilen, auf dem Sie gereist sind. Bereits über 3.500 Schiffsbewertungen sind hier einzusehen – neben beliebten Klassikern wie den **AIDA**-Schiffen oder Luxuslinern wie der **Queen Mary 2** finden sich auch Bewertungen zu ganz speziellen Schiffen, wie etwa den berühmten **Sea Cloud**-Seglern oder dem in der Südsee fahrenden Kombifrachter **Aranui 3**.

www.e-hoi.de auf einen Blick

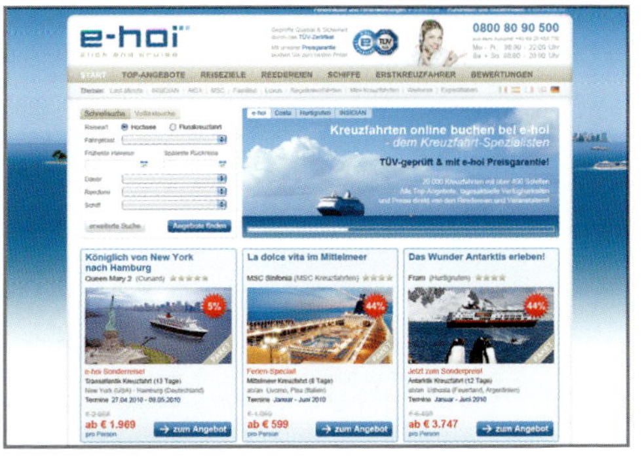

- e-hoi ist die in Deutschland führende Online-Vertriebsplattform für Kreuzfahrten
- e-hoi ist 24 Stunden im Internet erreichbar – und telefonisch unter **0800 80 90 500** montags bis freitags von 8 bis 22 Uhr sowie samstags und sonntags von 8 bis 20 Uhr
- Ein kompetentes Team aus mehr als 40 erfahrenen Kreuzfahrtexperten berät Sie
- Bei e-hoi sind die Programme aller gängigen Reedereien und Veranstalter online buchbar – bei vielen zu tagesaktuellen Preisen
- e-hoi bietet eine Best-Preis-Garantie und viele Angebote, die nur bei e-hoi buchbar sind. Ein regelmäßiger Newsletter informiert zuätzlich über aktuelle Angebote
- Bei e-hoi finden Sie interaktive Routenkarten, Beschreibungen zahlreicher Häfen – und alles Wichtige zu Reedereien und Schiffen
- e-hoi ist vom TÜV auf Sicherheit und Qualität geprüft – und mit dem Siegel „S@fer Shopping" ausgezeichnet

Neue Features ab Dezember 2009

- Live-Prüfung der freien Kabinen direkt bei den Veranstaltern
- Freie Kabinenauswahl auf dem Deckplan
- Großer Erstkreuzfahrerbereich
- Kreuzfahrtbewertungen von e-hoi Kunden
- Noch bessere Darstellung von Fluss- und Luxuskreuzfahrten

An Bord

Weit über 300 Kreuzfahrtschiffe befahren derzeit die Weltmeere. 65 davon stellen wir auf den folgenden Seiten im Detail vor – und fast alle weiteren in zwölf Flottenporträts. Willkommen an Bord!

FOTOS: Transocean Tours (1), MSC Kreuzfahrten (1), Cunard (1), P. Guenther (1)

Welches Schiff passt zu mir?

So finden Sie Ihr persönliches Traumschiff: 65 Seeschiffe im Detail, alle Veranstalter von A bis Z, zwölf Flotten im Überblick

Jedes Jahr kommen neue Schiffe dazu. Ein Dutzend waren es 2009 – mindestens die gleiche Zahl an Premieren erleben wir 2010. Und vom Segler für 136 Gäste bis zum neuen Rekordhalter, der 5.400 Passagiere befördern kann, ist die gesamte Bandbreite vertreten. Was beweist: Auch weiterhin ist Vielfalt das hervorstechendste Merkmal der weltweiten Kreuzfahrtflotte. Von ein paar baugleichen Serienfertigungen einmal abgesehen, ist kein Kreuzfahrtschiff wie das andere.

Den Autoren dieses Buches ist jedoch genau das Ansporn und Herausforderung. Aus dem weit über 300 Schiffe zählenden Angebot haben wir 65 ausgewählt, um sie auf den folgenden Seiten im Detail vorzustellen und zu bewerten. Eine Auswahl, die nicht nur aus Umfangsgründen sinnvoll ist, sondern auch, weil wir der Perspektive des deutschsprachigen Marktes folgen möchten: Wir beschreiben die Schiffe, die in Deutschland, Österreich und der Schweiz am bekanntesten sind. Weil sie von deutschen (oder europäischen) Reedern betrieben werden, weil an Bord (auch) Deutsch gesprochen wird oder weil sie 2010 hauptsächlich in europäischen Häfen anzutreffen sind. Alle bekannten Reedereien sind so mit wenigstens einem ihrer Schiffe vertreten.

Diese 65 Schiffe betrachten wir im Detail. Mit von ausgewiesenen Fachjournalisten verfassten Porträttexten, mit allen wichtigen Daten und Fakten von der Kabinenzahl bis zum Dresscode – und mit einem „Profil" rechts unten auf der jeweiligen Seite. Dort werden in fünf Kategorien bis zu fünf Punkte („Anker") vergeben: 1. für das Sport- und Wellnessangebot; 2. für Entertainment und Infotainment (Vorträge, Kurse etc.); 3. für die Gastronomie; 4. für die Familienfreundlichkeit; 5. für die Serviceleistungen an Bord. (Bei wenigen Schiffen fehlt diese Bewertung; sie waren bei Redaktionsschluss entweder noch nicht in Betrieb

Info-/Entertainment

1 Anker einfache Unterhaltung; Musik, Spiele etc.
2 Anker Bordprogramme mit Künstlern und/oder Lektoren
3 Anker gehobene Bordprogramme mit Künstlern und/oder Lektoren
4 Anker professionelle Bordprogramme, Lektorate/Vorträge; zusätzliche Angebote wie z. B. Diskothek, Kino o. Ä.
5 Anker hochklassige Bühnenshows in großen Bordtheatern; Lektorate/Vorträge; professionelles Equipment; viele Zusatzangebote

Sport & Wellness

1 Anker Sport und Gymnastik ohne spezielle Geräte
2 Anker einfache Sportgeräte vorhanden; kein Wellnessangebot
3 Anker Fitnessbereich und Wellnessangebot mit Betreuung; Pool(s) und Sauna vorhanden
4 Anker Fitnessbereich und Wellnessangebot mit professioneller Betreuung; Zusatzangebote wie z. B. Joggingpfad, Spielflächen für Ballsport o. Ä.
5 Anker hochklassig geführter Fitness-, Spa- und Wellnessbereich; großzügiger Pool bzw. Poollandschaft; Zusatzangebote wie Mountainbikes, Kletterwand, Golfsimulator o. Ä.

Gastronomie

1 Anker einfachstes Angebot in schlichtem Ambiente
2 Anker solides Angebot ohne besonderen Anspruch
3 Anker gutes Angebot in gepflegtem Ambiente
4 Anker anspruchsvolles und vielfältiges Angebot in niveauvollem Ambiente
5 Anker herausragendes Angebot auf Sterneniveau in entsprechendem Ambiente

Zum Beispiel Europa: Bestnoten für die Köche

Familienfreundlichkeit

1 Anker für Kinder eher ungeeignet
2 Anker für Kinder bedingt geeignet; keine speziellen Einrichtungen
3 Anker Kinder willkommen; einfache Einrichtungen und/oder Aktivitäten für Kinder
4 Anker Kinder willkommen; gute Einrichtungen und Aktivitäten mit professioneller Betreuung
5 Anker Kinder willkommen; vorbildliche Einrichtungen und Aktivitäten mit professioneller Betreuung; Zusatzangebote wie z. B. Babysitter

Service

1 Anker nur passive Gästebetreuung
2 Anker solider Service auf einfachem Niveau
3 Anker guter Service in Restaurants, Kabinen und allen anderen öffentlichen Bereichen
4 Anker freundlicher und professioneller Service; jederzeit aufmerksames und ansprechbereites Personal
5 Anker perfekter Service – der Gast ist König

oder gerade gestartet). Wir haben diese Aufteilung nach Kategorien bewusst anstelle einer Gesamtbeurteilung gewählt. Denn sie ermöglicht die individuelle Auswahl des Schiffes, das wirklich am besten zu Ihnen passt.

Falls Ihr Traumschiff nicht dabei sein sollte: Zusätzlich zu den Einzelporträts beschreiben wir zwölf der großen Firmen erstmals auch mit Übersichten zu ihren Flotten; die entsprechenden Seiten sind alphabetisch zwischen die Schiffsporträts einsortiert. So gut wie alle in hiesigen Reisebüros buchbaren Hochsee-Kreuzfahrtschiffe der Welt sind damit zumindest genannt und auffindbar. Und eine zusätzliche nützliche Kurzübersicht zu allen anderen Veranstaltern gibt es auf den sechs Seiten, die dieser Einleitung folgen.

Eine Anmerkung noch zu allen genannten Preisen: Sie gelten immer pro Tag und Person und richten sich nach den reinen Passagepreisen der Reedereien (ohne An- und Abreise). Nur wo „k. A." (keine Angabe) vermerkt ist, standen diese Preise noch nicht fest oder waren nicht verfügbar.

MSC und Costa zählen zu den Big Playern

ABC der Reedereien

Von den Marktführern bis hin zum kleinen Spezialanbieter – auf den folgenden Seiten stellen wir Ihnen die Firmen hinter den Schiffen vor

VON JOHANNES BOHMANN UND PEGGY GÜNTHER

Oftmals denkt man als Einsteiger beim Thema Kreuzfahrt nur an einen oder zwei Markennamen. Dabei sind auf dem deutschsprachigen Markt mehr als dreißig Unternehmen präsent. Wer hat hier eigentlich die Nase vorn? Welche Reederei ist unabhängig, und welche gehört zu einem großen Verbund? Um die Produkte verschiedener Anbieter vergleichen zu können, lohnt es sich, einen Blick aufs „große Ganze" zu werfen. So teilen sich nur drei Großkonzerne den Löwenanteil des Marktes, indem sie mehrere Reedereien vereinen. Oftmals bieten jedoch die kleinen Einzelkämpfer die interessanteren Nischenprodukte an. Vom „Freestyle Cruising" bis zur britischen Gediegenheit – ein und dieselbe Reise kann stilistisch vollkommen unterschiedlich ausfallen. Damit Sie das individuell passende Schiff zu Ihrer Traumroute finden, beschreiben wir im Folgenden die Ausrichtungen aller in Deutschland tätigen Unternehmen. Wenn Sie statt eines Kurztextes lediglich Schiffsnamen sehen, finden Sie im neuerdings nach Reedereien sortierten Schiffsteil ein ausführliches Flottenporträt.

Giga-Neubauten: schwebender Whirlpool der Carnival Dream, Park auf der Oasis of the Seas

DIE MARKTFÜHRER

Carnival Corporation

Unangefochtener Marktführer in Sachen Kreuzfahrt ist die Carnival Corporation. Das britisch-amerikanische Unternehmen vereint derzeit stolze 90 Schiffe. Als erster Coup gelang Carnival 1989 die Übernahme der **Holland America Line**. Neben der weltgrößten Reederei **Carnival Cruise Line** zählen inzwischen zudem der italienische Big Player **Costa Crociere**, aber auch die Edelmarken **Cunard Line** und **Seabourn Cruise Line** zum Portfolio des Giganten. Eine Machtübernahme durch den größten Konkurrenten, Royal Caribbean International, konnte 2003 durch den Einkauf der Nummer Drei am Markt, **Princess Cruises**, verhindert werden. Im Zuge dessen verleibte sich Carnival auch die auf dem australischen Markt tätige Untergesellschaft **P&O Cruises** sowie das bekannteste deutsche Unternehmen, **AIDA Cruises**, ein. Oftmals finden ältere Modelle innerhalb des Konzerns einen neuen Eigentümer: So gehen die zwei Schiffe des 2002 gegründeten Ablegers **Ocean Village** bei Einstellung der Marke Ende 2010 an **P&O Australia**. Aber der Riese wächst auch noch unaufhaltsam weiter: In den nächsten Jahren wird sich die Passagierkapazität von derzeit rund 184.000 Betten durch zehn Neubauten noch einmal deutlich erhöhen.

Royal Caribbean International

Als innovationsfreudige norwegische Gesellschaft startete **Royal Caribbean Cruises** bereits Anfang der 70er Jahre mit dem Bau großer Schiffe. 1988 eröffnete das Unternehmen mit dem damals weltgrößten Schiff **Sovereign of the Seas** das Zeitalter des Massentourismus zur See. Die großen Passagierkapazitäten zogen baldigen Erfolg nach sich, heute hat der Konzern die zweitwichtigste Position weltweit inne. Auf dem Weg dorthin übernahm das inzwischen US-amerikanisch-norwegische Unternehmen 1997 **Celebrity Cruises**. Ein Jahrzehnt später begann Royal Caribbean mit der Neugründung von Unternehmen: Mit dem spanischen Ableger **Pullmantur Cruises** (2006) und der französischen Reederei **Croisières de France** setzte Royal Caribbean schon früh auch auf weitere internationale Märkte. Zudem differenzierte der Konzern sich über die De-luxe-Marke **Azamara Cruises** im Jahr 2007 weiter aus. Seit der Gründung der neuen Reederei im vergangenen Jahr hält Royal Caribbean zudem in einem Joint Venture 50 Prozent der Anteile an **TUI Cruises**. Derzeit gehören 27 Schiffe mit knapp 78.000 Betten zum Konzern, bis 2012 steigt die Zahl der Schiffe auf über 30.

Star Cruises

Marktführer und Entwickler der Kreuzfahrtindustrie im asiatisch-pazifischen Raum ist das 1993 gegründete Unternehmen Star Cruises. Groß geworden über das Fährgeschäft, kaufte die Gesellschaft mit Sitz in Hongkong 2000 die traditionsreiche norwegische Reederei **Norwegian Cruise Line** und damit auch die NCL-Ableger **Norwegian Capricorn Line** und **Orient Lines**. Mit der 2004 gegründeten Tochter **NCL America** wurden neue Gewässer angepeilt. Ein gewisser Machtverlust ist aber dennoch festzustellen: 2007 verkaufte der Konzern 50 Prozent von NCL an den US-Investor Apollo Management, und die beiden NCL-Ableger wurden eingestellt. Dank der Fähren kommt das Unternehmen aber trotzdem noch auf 35.000 Betten.

MSC Crociere

Kein Konzern, sondern ein familiengeführtes Unternehmen ist die italienische Reederei MSC Crociere. Mit rund 30.100 Betten auf derzeit elf Schiffen gehört sie aber zum Quartett der Marktführer. Auf jeden Fall ist sie die weltweit größte eigenständige Kreuzfahrtreederei.

- **MSC Fantasia**
- **MSC Opera**
- **MSC Poesia**
- **FLOTTE**

►

Im Edelsegment angesiedelt: Queen Victoria von Cunard und Europa von Hapag-Lloyd

DIE REEDEREIEN IM DETAIL

AIDA Cruises

Der deutsche Marktführer aus Rostock führte 1996 mit der ersten **AIDA**, (der heutigen **AIDAcara**) sein revolutionäres Clubschiff-Konzept ein und brach so erfolgreich mit den gesetzten Regeln der Kreuzfahrt. Mahlzeiten in Buffetform lösten strenge Tischordnungen ab und sprachen, wie erhofft, ein jüngeres Publikum an. So bieten die derzeit sieben Schiffe, deren Markenzeichen der Kussmund am Bug ist, Kreuzfahrten im legeren, aber dennoch ambitionierten Rahmen. Entertainment, Sport- und Wellnesseinrichtungen sowie das gastronomische Angebot sind auf der Höhe der Zeit. Bis 2012 wächst die Flotte noch um zwei weitere AIDA-Schiffe, die in Papenburg gebaut werden. Auf den folgenden Seiten lernen Sie folgende Kussmundschiffe kennen:

- **AIDAcara**
- **AIDAluna, bella & diva**
- **AIDAvita & aura**

Azamara Cruises

Mit zwei Schiffen klein, vom Anspruch her fein: Die Tochterfirma von Royal Caribbean ist hierzulande noch weithin unbekannt. Doch man darf damit rechnen, dass diese Schiffe (von denen eines ein Umbau der ehemaligen **Delphin Renaissance** ist) ihre Fans finden werden. Das Konzept rangiert zwischen Premium und Luxus, die Gäste kommen (noch) mehrheitlich aus den USA.

- **Azamara Quest & Journey**

Carnival Cruise Line

- **Carnival Dream**
- **FLOTTE**

Celebrity Cruises

- **Celebrity Solstice & Equinox**
- **FLOTTE**

Club Med Cruises

Der Kreuzfahrtableger des französischen Cluburlaubsspezialisten spricht eine sportlich-junge, genussfreudige und kosmopolitische Klientel an; unter den Passagieren dominieren Franzosen. Ein Plus sind die Routen, zu denen auch weniger bekannte Häfen gehören. Fans klassischer Segler sollten wissen: Hier werden die Segel nicht von Hand gesetzt, sondern hydraulisch.

- **Segelschiffe Seite 220**

Color Line

Kurzkreuzfahrten auf Fährschiffsrouten: Auf der Linie Kiel–Oslo hat die norwegische Color Line dieses Konzept zum Erfolg gebracht. Das perfekte Schnupperpaket für Kreuzfahrtneulinge.

- **Color Magic & Color Fantasy**

Croisières de France

Royal Caribbean Cruises gründete die kleine All-inclusive-Linie im Jahr 2007 für das französischsprachige Publikum. Seit Ende letzten Jahres wird die Ausrichtung internationaler, und die **Bleu de France** ist nicht mehr das einzige Schiff. Im Winter bekommt die zu Pullmantur Cruises gehörige **Pacific Dream** auf ihren einwöchigen Karibikrouten ebenfalls eine französische Ausrichtung für CDF.

- **Bleu de France**

Costa Kreuzfahrten

- **Costa Luminosa**
- **Costa Magica**
- **Costa Pacifica**
- **FLOTTE**

Crystal Cruises

Reihenweise hat diese Reederei für ihre nur zwei Schiffe (**Crystal Symphony** und **Serenity**; bis 2005 zählte als drittes die **Harmony** dazu) Preise eingesammelt. Denn Gastronomie, Service, Routings und Bordangebot gehören zum Besten, was die Kreuzfahrtwelt zu bieten hat. Wichtig für Deutsche: Das Publikum ist international, die Bordsprache Englisch. Oft sind auch viele Japaner an Bord – die Schiffe gehören der weltgrößten Containerlinie, **Nippon Yusen Kaisha** (NYK).

- **Crystal Symphony**

Ungewöhnliche Ziele im Visier: Croisières de France, Azamara und Delphin

Cunard Line

Vielleicht die bekannteste Kreuzfahrtmarke der Welt, auf jeden Fall aber die traditionsreichste: Cunard begründete 1840 mit der **Britannia** die Geschichte des Transatlantik-Liniendienstes. Der Firmengründer Samuel Cunard entwickelte das große Schiff im Auftrag von Königin Victoria, um den Postweg zwischen England und Amerika zu beschleunigen. Die **Queen Mary 2** fährt noch immer die traditionellen Transatlantikpassagen. Sie ist aber auch auf klassischen Kreuzfahrten unterwegs, ebenso wie ihre jüngere Schwester **Queen Victoria**. Ab Oktober sind die „Queens" wieder zu dritt: Die im November 2008 ausgemusterte **Queen Elizabeth 2** wird von der neuen **Queen Elizabeth** ersetzt. Sie fährt weltweite Kreuzfahrten ab/bis Southampton.

⚓ **Queen Mary 2**
⚓ **Queen Victoria**

Deilmann Kreuzfahrten

Nach der Insolvenz der Flusskreuzfahrtensparte betreibt die in Neustadt in Holstein beheimatete Reederei nur noch ein Hochseeschiff, die **Deutschland**. Ob das bis 2014 als TV-Traumschiff gebuchte Grandhotel im Stil der zwanziger Jahre die Reederei allein weiter am Leben erhalten kann, stand bei Redaktionsschluss allerdings noch in den Sternen.

⚓ **Deutschland**

Delphin Kreuzfahrten

Eine weitere Reederei, die ihren Sitz in Deutschland hat: Unter dem Dach der Hamburger Firma ist auch die – gleichwohl mit einem eigenen Katalog auftretende – Marke **Hansa Kreuzfahrten** mittlerweile zu Hause. Mit derzeit drei See- und zwei Flussschiffen bedienen beide Firmen das mittlere (**Delphin**, **Princess Daphne**) bis gehobene Segment (**Delphin Voyager**). Die Klientel ist gemischt, die Bordsprache Deutsch, und alle Schiffe fahren auf wechselnden Routen rund um die Welt. Delphin-Fans schätzen den zuverlässig guten Service auf allen Schiffen. Und trauern immer noch dem Verlust des einstigen Premium-Liners der Flotte nach: der **Delphin Renaissance**, der jetzigen **Azamara Quest**.

⚓ **Delphin**
⚓ **Delphin Voyager**
⚓ **Princess Daphne**

Disney Cruise Line

Für Familien mit Kindern gibt es kaum etwas Besseres als die Schiffe mit Micky Maus am Schornstein. 2010 sind sie endlich auch wieder in Europa zu Gast. Zudem entstehen derzeit zwei Neubauten in der Papenburger Meyer Werft. Die amerikanisch perfekten Gastronomie-, Entertainment- und Servicekonzepte zeitigen eben Erfolg.

⚓ **Disney Wonder & Disney Magic**

Hansa Kreuzfahrten

Siehe Delphin Kreuzfahrten

Hapag-Lloyd Kreuzfahrten

Wer sich auf Albert Ballin, den Erfinder der modernen Kreuzfahrt, als Firmengründer berufen kann, darf stolz auf die Tradition sein: So gesehen ist Hapag-Lloyd die Nummer eins auf dem deutschen Markt. Was die Größe der Flotte angeht, bleibt die Reederei dagegen mit vier (mittelgroßen bis kleinen) Schiffen gegenüber jüngeren Unternehmen zurück. Daraus lässt sich aber auch eine Tugend machen: Bei Hapag-Lloyd stehen das individuelle Schiffserlebnis, der besondere Service, ausgefeilte Routings und anspruchsvolle Programme – ob bei Expeditionen ins Eis oder bei Themenreisen zu Golf, Gastronomie oder klassischer Musik – stets im Mittelpunkt. Und das Flaggschiff **Europa** wird mancherorts als bestes Schiff der Welt bewertet.

⚓ **Bremen**
⚓ **Columbus**
⚓ **Europa**
⚓ **Hanseatic**

Holland America Line

⚓ **Eurodam**
⚓ **FLOTTE**

Hurtigruten

⚓ **Fram**
⚓ **FLOTTE**

►

Erfolgreich mit nur einem Schiff: Lord Nelson-Seereisen und TUI Cruises

Lord Nelson-Seereisen

Ein klassisches Schiff für deutsche Gäste, mit solider Leistung zu fairen Preisen, angeboten von einer Firma, die als **Holiday Kreuzfahrten** auch schon einmal ein zweites Schiff betrieb (die **Lili Marleen**), aber alles andere als ein Big Player ist. Doch genau solche Nischenprodukte haben ja oft die treuesten Fans.

⚓ **Mona Lisa**

MSC Kreuzfahrten

⚓ **MSC Fantasia**
⚓ **MSC Opera**
⚓ **MSC Poesia**
⚓ **FLOTTE**

Norwegian Cruise Line

⚓ **Norwegian Gem**
⚓ **FLOTTE**

Oceania Cruises

Drei baugleiche Luxusliner für jeweils 684 Passagiere nennt die 2002 gegründete Reederei ihr eigen. Zwei weitere sind derzeit im Bau. Angenehm: Obwohl Küche und Preise sich auf einem durchaus gehobenen Niveau befinden, gibt es keine Bekleidungsvorschriften oder feste Tischzeiten. Wer die durchweg englischsprachige Country-Club-Atmosphäre genießen will, muss sich dafür aber auch Zeit nehmen: Die Reisen dauern grundsätzlich mindestens zehn Tage.

⚓ **Regatta**

Paul Gauguin Cruises

Siehe Regent Seven Seas Cruises

Phoenix Reisen

Das treue deutschsprachige Publikum schätzt die Traditionen auf den Hochsee- und Flussschiffen des Bonner Veranstalters. Es liebt den Kapitänstisch, die Kaffeestunde und den Vortrag zur Ausflugsvorbereitung. Verlässlich sind der freundliche Service und die verbindliche Atmosphäre – auch dank der relativ geringen Größe der Schiffe (600 bis 830 Passagiere). Mit Ambitionen auch im Luxusbereich punktet das aus Japan stammende Flaggschiff **Amadea**. Während im vergangenen Jahr die **Athena** die **Alexander von Humboldt** ersetzte, könnte spätestens 2011 die derzeit noch zu **P & O** gehörige **Artemis** zum Einsatz kommen. Genaueres stand bei Redaktionsschluss leider noch nicht fest.

⚓ **Albatros**
⚓ **Amadea**

Plantours & Partner

Das einzige Seeschiff des Bremer Unternehmens, die **Vistamar**, ist eine unverrückbare Größe für die vielen Repeater unter den nur 290 Gästen: klein, verlässlich, gut. Auf Europas Flüssen werden für Plantours in der kommenden Saison erstmals acht Schiffe unterwegs sein, drei mehr als noch im Vorjahr.

⚓ **Vistamar**

Ponant Cruises

Das auf 64 Passagiere ausgelegte Segelschiff **Le Ponant** und zwei Motoryachten (**Le Diamant, Le Levant**) bilden derzeit die Flotte der französischen Luxusreederei. In der zweiten Jahreshälfte 2010 kommen zwei Neubauten (**Le Boreal, L'Austral**) für maximal 264 Gäste hinzu. Exotische Destinationen gehören zum Selbstverständnis.

⚓ **Segelschiffe Seite 220**

Princess Cruises

⚓ **Ruby Princess**
⚓ **FLOTTE**

Regent Seven Seas

⚓ **Seven Seas Voyager**
⚓ **FLOTTE**

ResidenSea Cruises

Auf dem weltweit einzigen Apartmentschiff **The World** gibt es 165 Privatresidenzen, die zur Miete und zum Kauf angeboten werden. Ihre Bewohner entscheiden über den Kurs des Schiffs. Ein durch und durch ungewöhnliches Kreuzfahrtkonzept also – zu exorbitanten Preisen.

⚓ **The World**

Royal Caribbean C. L.

⚓ **Brilliance of the Seas**
⚓ **Independence of the Seas**
⚓ **Oasis of the Seas**
⚓ **FLOTTE**

Reedereien im Überblick

Klein aber fein: Phoenix, Seabourn und Sea Cloud haben ihre Liebhaber

Seabourn Cruise Line

Wer auf einer Seabourn-Yacht reist, wird verwöhnt nach Strich und Faden. Butlerservice, Gourmetfreuden rund um die Uhr, Personal Trainer, Kaviar satt – all das ist inklusive. Die Preise: um die 500 Euro täglich. Mindestens. Dafür ist dann aber auch der Champagner inklusive. Die drei Schwesterschiffe **Seabourn Pride, Legend** und **Spirit** haben im vergangenen Sommer bereits Verstärkung durch die größere **Seabourn Odyssey** bekommen. Im Juni 2010 folgt der zweite Neubau der neuen Klasse, die **Seabourn Sojourn.**

⚓ **Seabourn Odyssey**

Sea Cloud Cruises

Stolz sind auch die Tagespreise dieses Veranstalters – doch das Erlebnis, das er bietet, ist einzigartig: eine Segelyacht, gebaut 1931, die mit höchstens 64 Gästen fährt. Sie setzt Anfang des Jahres allerdings für einige Monate aus, um den jüngsten Feuerschutzbestimmungen angepasst zu werden. Zum Glück gibt es ja noch den modernen Nachbau im selben Geiste. Und alle Welt ist bereits gespannt auf das größte Dreimast-Passagiersegelschiff der Welt: Die **Sea Cloud Hussar** wird Ende Juni in Hamburg getauft. Kurzum: Segeln unter und mit fünf Sternen.

⚓ **Sea Cloud**
⚓ **Sea Cloud II**

SeaDream Yachtclub

Auch hier ist nur das Beste die Richtschnur: Auf zwei baugleichen Nobelyachten für je 110 Gäste wird einem jeder Wunsch von den Lippen abgelesen. Bemerkenswert: die trotz (oder wegen?) der versammelten Millionen lockersportliche Stimmung an Bord. Der Name „Yachtclub" trifft es durchaus.

⚓ **SeaDream I & II**

Silversea Cruises

⚓ **Prince Albert II**
⚓ **Silver Spirit**
⚓ **FLOTTE**

Starclipper Cruises

Der Schwede Mikael Krafft, der hinter dieser Firma steht, ist Segelschiffbauer aus Leidenschaft. Und wäre die Suche nach einer geeigneten Werft einfacher, würde er bald seinen lange angekündigten vierten Großsegler ankündigen, einen Nachbau des Fünfmasters **France.** Drei Schiffe ähnlichen Kalibers hat er bereits in Fahrt. Sie sind nicht so nobel wie die Sea Clouds – doch das Segelerlebnis ist dasselbe. In dieser Saison stehen 40 zusätzliche Häfen auf dem Plan.

⚓ **Royal Clipper**
⚓ **Starclipper & Starflyer**

Tallink Silja

⚓ **Baltic Princess**
⚓ **FLOTTE**

Transocean Tours

Mit nur noch einem Schiff wollte Transocean in die neue Saison starten. Kurz nachdem bekannt wurde, dass die **Marco Polo** ein Jahr nach der **Astoria** ebenfalls die Flotte verlässt, kam jedoch die Hiobsbotschaft: Der Bremer Veranstalter musste im September 2009 Insolvenz anmelden. Die **Premicon Line** kündigte als Eigentümer des letzten verbleibenden Schiffs, der **Astor**, eine Zusammenarbeit an. Die genauen Pläne zur Rettung des zahlungsunfähigen Veranstalters waren bei Redaktionsschluss jedoch noch nicht bekannt.

⚓ **Astor**

TUI Cruises

Ein gelungener Schiffsumbau in Rekordzeit und ausgefuchste Marketingideen für deutsche Babyboomer: Das junge Joint Venture von TUI und Royal Caribbean positionierte sich rasch am Markt. Pläne für ein weiteres Schiff stehen bereits im Raum.

⚓ **Mein Schiff**

Windstar Cruises

Hightech-Segelträume auf hohem Niveau: Ausschließlich in Außenkabinen untergebracht, erleben die Gäste der ehemaligen **Club Med 1** und ihrer zwei Schwestern die exklusivsten Ziele.

⚓ **Wind Surf**
⚓ **Segelschiffe Seite 220**

Die Ur-AIDA startete schon 1996

AIDAcara

Pionierin der Clubschiff-Flotte: lockerer, jünger, sportiver

Mit diesem Schiff begann 1996 die Erfolgsgeschichte der Clubschiffe mit dem Kussmund. Gebaut im finnischen Turku, hieß es zunächst nur AIDA; als die Schwesterschiffe hinzukamen, erhielt es den Zusatz „cara". Die Ur-AIDA setzte als Erste das Konzept um, das noch heute gilt: kein Dresscode, kein Captain's Dinner, keine festen Tischzeiten. Die neue Lockerheit auf See war ein Novum, das mit alten Konventionen brach: Es wurde sich zum Beispiel an Bord geduzt. Das wird von der Reederei inzwischen anders gehandhabt: Die Passagiere werden nun von der Crew gesiezt, es sei denn, der Gast bietet von sich aus das Du an. Geblieben ist aber der große Wellness- und Fitnessbereich, mit dem die AIDAcara neue

Eine Außenkabine; Blick ins Theater

Trends setzte: Der Altersdurchschnitt der Reisenden wurde deutlich gesenkt, Kreuzfahrten hießen bei AIDA fortan „Seereisen“ und wurden sportiver. Heute ist die AIDAcara das kleinste Schiff der Flotte. Sie unterscheidet sich baulich leicht von den Nachfolgemodellen: Es gibt zum Beispiel keine Anytime Disco im Heck; wer spätabends noch tanzen will, geht in den kleinen AIDA Club auf Deck 11. Keinen eigenen Pool hat der Kinderclub auf Deck 8. Gejoggt wird auf Deck 6 – immerhin ist der Parcours im Vergleich zu jenen auf der AIDAaura und der AIDAvita fast störungsfrei. Die AIDAcara leistet weiter Pionierarbeit: In der Regel wird dieses Schiff eingesetzt, um neue Destinationen zu testen und hat somit das interessanteste Routing. Aufgrund ihrer Tonnage kann sie im Gegensatz zu den „großen“ Schwestern auch kleinere Häfen anlaufen.

Fahrgebiete 2010

Bis April 2010 ist die AIDAcara in Asien unterwegs. Nach einer Reise im Mittelmeer und rund um Westeuropa ist sie im Sommer in nördlichen Gefilden anzutreffen; u. a. auf Kurzreisen in der Ostsee. Im Herbst geht es auf die Kanaren und nochmals rund um Westeuropa, bevor im November und Dezember Südamerika mit zwei „Trans-Brasilien-Reisen“ auf dem Programm steht.

Ausgewählte Reisen

Nordeuropa

Ab/bis Kiel führt diese Reise an zehn Terminen von Juni bis August über den Nord-Ostsee-Kanal nach Bergen, Oslo, Göteborg und Kopenhagen. **7 Tage; ab € 1.045 ab/bis Kiel**

Südamerikas Ostküste

Vom brasilianischen Santos aus geht es am 5.12. über Rio de Janeiro nach Angra dos Reis, Ilhabela und weiter nach Punta del Este in Uruguay. Nach einem Stopp in Buenos Aires fährt das Schiff über Montevideo und Itajaí („Blumenau“) wieder zurück nach Santos. **14 Tage; ab € 1.695 ab/bis Santos**

Das Calypso Restaurant

DATEN & FAKTEN

BRZ	38.557	**Passagiere**	max. 1.180
Länge	193,30 m	**Crew-Mitglieder**	370
Breite	27,60 m	**Bordsprache**	Deutsch
Indienststellung	1996	**Passagierdecks**	11
lezte Renovierung	2009	**Restaurants/Bars**	3/4

Kabinen	590 (328 außen, 202 innen), davon 44 mit Balkon, 16 Suiten: Größen: 14,5 bis 35 m²
Sportangebot	Pool, Golf, Fitnesscenter, Basketball, Volleyball, Jogging, Tauchen; 40 Mountainbikes für Landausflüge
Info-/Entertainment	Theater mit täglich wechselnden Vorstellungen des AIDA-Show-Ensembles, Poolpartys, Livebands, DJ
Dresscode	leger, sportlich-elegant
Info	AIDA Cruises, Rostock Tel. (0381) 20 27 07 22 www.aida.de
Preis pro Tag	**€ 140 bis € 200** **Durchschnitt € 190**

PROFIL

Info-/Entertainment	⚓⚓⚓⚓½
Sport & Wellness	⚓⚓⚓⚓½
Gastronomie	⚓⚓⚓½
Familienfreundlichkeit	⚓⚓⚓⚓
Service	⚓⚓⚓

Besuch in der Heimat: Einlaufen in Rostock-Warnemünde

AIDAluna mit AIDAbella & AIDAdiva

Aufbruch in eine neue Kreuzfahrtepoche: Die AIDA-Neubauten sind die ersten deutschen Schiffe für mehr als 2.000 Passagiere

Zur farbenfrohen **AIDAdiva** und der (farblich konservativeren) **AIDAbella** gesellte sich 2009 die AIDAluna, das dritte Clubschiff der neuen Baureihe. Herzstück dieser Serie ist das Theatrium in der Schiffsmitte, eine Mischung aus Marktplatz und Theater. Tagsüber halten hier zum Beispiel Lektoren ihre Vorträge, abends präsentiert das AIDA-Ensemble seine Shows. Da das Theatrium über drei Decks reicht, ist sogar zirkusreife Artistik möglich. Neu ist der riesige LED-Bildschirm auf dem Sonnendeck (auch auf der neuen **AIDAblu**): Der Treffpunkt für Fußball-Public-Viewing zur WM. Zudem gibt es kaum eine Ecke, in der kein Flatscreen hängt. Fast die Hälfte der gut 1.000 Kabinen hat einen eigenen Balkon mit Hängematte – ein schöner Rückzugsort an Seetagen. Wem der Andrang in den Buffetrestaurants zu groß wird, der findet auf diesen Schiffen – gegen Bezahlung – auch Alternativen: das sterneverdächtige Gourmetrestaurant Rossini, das Buffalo Steakhouse (schwankende Qualität) und die Sushi Bar. Einzigartig ist die neue Wellnessoase – deren Besuch 15 Euro pro Tag kostet. Unter künstlichen Palmen räkeln sich dort maximal 75 Gäste auf Relax-Liegen. Bei schönem Wetter öffnet sich das Glasdach. Die neuen AIDAs sind zurzeit die innovativsten deutschen Schiffe. Auf der neuen AIDAblu wird im Brauhaus sogar eigenes Bier gebraut, und es gibt ein asiatisches East-Restaurant.

Blick in eine Außenkabine

In der AIDA-Lounge

Das Pooldeck

DATEN & FAKTEN

BRZ	68.200	Passagiere	max. 2.050
Länge	252,00 m	Crew-Mitglieder	646
Breite	32,20 m	Bordsprache	Deutsch
Indienststellung	2009	Passagierdecks	13
letzte Renovierung	–	Restaurants/Bars	7/11

Kabinen	1.025 (666 außen, 359 innen), davon 439 mit Balkon, 18 Suiten Größen: 13,5 bis 44 m²
Sport & Wellness	3 Pools, 4 Jacuzzis, Wellnessbereich, Behandlungskabinen/Spa-Suite, Golfabschlag, Volleyball, Jogging, Fitnessgeräte, Tauchen, Biken
Info-/Entertainment	Theatrium mit täglich wechselnden Shows rund um die Uhr, Poolpartys, Livebands, DJ, Disco, Kasino, Vorträge, Bord-TV und -Radio
Dresscode	leger, sportlich elegant
Info	AIDA Cruises, Rostock, Tel. (0381) 20 27 07 22, www.aida.de
Preis pro Tag	**€ 140 bis € 200 Durchschnitt € 190**

PROFIL

Info-/Entertainment	⚓⚓⚓⚓⚓
Sport & Wellness	⚓⚓⚓⚓⚓
Gastronomie	⚓⚓⚓⚓
Familienfreundlichkeit	⚓⚓⚓⚓½
Service	⚓⚓⚓

Fahrgebiete 2010

Die AIDAluna fährt bis April zwischen den Kanaren und Madeira, danach kreuzt sie ab/bis Hamburg auf fünf-, sieben- oder 14-tägigen Reisen in Nordeuropa bis nach Island und Schottland. Im August geht es über den Atlantik zu Zehn-Tages-Routen zwischen New York und Montreal, ab Oktober in die Karibik.

Ausgewählte Reisen

Norwegen, Island, Schottland

An fünf Terminen ab 6.6.: ab/bis Hamburg nach Bergen, Hellesylt, Nordkap, Akureyri, Reykjavík und Invergordon. **14 Tage; ab € 2.195 ab/bis Hamburg**

Nordamerika: USA und Kanada

Die US-Ostküste und den St.-Lorenz-Strom erlebt man auf dieser Reise im Herbst, ab Montréal oder New York über Boston, Bar Harbor, Halifax und Québec. **10 Tage; ab € 1.795, plus An- und Abreisepaket ab € 850**

Die AIDAvita ist fast baugleich mit der ein Jahr jüngeren AIDAaura

AIDAvita & AIDAaura

Jede Menge Spaß im Zeichen des Kussmunds: Bei den fast baugleichen Schwestern wurde der Clubschiff-Trend konsequent umgesetzt

Die beiden nahezu baugleichen Schiffe sind die AIDAs der zweiten Generation; das Clubschiff-Konzept wurde auf ihnen noch einmal verfeinert. Beliebtester Treffpunkt ist jeweils die AIDA Bar auf Deck 8. Nach der Abendshow versammelt sich dort das halbe Schiff und tanzt zu Livemusik. Die sternförmige Anordnung des Tresens erleichtert den Kontakt der Gäste untereinander, der Flirtfaktor ist besonders hoch. Im Heck der Schiffe treffen sich die Partygänger auf Deck 10 in der Anytime Bar, der stimmungsvollen Borddisco. Wer Ruhe sucht, findet sie in der Nightfly Bar auf Deck 9 oder der kubanischen Hemingway Lounge auf Deck 10. Riesig ist das Sportangebot. Vor den großen Panorama-

Mit Blick aufs Meer: der Kids Club

fenstern stehen die neuesten Fitnessgeräte für Kraft- und Ausdauersport („Body and Soul"). An den Biking-Countern können die Gäste geführte Fahrradtouren buchen, die ihr Geld (49 Euro) wert sind – im Gegensatz zu den meisten Landausflügen, die bei AIDA zu teuer sind. Stimmungsvollster Ort für den Sundowner ist die kleine Ocean Bar im Heck auf Deck 7, eine Oase der Ruhe. Genau darunter eine ganz andere Welt: der Kids Club mit kleinem Theater und Kinderpool. Professionelle Animateure betreuen die Jüngsten zu festen Zeiten.

Fahrgebiete 2010

Beide Schiffe verkehren bis Anfang April in der Karibik. Nach den Atlantiküberquerungen kreuzt die **AIDAvita** von Ende April bis Anfang Oktober auf sieben- oder zehntägigen Törns ab/bis Palma de Mallorca im westlichen Mittelmeer und im Atlantik bis nach Lissabon. Danach ist erneut La Romana der Basishafen füf 14-Tages-Törns in der Karibik, zwischen Grenada, Panama und Costa Rica. Die **AIDAaura** hingegen verbringt den Sommer im Mittelmeer und im Nordland. Von November 2010 bis April 2011 ist das Schiff dann in Asien unterwegs.

Ausgewählte Reisen

Südostasien mit AIDAaura

Von Bangkok aus geht es nach Koh Samui, Penang, Kuala Lumpur und Singapur. Muara in Brunei und Ho Chi Minh City (früher Saigon) in Vietnam runden die Route ab, bevor die Reise wieder in Bangkok endet. **14 Tage; ab € 1.845, plus An-/Abreisepaket ab € 1.090**

Karibik mit AIDAvita

Ab November 2010 werden 14-tägige Reisen ab/bis La Romana in der Dominikanischen Republik angeboten. Über Aruba, Colón/Panama, Puerto Limón/Costa Rica und Cartagena/Kolumbien geht es nach Bonaire. Weitere Ziele sind die Isla Margarita, Grenada und Dominica. **14 Tage; ab € 1.695 ab/bis Hafen, plus An-/Abreisepaket ab € 990**

Lunch an Deck

DATEN & FAKTEN

BRZ	42.289	**Passagiere**	max. 1.266
Länge	202,85 m	**Crew-Mitglieder**	418
Breite	28,10 m	**Bordsprache**	Deutsch
Indienststellung	2002/03	**Passagierdecks**	12
letzte Renovierung	–	**Restaurants/Bars**	3/5

Kabinen	633 (422 außen, 211 innen), davon 60 mit Balkon, 2 Suiten
Sport & Wellness	Pool, Golf, Basketball, Volleyball, Jogging, Tauchen, Biken, Fitnessgeräte, Fitnesskurse, Tischtennis
Info-/Entertainment	im Theater täglich wechselnde Vorstellungen des AIDA Showensembles, Poolpartys, Livebands, DJ, Disco
Dresscode	leger, sportlich-elegant
Info	AIDA Cruises, Rostock Tel. (0381) 20 27 07 22 www.aida.de
Preis pro Tag	**€ 140 bis € 200** **Durchschnitt € 190**

PROFIL

Info-/Entertainment
Sport & Wellness
Gastronomie
Familienfreundlichkeit
Service

Einst für die Renaissance-Reederei gebaut: die Azamara Journey

Azamara Journey & Quest

Groß genug für ein vielfältiges Bordangebot, klein genug für familiäre, intime Atmosphäre: Diese schmucken Boutiqueschiffe bieten beides

Azamara Cruises, die 2007 ins Leben gerufene Tochter der amerikanischen Royal-Caribbean-Gruppe, erfüllt ihren hohen Anspruch nach einigen Startschwierigkeiten immer besser. Man war angetreten, um einen neuen Standard in der Nische zwischen den Qualitätsstufen Premium und Luxus zu definieren – zu erschwinglichen Preisen. Vorzüglicher Service (mit Butlern), kein Krawattenzwang, dazu vornehmlich Routen abseits des Mainstreams, zum Teil mit Übernachtungen an ausgesuchten Destinationen (Beispiel: drei Tage St. Petersburg!) sind die Bausteine des Konzepts. Deutlich gepflegter als zu Beginn präsentiert sich nun das einst für die Renaissance-Reederei fahrende Duo Journey und Quest: Die elegant-gediegene Inneneinrichtung verströmt mit erlesenen Materialien, dunklen Hölzern und viel Liebe zum Detail bei den Dekorationselementen ein einmaliges Ambiente zwischen Boutiquehotel, privatem Country Club und klassischem Oceanliner-Charme der 20er und 30er Jahre. Auch der Service und die Aufmerksamkeit der Crew haben sich spürbar verbessert. Gespeist wird wahlweise im Hauptrestaurant mit freier Tischwahl, zwei Spezialitätenrestaurants oder einem qualitativ hochwertigem Selbstbedienungsbuffet. Geblieben sind die charakteristischen Schwächen der sogenannten „R-Schiffe“: kompakte Standardkabinen und relativ wenig Außendecksfläche.

Azamara Journey & Azamara Quest

Oceanview Kabine

Cova Café

Atrium

DATEN & FAKTEN

BRZ	30.277	**Passagiere**	max. 710
Länge	180,75 m	**Crew-Mitglieder**	407
Breite	28,95 m	**Bordsprache**	Englisch
Indienststellung	2000	**Passagierdecks**	9
Umbau	2007	**Restaurants/Bars**	4/8

Kabinen	335 (329 außen, 26 innen), davon 197 mit Veranda und 42 Suiten; Größen: 14 bis 76 m²
Sport & Wellness	Spa und Wellnesscenter, Pool, „Aesthetics"-Schönheitssalon
Info-/Entertainment	Showprogramme, Vorträge zu den Landausflügen, Pianobar
Dresscode	kein fester Dresscode; sportlich-leger bis elegant
Info	Azamara Cruises Tel. 01805 80 72 25 (€ 0,12/Minute) www.azamaracruises.com
Preis pro Tag	**Durchschnitt € 145**

PROFIL

Info-/Entertainment	⚓⚓⚓½
Sport & Wellness	⚓⚓⚓½
Gastronomie	⚓⚓⚓⚓
Familienfreundlichkeit	⚓½
Service	⚓⚓⚓⚓½

Fahrgebiete 2010

Die **Azamara Journey** verbringt den Winter in der Karibik, die **Azamara Quest** ist in Asien unterwegs. Ab April sind beide Schiffe im Mittelmeer anzutreffen und bieten auch Touren ins Heilige Land an. Die Journey wird von Juni bis August in die Ostsee verlagert wird. Sie startet und endet das Jahr im Panamakanal. Die Quest fährt hingegen noch zu den historischen Imperien.

Ausgewählte Reisen

Island mit Azamara Journey

Am 12.7. geht es ab/bis Kopenhagen über Geiranger und Lerwick nach Island. Ein Stop auf den Färöer-Inseln ist ebenfalls eingeplant.
13 Tage; ab € 1.984 ab/bis Hafen

Adria mit Azamara Journey

In Athen startet am 15.8. die Reise nach Venedig, über Ephesus, Delphi, Korfu, Bari, Split, Koper
13 Tage; ab € 1.775 ab/bis Hafen

Mit dem 130.000-Tonner startet Carnival eine neue Baureihe

Carnival Dream

„Fun for all" – Carnivals neue Schiffsklasse debütiert mit einem innovativen Unterhaltungs- und Dining-Konzept

Typisch amerikanisch: Das schiffseigene Intranet FunHub, das weltweit erste Social Network an Bord eines Kreuzfahrtschiffs, ermöglicht mit 36 Terminals die gezielte Interaktion der Passagiere untereinander. Etwas einfacher ist die zwischenmenschliche Kommunikation sicher auf dem Dream Team Basketball Court. Oder in einem der frei über dem Wasser hängenden Whirlpools. Nicht nur der Nachwuchs dürfte von WaterWorks mit seiner 93 Meter langen und über vier Decks reichenden Rutsche begeistert sein. Die abendliche 15-minütige Lasershow wird durch Hits bekannter Rock- und Popkünstler musikalisch untermalt – dank modernster Computersteuerung präsentieren sich Licht und Ton

Viel Platz: Café auf dem Außendeck

absolut synchron. Komplettiert wird das Spektakel durch Videoeinspielungen auf dem riesigen LED-Bildschirm des offenen Lidodecks. Neben den aufwendigen Produktionsshows im Theater unterhalten die Fun Force mit ihrem artistischen Können und der Comedy Club mit seinen Performance-Künstlern. In Sachen Essen und Trinken ist man international: italienisch, asiatisch, indisch, mexikanisch und – natürlich – amerikanisch. Und zwar meist ohne Zuzahlung, einige Kaffee- und Kuchenspezialitäten sowie das Chef's Art Steakhouse ausgenommen. Frische Ideen flossen auch in die Gestaltung der 1.823 Kabinen. So gibt es Familiensuiten mit zwei Bädern, Kabinen, deren Balkon sich statt nach außen in den Schiffsrumpf wölbt oder die einen privaten Aufzug zum Cloud 9 Spa haben. Nur bei der Innenarchitektur blieb man sich treu: kunterbunt und schrill wie eh und je.

Fahrgebiete 2010

Nach ihrer Taufe in Rom im September 2009 und drei Premierenreisen im Mittelmeer absolviert die Carnival Dream eine Atlantiküberführung, eine „Cruise to Nowhere" sowie zwei achttägige Bahamas-Kreuzfahrten ab/bis New York, bevor sie vor Weihnachten ihren Basishafen Port Canaveral bezieht.

Ausgewählte Reisen

Westliche Karibik

Vom 12.12.2009 bis 30.4.2011 werden von Port Canaveral (Orlando) aus Cozumel/Mexiko, Isla Roatán und Belize sowie die mexikanische Costa Maya angesteuert. Zwei „Fun Days at Sea" komplettieren das Routing. **7 Tage; ab € 499 ab/bis Port Canaveral**

Östliche Karibik

Die erstmals zu Weihnachten 2010 ausgeschriebene Reise wartet mit drei „Fun Days at Sea" auf. Dazwischen werden bis 23.4. 2011 jede zweite Woche Nassau/Bahamas; St. Thomas/Virgin Islands sowie St. Maarten/Niederländische Antillen angelaufen. **7 Tage; ab € 499 ab/bis Port Canaveral**

Tanzfläche in der Disco

DATEN & FAKTEN

BRZ	130.000	Passagiere	max. 3.652
Länge	306,00 m	Crew-Mitglieder	1.367
Breite	37,00 m	Bordsprache	Englisch
Indienststellung	2009	Passagierdecks	14
letzte Renovierung	–	Restaurants/Bars	4/10

Kabinen	1.823 , davon 1.145 Außenkabinen und -suiten mit Balkon; Größen: 16 bis 26 m²
Sport & Wellness	3 Pools, frei hängende Whirlpools, 93-Meter-Rutsche, Fitness, Cloud 9 Spa, Joggen, Minigolf, Basketball
Info-/Entertainment	Shows im Las-Vegas-Stil, Livemusik, Karaoke, Tanzkurse, Kunstauktionen, Kasino, LED-Kino am Pool, Kinder-/Jugendclub, Intranet u. v. m.
Dresscode	sportlich-leger bis elegant
Info	Carnival Cruise Lines Tel. (089) 51 70 31 30 www.carnivalcruiselines.de
Preis pro Tag	€ 70 bis € 170, Durchschnitt € 100

PROFIL

Info-/Entertainment
Sport & Wellness
Gastronomie
Familienfreundlichkeit
Service

aktuell noch nicht bewertet

Die Carnival Valor in der Karibik

Carnival Cruise Lines

Was als Beinah-Katastrophe begann, präsentiert sich heute als Marktführer: Über 60.000 Betten bietet die Funship-Flotte an

Als das erste Carnival-Schiff, die **TSS Mardi Gras**, bei seiner Jungfernfahrt 1972 auf eine Sandbank auflief, machte Firmenchef Ted Arison aus der Not kurz entschlossen eine Tugend: Um die Passagiere abzulenken und bei Laune zu halten, wurden sie rund um die Uhr unterhalten. Die Funship-Idee war geboren, und Carnival mauserte sich unter Teds Sohn Mickey Arison zum größten Kreuzfahrtveranstalter der Welt. Nach einigen kurzen Abstechern nach Good Old Europe sind die momentan 22 Vergnügungsdampfer (plus die ältere **Holiday**) heutzutage überwiegend ab amerikanischen Häfen im Einsatz. Die Gästeschar jedoch ist längst international. Und taucht ein in eine kitschig kunterbunte Fantasiewelt, die – um es mit den Worten des dafür zuständigen Architekten Joseph Farcus auszu-

Zwei von 22: Liberty und Triumph

drücken – „aus der täglichen tristen Realität in ein Abenteuerland voller Aktivitäten entführt". Denn schließlich soll jeder Gast das Schiff mit einem Lächeln wieder verlassen – und so schnell wie möglich wiederkommen.

Die Flotte unterteilt sich in fünf Klassen: die **Fantasy**-Class (acht Schiffe, erbaut zwischen 1990 und 1998), die **Destiny**-Class (drei Schiffe, 1996 bis 2000), die **Spirit**-Class (vier Schiffe, 2001 bis 2004), die **Conquest**-Class (sechs Schiffe, 2002 bis 2008) und seit Herbst 2009 die **Dream**-Class (siehe **Carnival Dream**). „Total Choice Dining" ist mittlerweile auf allen verfügbar und, anders als bei zahlreichen Mitbewerbern, weitgehend kostenfrei. Lediglich im Supper Club wird eine Cover Charge fällig. Ansonsten (Originalzitat) „widersteht man dem allgemeinen Trend, immer mehr Zuzahlrestaurants anzubieten". Noch in der Einführungsphase befindet sich das „Your Time Dining"-Konzept, bei dem Tischgröße und/oder Kellner frei gewählt werden können.

Carnival-Gäste sind mehrheitlich US-Amerikaner; alle Menü- und Barkarten sowie Tagesprogramme sind auf Wunsch aber auch in deutscher Sprache erhältlich, und auch eine internationale Bordbetreuung ist vorhanden.

Markenzeichen: große Pooldecks und knallbunte Interieurs

DIE FLOTTE AUF EINEN BLICK

Schiff	Baujahr	Passagiere
Carnival Holiday	1985	1.452
Carnival Fantasy	1990	2.056
Carnival Ecstasy	1991	2.052
Carnival Sensation	1992	2.052
Carnival Fascination	1994	2.052
Carnival Imagination	1995	2.052
Carnival Inspiration	1996	2.052
Carnival Destiny	1996	3.360
Carnival Elation	1998	2.052
Carnival Paradise	1998	2.052
Carnival Triumph	1999	2.758
Carnival Victory	2000	2.758
Carnival Spirit	2001	2.124
Carnival Conquest	2001	2.974
Carnival Pride	2002	2.124
Carnival Legend	2002	2.124
Carnival Glory	2003	2.974
Carnival Miracle	2004	2.124
Carnival Valor	2004	2.974
Carnival Liberty	2005	2.974
Carnival Freedom	2007	2.974
Carnival Splendor	2008	3.006
Carnival Dream	2009	3.646

Geplant/im Bau Carnival Magic (2011; 3.646 Passagiere)

Unternehmen Sitz in Miami, USA; gegründet 1972

Gesamtkapazität 23 Schiffe mit 60.412 Betten

Flagge der Schiffe Bahamas, Panama

Buchungen & Info im Reisebüro oder über Carnival Cruise Lines Deutschland, Tel. (089) 51 70 34 50, www.carnivalcruiselines.de

Das erste von fünf Schiffen der neuen Baureihe bei Celebrity

Celebrity Solstice & Equinox

Klasse trotz Masse: Die neuen Megaliner aus Papenburg bereichern die Kreuzfahrtwelt um eine innovative Schiffsgeneration

Sowohl Fachpresse als auch Publikum sind sich einig: Mit der im November 2008 mit der Celebrity Solstice gestarteten Neubaureihe der Meyer Werft in Papenburg gelang den Designern ein epochaler Wurf. Fünf Schiffe soll die neue Klasse bis 2012 umfassen; Auftraggeber ist die zur Royal-Caribbean-Gruppe gehörende US-Reederei Celebrity Cruises. Überzeugend bis ins Deatil und innovativ ist das Konzept – auch weil es „coole" Lifestyle-Trends ebenso berücksichtigt wie bewährte Celebrity-Werte: Auf die beliebte Martini Bar und die Piano-Lounge Michael's Club muss man auch hier nicht verzichten. Großen Anteil am Erfolg hat übrigens die Werft: Sie lieferte eine geradezu atemberaubende Qualität in der Bauausführung ab. Neue Denkansätze verfolgt die Reederei auch beim Thema Energieeffizienz; ein Beispiel sind die geschickt in die Außendekoration integrierten Sonnenkollektoren. Eine Weltpremiere ist der in luftiger Höhe auf Deck 15 gelegene Lawn Club: eine weitläufige Fläche aus echtem Gras zum Picknicken und Spielen, mit angrenzender Show-Glasbläserei. Doch auch sonst hält das Bordangebot eine Fülle an Optionen bereit: Stolze 24 Restaurants und Bars gibt es insgesamt. Das größte Plus aber ist die so raffinierte wie großzügige Raumaufteilung: Trotz der fast 3.000 Gäste, die bisweilen an Bord sind, hat man immer und überall das Gefühl von Klasse statt Masse.

Celebrity Solstice & Celebrity Equinox

Eine Außenkabine

Die Oceanview Bar

Glasbläsershow am Lawn Club

DATEN & FAKTEN

BRZ	121.870	**Passagiere**	2.852
Länge	317,20 m	**Crew-Mitglieder**	ca. 1.250
Breite	36,80 m	**Bordsprache**	Englisch
Indienststellung	2008/09	**Passagierdecks**	14
Renovierung	–	**Restaurants/Bars**	9/15

Kabinen	1.426, davon 10% innen, 90% außen, 85% mit Balkon; Größen: 16 bis 120 m²
Sport & Wellness	Pool, AquaSpa mit Solarium, „Persian Garden", Pool, Aqua Class-Kabinen, Spa-Café
Info-/Entertainment	Shows im Broadway-Stil, Akrobaten, Lawn Club mit diversen Aktivitäten (u. a. einer Glasbläserwerkstatt) u. v. m.
Dresscode	sportlich-elegant
Info	Celebrity Cruises Tel. (069) 92 00 71-0 www.celebritycruises.de
Preis pro Tag	**Durchschnitt ca. € 115**

PROFIL

Info-/Entertainment	⚓⚓⚓⚓
Sport & Wellness	⚓⚓⚓⚓
Gastronomie	⚓⚓⚓⚓
Familienfreundlichkeit	⚓⚓⚓⚓
Service	⚓⚓⚓⚓

Fahrgebiete 2010

Die Solstice ist ganzjährig in der Karibik unterwegs. Die Equinox ist im Winter ebenfalls dort, sommerlicher Basishafen ist hingegen Rom. Von Mai bis August befährt sie das Mittelmeer, im September und Oktober geht es zu historischen Stätten der Antike und ins Heilige Land. Am 30. November fährt die Equinox in die Karibik zurück.

Ausgewählte Reisen

Heiliges Land mit der Equinox

Von Civitavecchia/Rom aus bricht die Equinox im Herbst vier Mal nach Haifa und Ashdod in Israel auf. Außerdem stehen Neapel, Athen und Alexandria auf dem Programm. **14 Tage; ab € 1.839 ab/bis Hafen**

Karibik mit der Solstice

Die Solstice fährt 2010 ab/bis Fort Lauderdale alternierend durch die östliche und westliche Karibik. **8 Tage; ab € 569 ab/bis Hafen**

Das jüngste Schiff der Millennium-Klasse: die Constellation

Celebrity Cruises

Die Premium-Reederei aus den USA orientiert sich in weiten Teilen an europäisch-eleganter Lebensart und zeitgenössischem Lifestyle

In der Alten Welt, genauer auf der griechischen Insel Chios, beginnt die Geschichte dieser einst in Familienbesitz befindlichen Reederei. Dort wurde jener Antony George Georgandis geboren, der 1880 den noch unspektakulären Grundstein legte: Er erwarb ein kleines Segelschiff und transportierte damit Salz zum Schwarzen Meer. Georgandis' Schwiegersohn, ein gewisser John D. Chandris, lernte bei ihm das Schifffahrts-Business, gründete 1915 seine eigene Gesellschaft und stieg ins Passagiergeschäft ein. Als er 1945 stirbt, hinterlässt er das Unternehmen seinen Nachkommen. Sie machen dem Namen Chandris alle Ehre: Im Rahmen globaler Liniendienste, vor allem im Australien- und Nordatlantikverkehr, später auch mit Kreuzfahrten, verhelfen sie ihm zu weltweitem Renommée. Und als 1989 Celebrity Cruises gegründet

Die neue Solstice; der „Oldtimer" Century

wird, wird das traditionsreiche Firmenlogo beibehalten: ein „X", der 22. Buchstabe des griechischen Alphabets, für „Chi" wie „Chandris".

Die Schiffe der heute auf (fast) allen Weltmeeren verkehrenden (und 1997 von Royal Caribbean übernommenen) Celebrity-Flotte zeichnen sich durch eine elegant-gediegene, internationale Atmosphäre aus, mit immer mehr Gästen aus Europa oder Lateinamerika. Bravourös schaffen sie den Spagat zwischen Massentourismus und exklusivem Ambiente. Vor allem auf die neue Solstice-Klasse (**Celebrity Solstice**, **Equinox** und **Eclipse** sowie zwei weitere Neubauten bis 2012) trifft dies zu: Mit ihrem innovativen Design treffen sie den Nerv eines trendbewussten, kosmopolitischen Publikums. Wie derzeit keiner anderen Reederei ist Celebrity damit eine fulminante Neudefinition gelungen.

Darüber sollen die älteren Liner der Flotte aber nicht vergessen werden: Die vier kleineren Schiffe der Millennium-Klasse (**Celebrity Millennium**, **Infinity**, **Summit** und **Constellation**) sowie die **Century** und die **Mercury** sind auf ein klassischeres Kreuzfahrterlebnis ausgelegt. Abgerundet wird das Angebot mit der **Celebrity Xpedition**, einem Boutique-Cruiser, der zu den Galápagos-Inseln fährt.

Das Pooldeck der Summit. Auf besonderen Routen fährt die kleine Xpedition

DIE FLOTTE AUF EINEN BLICK

Schiff	Baujahr	Passagiere
Celebrity Century	1995	1.750
Celebrity Mercury	1997	1.870
Celebrity Millennium	2000	1.950
Celebrity Summit	2001	1.950
Celebrity Infinity	2001	1.950
Celebrity Xpedition	2001	94
Celebrity Constellation	2002	1.950
Celebrity Solstice	2008	2.852
Celebrity Equinox	2009	2.852
Celebrity Eclipse	2010	2.852
Geplant/im Bau		
Celebrity N.N.	2011	2.852
Celebrity N.N.	2012	2.852

Unternehmen	Sitz in Miami, USA; gegründet 1989, Fusion mit Royal Caribbean International 1997
Flagge der Schiffe	Malta, Ecuador
Gesamtkapazität	über 20.000 Betten auf 10 Schiffen
Besonderheiten	Trinkgelder in Höhe von 10 bis 15 US-$ pro Tag; alle Bargetränke und Weine mit 10% Service Charge; Bordwährung US-Dollar
Buchungen	über alle Reisebüros mit Royal Caribbean-Vertretung
Info in Deutschland	Celebrity Cruises Tel. (069) 92 00 71-0 www.celebritycruises.de

Ankunft in Oslo – direkt vor den Backsteintürmen des Rathauses

Color Magic & Fantasy

Wer noch nicht weiß, ob eine Kreuzfahrt das Richtige für ihn ist, kann hier auf einer „Minicruise" testen, was das Schiff ihm bietet

Wie der Name schon sagt: Color Line – das ist Linienverkehr. Allerdings mit einer Hardware, die jederzeit mit den großen Kreuzfahrtschiffen konkurrieren kann. Herzstück der Magic und ihrer älteren Schwester Fantasy ist die Promenade, eine Flanier- und Shoppingmeile, drei Decks hoch. Auf 160 Metern Länge reiht sich in dieser Arkade alles aneinander: Von der Fashion Boutique bis zur Pizzeria Mama Bella, von der Kid's Corner bis zum Monkey Pub. Dort geht es zu Livemusik gerne mal feucht-fröhlich zu. Wer dem Treiben länger zusehen will, kann sogar eine Kabine zur Promenade beziehen. Obwohl beide Schiffe ausschließlich die Route Kiel–Oslo und retour befahren, kommt Kreuzfahrt-Feeling auf. Es gibt 550 Stellplätze für PKWs und LKWs auf den unteren Decks, die auch während der Überfahrt nicht betreten werden dürfen. Dafür das Ocean Restaurant im Heck der Kreuzfahrtfähre: Aus großen Panoramafenstern kann man auf die Ostsee hinausschauen. Das ist deutlich angenehmer als der Blick in die Speisekarte: Die Gastronomie ist norwegisch-teuer, die Qualität solide. Während der 19-stündigen Überfahrt schafft man kaum alle Attraktionen: das Aqualand mit Wasserrutsche, das Spielkasino, das Fitnesscenter mit Meerblick, die abendlichen Shows und den Cocktail in der grandiosen Observation Lounge. Die Unterschiede zwischen beiden Schiffen sind marginal: Die Color Magic, im Herbst 2007

Eine Standardkabine

Die Cosmopolitan Bar

von Veronica Ferres in Kiel getauft, hat eine andere Farbgebung, etwas mehr Luxuskabinen und eine etwas größere Observation Lounge.

Fahrgebiete 2010

Color Fantasy und Color Magic fahren im täglichen Wechsel auf Mini-Kreuzfahrten von Kiel nach Oslo und zurück. Wer jeweils mit demselben Schiff zurückfährt, hat rund vier Stunden Zeit, um Oslo zu erkunden.

Ausgewählte Reise

„Color Line Cruise"

Die Standard-Passage von Kiel nach Oslo und zurück beinhaltet zwei Übernachtungen an Bord und Halbpension (Frühstück und Abendessen; **3 Tage; ab € 149 ab/bis Kiel**). Die Leistungen und Preise weiterer Kurzreisenpakete (z. B. Sechs-Tages-Reise nach Norwegen mit Hotelübernachtungen und einer Fahrt auf der Bergenbahn) standen bei Redaktionsschluss dieses Buches noch nicht fest.

Das Oceanic Restaurant

DATEN & FAKTEN

BRZ	74.500	**Passagiere**	max. 2.750
Länge	224,00 m	**Bordsprache**	Deutsch, Norwegisch, Englisch
Breite	35,00 m	**Passagierdecks**	10
Indienststellung	2007 (Magic); 2004 (Fantasy)	**Restaurants/Bars**	8/10

Kabinen	966 (343 innen, 604 außen), davon 34 Suiten; Größen: 10,5 bis 35 m²
Sport & Wellness	Color Spa & Fitness Center, Aqualand, Golfsimulator
Info-/Entertainment	Show Lounge, Pianobar, Pub, Observation Lounge, Kasino, Kino, Shopping-Mall
Dresscode	sportlich bis elegant
Besonderheit	Das Schiff verfügt über Autodecks für 750 Fahrzeuge
Info	Color Line GmbH, Kiel Tel. (0431) 73 00-0 www.colorline.com
Preis pro Tag	**ca. € 100 bis € 300** **Durchschnitt k. A.**

PROFIL

Info-/Entertainment	⚓⚓⚓⚓
Sport & Wellness	⚓⚓⚓½
Gastronomie	⚓⚓⚓½
Familienfreundlichkeit	⚓⚓⚓½
Service	⚓⚓⚓

Etwas kleiner als die Concordia-Klasse: Costas „Schiff des Lichts“

Costa Luminosa

Exklusive Ausstattung, gehobenes Ambiente und eine angenehm dezente Farbgestaltung: Costas neues Flaggschiff setzt auch neue Akzente

Die Costa Luminosa, die übrigens baugleich ist mit Cunards **Queen Victoria**, bietet zahlreiche Features, die man zwar auch auf anderen Schiffen – auch von Costa – schon gesehen hat, die aber durchaus publikumswirksam sind. Ein 4-D-Kino mit Tast- und Geruchseffekten, ein großer Golfsimulator und der Grand-Prix-Rennsimulator sind nur einige Beispiele. Als erstes Kreuzfahrtschiff der Welt verfügt das neue Flaggschiff der Italiener über einen Kinesis-Trainingsraum von Technogym. Ausstattung und Interieurs des Neubaus sind sehr hochwertig. Materialien wie Marmor, Perlmutt und Murano-Glas schaffen eine besondere Atmosphäre, in der Farben und Lichteffekte eine

Platz für 800 Zuschauer bietet das Theater

zentrale Rolle spielen. Apropos Farbgestaltung: Im Gegensatz zu anderen Costa-Linern ist sie angenehm dezent ausgefallen. Überhaupt vermittelt das neue Schiff ein sehr exklusives Ambiente; dazu passt auch die im zentralen Atrium aufgestellte Bronzeskulptur „Donna sdraiata 2004“ von Fernando Botero. Gute Noten verdient auch das umfangreiche Sport- und Wellnessangebot: Wer mag, kann unter freiem Himmel joggen, Rollschuh laufen oder im 3.500 Quadratmeter großen Samsara Spa relaxen. Zum kulinarischen Aspekt: Im Buffetrestaurant Andromeda dominieren Pizza und Pasta das Angebot. Deutlich gehobener ist die Menüauswahl im Hauptrestaurant Taurus (zwei Tischzeiten) und im Restaurant Samsara. Höchsten Ansprüchen genügen die kulinarischen Kreationen im exklusiven Restaurant Club Luminosa. Elf Bars, darunter auch eine Schokoladenbar, sind gern besuchte Treffpunkte am Abend.

Fahrgebiete 2010

Nach dem Saisonauftakt am Arabischen Golf (bis April) kreuzt das Schiff bis Mai im Mittelmeer, bevor es rund um Westeuropa Richtung Nordland und Ostsee geht (Mai bis August). Zum Saisonfinale (September/November) stehen dann Spanien und Marokko sowie Madeira und die Kanaren im Programm.

Ausgewählte Reisen

Arabische Welt

17 Abfahrten, jeweils samstags von Dezember 2009 bis April 2010, haben Dubai, Muscat/Oman, Fujairah, Abu Dhabi und Bahrain im Programm. **7 Tage; ab € 499 (Frühbucherpreis; regulär ab € 729) ab/bis Dubai**

Von Amsterdam in die Ostsee

Am 26.6. oder 21.8. ab Amsterdam nach Kopenhagen, Stockholm, Helsinki, St. Petersburg (zwei Tage) Tallinn und zurück nach Amsterdam. Mit insgesamt vier Seetagen. **11 Tage; ab € 1.899 (Frühbucherpreis; regulär ab € 2.999) ab/bis Amsterdam**

Costa Luminosa

Rollschuhbahn an Deck

DATEN & FAKTEN

BRZ	92.600	**Passagiere**	max. 2.260
Länge	294,00 m	**Crew-Mitglieder**	1.050
Breite	32,25 m	**Bordspr.**	Engl., Ital., Deutsch
Indienststellung	2009	**Passagierdecks**	13
letzte Renovierung	–	**Restaurants/Bars**	4/11

Kabinen	1.130 (951 außen, 179 innen), davon 772 mit privatem Balkon, 110 Suiten; Größen: 19 bis 46 m²
Sport & Wellness	2 Pools, 4 Whirlpools, Mehrzwecksportplatz, Joggingparcours, Rollschuhbahn; Samsara Spa
Info-/Entertainment	Theater, 4-D-Kino, Kasino, Disko, Internet-Point, Bibliothek, Shopping-Center, Kinderclub, Grand-Prix-Rennsimulator, Play Stations, Golf-Simulator/Putting Green im Freien
Dresscode	sportlich-leger; Galaabende
Info	Costa Kreuzfahrten, Tel. 01805 26 78 25; www.costakreuzfahrten.de
Preis pro Tag	**Durchschnitt € 180**

PROFIL

Info-/Entertainment	⚓⚓⚓⚓½
Sport & Wellness	⚓⚓⚓⚓½
Gastronomie	⚓⚓⚓⚓
Familienfreundlichkeit	⚓⚓⚓⚓
Service	⚓⚓⚓½

Dolce Vita in Nord- und Ostsee: Costas Deutschland-Botschafterin

Costa Magica

Warum ändern, was sich bewährt hat? Auch 2010 ist Kiel wieder der sommerliche Basishafen für den Jumbo aus der italienischen Flotte

Nachdem Costa mit dem Einsatz der Magica ab Kiel im Sommer 2009 die Buchungen ab Deutschland nach eigenen Angaben um 50 Prozent steigern konnte, bleibt der Ostseehafen auch im Sommer 2010 Basishafen für das 105.000 Tonnen große Schiff. Das bedeutet für Gäste aus Deutschland: Sie können auch weiterhin Nordeuropa „all'italiana" erfahren – während draußen die Sonne über den Fjorden leuchtet, fühlt man sich drinnen fast wie im Adria-Urlaub ... Denn alles an Bord dreht sich um „bella Italia". Die öffentlichen Bereiche tragen klangvolle Namen wie Portofino, Capri oder Costa Smeralda. Alle Farben, Ausstattungen und Kunstwerke erinnern an das Land der Namensgeber, und die 13 Passagierdecks sind nach italienischen Renaissancekünstlern benannt: Giotto, Michelangelo, Tiziano und dergleichen. Ein echtes Plus sind die großen Panorama-Außendecks. Abkühlung bieten vier große Pools, von denen einer bei Bedarf überdacht werden kann; ein anderer steht exklusiv Kindern zur Verfügung. Vielseitig ist das kulinarische Angebot; gute Noten verdient allerdings nur die Küche des Gourmetrestaurants Club Vicenza. Deutlich bürgerlicher fällt das Angebot in den beiden jeweils zweistöckigen Hauptrestaurants aus, und im großen Buffetrestaurant dominieren Pizza und Pasta. Elf Bars und Lounges sind die Treffpunkte am Abend. Die Getränkepreise sind dort überall einheitlich – und fallen ein wenig zu hoch aus.

Costa Magica

Einer der Pools am Abend

Außensuite mit Balkon

Wasserrutsche auf dem Oberdeck

Fahrgebiete 2010

Im Winter kreuzt das Schiff vor Südamerika, bevor es nach der Atlantiküberquerung im April das Mittelmeer und von Mai bis August Nordeuropa besucht (Ostsee, Norwegen, Island). Auf die Westeuropa-Umrundung im September folgen bis zum Saisonende im November noch einmal Spanien, Portugal und Marokko.

Ausgewählte Reisen

Norwegische Fjorde

Am 11.6. und 8.8. ab/bis Kiel nach Hellesylt, Geiranger, Bergen, Stavanger und Aarhus. **6 Tage; ab € 699 (Frühbucherpreis; regulär ab € 1.109) ab/bis Kiel**

Westliches Mittelmeer & Marokko

Am 1., 10., 19. und 28.10 ab/bis Savona bei Genua nach Málaga, Casablanca, Cádiz, Lissabon, Valencia und Barcelona. **10 Tage; ab € 899 (Frühbucherpreis; regulär ab € 1.699) ab/bis Savona**

DATEN & FAKTEN

BRZ	103.000	**Passagiere**	2.716
Länge	272,00 m	**Crew-Mitglieder**	1.027
Breite	35,50 m	**Bordsprache**	Dt., Ital., Engl.
Indienststellung	2004	**Passagierdecks**	13
letzte Renovierung	2007	**Restaurants/Bars**	4/11

Kabinen	1.358 (857 außen, 501 innen), davon 552 mit Balkon, 58 Suiten; Größen: 14 bis 43 m²
Sport & Wellness	4 Pools, 6 Whirlpools, Wasserrutsche, Joggingparcours, Mehrzwecksportplatz, Wellnesscenter mit Fitnessraum, Sauna, Dampfbad
Info-/Entertainment	Theater, Kasino, Disko, Bibliothek, Internet-Point, Play Stations, Videospiele, Shopping-Center, Kinderclub,
Dresscode	sportlich-leger; Galaabende
Info	Costa Kreuzfahrten Tel. 01805 26 78 25 www.costakreuzfahrten.de
Preis pro Tag	**Durchschnitt € 150**

PROFIL

Info-/Entertainment	⚓⚓⚓⚓
Sport & Wellness	⚓⚓⚓⚓
Gastronomie	⚓⚓⚓
Familienfreundlichkeit	⚓⚓⚓⚓
Service	⚓⚓⚓

Die Pacifica fährt ganzjährig im Mittelmeer – auch im Winter

Costa Pacifica

Ein weiterer Megaliner der Concordia-Klasse, mit jeder Menge Sport, Spaß, Wellness und Entertainment – und dem übgreifenden Thema Musik

Sie sind alle gleich groß, sehen alle gleich aus und unterscheiden sich nur durch die Themenwelten an Bord: die baugleichen Costa-Schwestern **Concordia**, **Serena** und der Neuzugang Pacifica. Übergreifendes Thema an Bord dieses im Juni 2009 in Dienst gestellten Liners ist die Musik – und die ist allgegenwärtig. Gemälde, Skulpturen und Bronzegüsse von Musikinstrumenten zieren alle öffentlichen Räume. Egal wo sich der Gast befindet, er wird immer und überall von Musik berieselt – nicht lästig, eher angenehm stimulierend. Die Krönung der musikalischen Traumwelt ist ein komplettes Tonstudio, übrigens das weltweit erste für Gäste auf einem Kreuzfahrtschiff. Wer mag, kann dort selbst

Neu in der Kreuzfahrt: Tonstudio an Bord

Lieder aufnehmen und auf eine CD brennen lassen. Ein weiteres Highlight ist das elegante, etwa 6.000 Quadratmeter große Samsara Spa. Breit gefächert, wie bei den Schwesterschiffen ist das Freizeitangebot: Zwei große Lidobereiche unter freiem Himmel, vier Pools, davon zwei mit ausfahrbarem Glasdach, ein dreistöckiges Theater, ein Mehrzwecksportplatz und ein Joggingparcours im Freien – da ist für jeden etwas dabei. Immer umlagert ist die Riesen-Kinoleinwand auf dem Pooldeck; beliebt ist auch der Grand-Prix-Rennsimulator, in dem große und kleine „Schumis" ihr Bestes geben können. Kulinarisch geht es auf der Pacifica wie auf allen anderen Costa-Schiffen zu. In den Buffetrestaurants dominieren Pasta, Pizza und Hamburger, das Hauptrestaurant befriedigt gehobene Ansprüche, und im Clubrestaurant Blue Moon werden Spezialitäten gegen Aufpreis serviert. Und die Kabinen? Sie sind unaufdringlich und nett gestaltet, bieten viel Platz (ab 17 Quadratmeter) und verfügen zu gut einem Drittel über einen eigenen Balkon.

Fahrgebiete 2010

Die Pacifica fährt 2010 ganzjährig auf festen Routen im Mittelmeer. Bis März führen sie ins östliche Mittelmeer (ab/bis Rom), von April bis November ins westliche Mittelmeer (ab/bis Savona, Barcelona oder Rom).

Ausgewählte Reisen

Westliches Mittelmeer

Insgesamt 37-mal, jeweils montags von März bis November: von Savona nach Barcelona, Mallorca, Tunis, Malta, Catania und Civitavecchia. Auch ab/bis Barcelona oder Civitavecchia buchbar. **7 Tage; ab € 499 (Frühbucher; regulär ab € 929) ab/bis Savona**

Östliches Mittelmeer

Neunmal von Januar bis März: ab/bis Civitavecchia nach Savona, Katakolon, Piräus, Rhodos, Limassol, Ashdod/Israel, Port Said und Alexandria. **11 Tage; ab € 799 (Frühbucher; regulär ab € 1.999) ab/bis Civitavecchia**

Costa Pacifica

Rondò – die Kaffee- und Schokoladenbar

DATEN & FAKTEN

BRZ	114.500	**Passagiere**	3.000
Länge	290,00 m	**Crew-Mitglieder**	1.100
Breite	35,50 m	**Bordspr.**	Engl., Ital., Deutsch
Indienststellung	2009	**Passagierdecks**	13
letzte Renovierung	–	**Restaurants/Bars**	5/13

Kabinen	1.500 (920 außen, 580 innen), davon 505 mit Balkon, 70 Suiten; Größen: 14 bis 35 m²
Sport & Wellness	4 Pools, 5 Whirlpools, Joggingparcours, Rollschuhbahn, Mehrzwecksportplatz; ganzheitl. Samsara Spa
Info-/Entertainment	professionelles Tonstudio, Theater, Kasino, Disko, Internet Point, Bibliothek, Grand-Prix-Rennsimulator, Shopping-Center, Kinoleinwand, Play Stations, Kinderclub
Dresscode	sportlich-leger; Galaabende
Info	Costa Kreuzfahrten, Tel. 01805 26 78 25, www.costakreuzfahrten.de
Preis pro Tag	**Durchschnitt € 150**

PROFIL

Info-/Entertainment	⚓⚓⚓⚓½
Sport & Wellness	⚓⚓⚓⚓½
Gastronomie	⚓⚓⚓
Familienfreundlichkeit	⚓⚓⚓⚓
Service	⚓⚓⚓½

Markenzechen: das blaue C auf gelbem Grund

Costa Kreuzfahrten

Vielfältig, bunt, weltoffen – dazu italienische Dolce Vita: Costa-Schiffe sind die europäische Alternative zum Funship à la Carnival

Mit ihrer über 60-jährigen Geschichte in der Passagierschiffahrt (und sogar bis ins 19. Jahrhundert reichenden Wurzeln zum Ahnen Giacomo Costa, der mit Olivenöl ein Vermögen machte) zählt die in Genua beheimatete Firma Costa Crociere zu den Traditionsmarken im europäischen Kreuzfahrtmarkt. Und zu den ganz Großen: Mit inzwischen über 1,2 Millionen Gästen pro Jahr scheint das Wachstum der Reederei mit dem blauen C an den Schornsteinen fast unaufhaltsam. Das gute Preis-Leistungs-Verhältnis dürfte ein wichtiger Grund dafür sein, ebenso wie das konsequente Neubauprogramm. 15 Costa-Liner sind 2010 auf den Meeren unterwegs, zwei weitere bestellt. Auch ältere Schiffe wie die **Costa Allegra** (1992), die **Costa Marina** (1990) und die **Costa Europa** (1986) wurden regelmäßig überholt. Letzte-

772 bis 3.000 Gäste: Marina und Concordia

re verlässt jedoch in Kürze die Flotte: Sie wechselt im April 2010 zum britischen Veranstalter Thomson Cruises.

Costas Stammpublikum sind Italiener. Je nach Route kommen Gäste aus aller Herren Ländern hinzu; Bordansagen in fünf Sprachen (auch Deutsch) sind dann die Regel. Bei Abfahrten von deutschen Häfen (2010 mit der **Costa Magica** ab Kiel und der **Costa Atlantica** ab Warnemünde) ist der Anteil deutscher Gäste naturgemäß am höchsten. Wer zu Ferienzeiten reist, wird Kinder aller Altersgruppen antreffen: Familienfreundlichkeit wird bei Costa großgeschrieben.

Das Ambiente an Bord ist um so „europäischer", je älter das jeweilige Schiff ist: Seit der Übernahme durch die Carnival Corporation (1997, endgültig 2000) ist amerikanischer Designeinfluss deutlich spürbar. Alle neueren Schiffe bilden dabei Themenwelten aus Geschichte, Mythologie, Musik oder Ähnlichem ab, und alle setzen einen deutlichen Akzent bei Spa und Wellness. Die letzten Neubauten stellen zwei Klassen dar: Je 3.000 Gäste befördern die **Costa Concordia**, die **Costa Serena** und die **Costa Pacifica**; mit 2.260 Passagieren wieder etwas kleiner sind die **Costa Luminosa** und die **Costa Deliziosa**.

Götter im Atrium: die Costa Serena. Aushängeschild: Suiten im Samsara Spa

DIE FLOTTE AUF EINEN BLICK

Schiff	Baujahr	Passagiere
Costa Marina	1990	772
Costa Allegra	1992	820
Costa Classica	1992	1.308
Costa Romantica	1993	1.356
Costa Victoria	1996	1.928
Costa Atlantica	2000	2.112
Costa Mediterranea	2003	2.112
Costa Fortuna	2003	2.716
Costa Magica	2004	2.716
Costa Concordia	2006	3.000
Costa Serena	2007	3.000
Costa Pacifica	2009	3.000
Costa Luminosa	2009	2.260
Costa Deliziosa	2010	2.260

Geplant/im Bau	2 weitere Schiffe bis 2012
Unternehmen	Sitz in Savona; gegründet 1969, seit 2000 Tochterfirma der Carnival Corporation aus Miami
Flagge der Schiffe	Italien
Gesamtkapazität	15 Schiffe mit 30.846 Betten (inkl. Costa Europa bis Frühjahr 2010)
Besonderheiten	Servicegebühr inkl. Trinkgeld (Erwachsene ab 6 Euro, Kinder von 14 bis 17 Jahren ab 3 Euro pro Tag) wird automatisch abgebucht
Buchungen/Info	im Reisebüro, im Internet (www.costa-kreuzfahrten.de) oder über Tel. 01805 26 78 25

An der Pier in Korsika

Bleu de France

Elegant verjüngte Französin mit deutscher Vergangenheit: Als MS Europa war sie von 1982 bis 1999 das Flaggschiff von Hapag-Lloyd

Rückkehr in den europäischen Markt à la française: Die Grande Nation hat wieder ein Passagierschiff. Bleu de France heißt sie, auch wenn sie inzwischen ein internationales Schiff mit französischem Flair geworden ist. Und deutsche Kreuzfahrtfans erkennen in dem Klassiker trotz des blauen Rumpfes natürlich sofort „ihre" alte Europa wieder. Von der ist bei der Hardware erstaunlich viel geblieben. Breite Gänge, über 20 Quadratmeter große Kabinen, drei Schwimmbäder, und allerorten prangt das Logo des Norddeutschen Lloyds. Der alte Luxus erstrahlt in neuem Glanz. Insbesondere wegen der Unsummen, für die das Schiff renoviert wurde: Wer an Deck der 28 Jahre alten Schiffslady prome-

Hüter der Herde: Es wird französisch gekocht

niert, würde schwören, das Schiff könne nicht älter als fünf Jahre sein. Wer Schwierigkeiten mit der französischen Sprache hat, trifft bei der internationalen Besatzung auf große Hilfsbereitschaft. Der Service ist von französischer Nonchalance geprägt, bisweilen an der Grenze zu mediterranem Laisser-faire. Feinste französische Küche erfreut die Passagiere im Restaurant Le Flamboyant (zwei Sitzungen mit äußerst großzügiger Platzverteilung), das allerdings mittags geschlossen bleibt; da gibt's nur ein überfülltes Buffet-Restaurant. Ein Europa-Fan wird das Schiff sehr anders finden als in den Achtzigern – frischer und fröhlicher. Lediglich im gediegenen Salon Acajou – einst Club Belvedere – bekommt er ein Stück der guten, alten Zeit zu fassen.

Fahrgebiete 2010

Die Bleu de France fährt von Frühjahr bis Herbst im westlichen Mittelmeer auf zwei einwöchigen Routen ab/bis Marseille, die nach Korsika, Sizilien, Malta, Tunesien und Ibiza (overnight) oder nach Livorno, Civitavecchia, Neapel, Tunesien und Menorca führen. Ebenfalls angeboten werden zwei vier- bis fünftägige Kurzrouten, die ideal geeignet sind, das Schiff kennenzulernen. Zum Winter folgen Reisen im östlichen Mittelmeer ab/bis Piräus (Alexandria, Port Said, Ashdod/Israel, Limassol, Rhodos) sowie ins Rote Meer ab/bis Sharm el Sheik in Ägypten.

Ausgewählte Reisen

Kurzreise Korsika und Sardinien

Am 2.6., 16.6. oder 8.9. fährt das Schiff ab/bis Marseille nach Ajaccio auf Korsika und Olbia auf Sardinien. **4 Tage; ab € 499 ab/bis Hafen; Flüge auf Anfrage**

Winterreise im Roten Meer

Zwei Umrundungen der Sinai-Halbinsel zum Jahresende ermöglichen Ausflüge in die Felsenstadt Petra, nach Luxor und auf Moses' Spuren zum Katharinenkloster. Oder einfach an die Strände des Roten Meers. **7 Tage; ab € 1.235 ab/bis Hafen; Flüge auf Anfrage**

Bleu de France

Einer der beiden Außenpools

DATEN & FAKTEN

BRZ	37.301	**Passagiere**	752
Länge	200,00 m	**Crew-Mitglieder**	406
Breite	28,50 m	**Bordsprache**	Französisch
Indienststellung	1982	**Passagierdecks**	10
letzter Umbau	2008	**Restaurants/Bars**	3/5

Kabinen	374 (309 außen, 65 innen), davon 6 mit Balkon; Größen: 16 bis 63 m²
Sport & Wellness	2 Außenpools, 1 großer Innenpool, Fitness-Salon, Aquamarine Spa (Bien-être et Beauté), u. a. mit 3 Saunen, Hydrotherapie und 12 Behandlungsräumen
Info-/Entertainment	Theater, Spiel- und Kartensalon, Kasino, Bibliothek, Videosalon, Internetcafé, 3 Boutiquen
Dresscode	leger, zweimal pro Woche elegant
Info	Croisières de France Deutschland Tel. (0231) 290 2781 www.bleudefrance.de
Preis pro Tag	**€ 105 bis € 355, Durchschnitt € 210**

PROFIL

Info-/Entertainment	3,5 von 5 Ankern
Sport & Wellness	4 von 5 Ankern
Gastronomie	4,5 von 5 Ankern
Familienfreundlichkeit	4 von 5 Ankern
Service	4 von 5 Ankern

Vor der Skyline von Sydney

Crystal Symphony & Serenity

Perfektion durch Harmonie: Top-Personal hebt den Standard auf Über-Luxus-Niveau. Dieses Schiff zählt zu den Besten der Welt

Die Vorgängerin der Crystal Symphony hieß **Harmony**, und dieser Name sagt eigentlich alles. Oft über zehn Jahre sind die Mitarbeiter schon an Bord – entsprechend harmonieren sie untereinander ebenso wie mit den Passagieren, und das macht den Service noch einen halben Stern besser als auf vergleichbaren Schiffen. Luxus, der unauffällig, aber perfekt funktioniert: Da nehmen die Passagiere auch Kabinen in Kauf, die kleiner sind als in diesem Segment üblich. Dafür bekommen sie schon am Mittag ein Buffet, das andere nur zum großen Galaabend auffahren; jedes Gericht, das nicht auf der Karte steht, wird dennoch gern gebracht, und der Butler ist geradezu enttäuscht, wenn man einen Tag lang keine Sonderwünsche hat. „Colonial High Tea“ im Stil des 19. Jahrhunderts und das opulente nächtliche Buffet für heimkehrende Ausflügler sind weitere Markenzeichen. Die Passagiere kommen aus Nordamerika, einige aus Asien, fast keine aus Deutschland. Um einige Neureiche macht man besser einen Bogen. Im Service arbeiten genügend Österreicher, um jedem deutschsprachigen Passagier eine heimelige Atmosphäre zu schaffen. Die Landausflugsbroschüre liest sich mit dreitägigen Exkursionen per Flugzeug für 5.000 Dollar eher wie ein Märchenbuch. Kein seriöser Journalist traut sich zu, das „beste Schiff der Welt“ zu bestimmen, aber zu den Top Five gehört die Symphony auf jeden Fall.

Crystal Symphony & Crystal Serenity

In der Sushi Bar

Eine Penthouse Suite

Putting Green an Deck

DATEN & FAKTEN

BRZ	51.044	**Passagiere**	1.010
Länge	238,00 m	**Crew-Mitglieder**	545
Breite	20,00 m	**Bordsprache**	Englisch
Indienststellung	1995	**Passagierdecks**	8
letzte Renovierung	2009	**Restaurants/Bars**	3/7

Kabinen	480 Außenkabinen, davon 276 mit Balkon, und 64 Penthouses; Größen: 19 bis 91 m²
Sport & Wellness	2 Pools, 2 Jacuzzis, Fitnesscenter, Spa mit Sauna, Dampfbad und Beauty-Salon, Tennis, Golfabschlag
Info-/Entertainment	Shows, Konzerte, Comedian, Kino, Kurse, Kasino, Gentleman Hosts
Dresscode	leger, elegant oder informell
Info	Generalagent: Vista Travel Tel. (040) 30 97 98 40 www.vistatravel.de Aviation & Tourism International Tel. (06023) 91 71 50, www.atiworld.de
Preis pro Tag	**ab ca. € 300, Durchschnitt € 500**

PROFIL

Info-/Entertainment	⚓⚓⚓⚓½
Sport & Wellness	⚓⚓⚓⚓
Gastronomie	⚓⚓⚓⚓⚓
Familienfreundlichkeit	⚓⚓⚓
Service	⚓⚓⚓⚓⚓

Fahrgebiete 2010

Die Jahresroute der Symphony führt von Los Angeles über Sydney, Singapur und Dubai ins Mittelmeer, von dort zum Sommer nach Nordeuropa und weiter über den Atlantik zum Herbst in Neuengland. Karibik, Panama und Kalifornien beschließen das Jahr. Die Schwester **Crystal Serenity** kreuzt von April bis Oktober in Europa, zwischen London, Venedig und Schwarzem Meer.

Ausgewählte Reisen

Hawaii mit Crystal Symphony

Ab/bis Los Angeles geht es über Weihnachten 2010 zu vier Häfen auf Hawaii. Zwei Seetage und ein Abstecher nach Mexiko runden die Reise ab. **15 Tage; ab € 5.400 ab/bis Hafen**

Schwarzes Meer mit Crystal Serenity

Am 24.8. von Venedig über Katakolon, Nauplia, Nesebar, Jalta und Sevastopol nach Odessa. Zum Schluss ist eine Nacht in Istanbul geplant. **13 Tage; ab € 4.700 ab/bis Hafen**

Kurs Neue Welt: die „Königin" auf hoher See

Queen Mary 2

Kreuzfahrt wie in einer anderen Zeit: Ihr majestätisches Äußeres und ihr Status als letzter Transatlantik-Liner haben sie zur Legende gemacht

Als Publikumsmagnet ist sie eine Attraktion in allen Häfen, vor allem aber in Hamburg: Noch bei ihrem 14. Besuch an der Elbe im August 2009 kamen 150.000 Menschen, um die „Königin" zu bestaunen. Der Grund für solche Verehrung? Wahrscheinlich ist es die Aura einer vergangenen Zeit, die das Schiff umweht: Seit der Pensionierung der **Queen Elizabeth 2** Ende 2008 ist die „Mary" der einzige Transatlantik-Liner der britischen Traditionsreederei. Und schon ihrem in der Tat majestätischen Äußeren sieht man an: Es ist ein Schiff der Rekorde. Auf dem mit 345 Metern zweitlängsten Cruiseliner der Welt gibt es nicht nur bis zu vier Meter breite Korridore und Promenadendecks wie Parkalleen, sondern auch die größte Biblio-

Blick in eine Britannia-Balkonkabine

thek auf See, ein Planetarium, fünf Pools, einen Helikopterlandeplatz – und so Skurriles wie einen Zwinger für mitreisende Hunde. Fast 1.400 Plätze bietet das gewaltige Hauptrestaurant Britannia; alternativ speist man im (trubeligen) Buffetkomplex King's Court oder im exzellenten, jedoch zuzahlungspflichtigen Todd English. Apropos: Auch für das Spa, und sei es nur um eine Sauna zu besuchen, zahlt man Eintritt. In der Bordwährung US-Dollar – und übrigens auch, wenn man zur privilegierten Schar der Princess- oder Queens-Grill-Gäste gehört, die in den teuersten Suiten residieren und in einem eigenen Restaurant speisen. Klassenlos zugänglich sind wiederum die heißgeliebten Cunard-Rituale im Tagesverlauf: der Fünf-Uhr-Tee im etwas betagt wirkenden Queens Room, der Tanztee mit dem „Gentleman Host", die Quiz-Runde im Lion's Pub. Der Service, auf den meisten Reisen übrigens von deutschsprachigen Gästebetreuern unterstützt, ist dabei nicht immer königlich, aber solide. Aber bei Legenden drückt man offenbar gern ein Auge zu.

Fahrgebiete 2010

Die Queen Mary 2 startet mit einer 101-tägigen Weltreise in das Jahr. Neun „Transcruises" verbinden danach die insgesamt 20 Transatlantikpassagen mit Besuchen Kanadas, Neuenglands und der Karibik. Zu Weihnachten sind auch Karibikkreuzfahrten im Angebot.

Ausgewählte Reisen

Von Hamburg nach New York

Am 26.8. startet die „Queen" in Hamburg zur Transatlantikpassage. New York wird nach einem Zwischenstop in Southampton am 3.9. erreicht. **9 Tage; ab € 2.390 inkl. Rückflug nach Deutschland.** Diese Reise wird auch als Transcruise mit einem Neuengland- und Kanadaprogramm angeboten. **19 Tage; ab € 3.990**

Schnupperreise ab/bis Hamburg

Während des Hafengeburtstags läuft der Liner am 8.5 von Hamburg nach Oslo aus. Mit zwei Seetagen und Ausflug nach Kopenhagen ab Helsingør. **6 Tage; ab € 990 ab/bis Hamburg**

So wird der Fünf-Uhr-Tee serviert

DATEN & FAKTEN

BRZ	151.400	**Passagiere**	2.620
Länge	345,00 m	**Crew-Mitglieder**	1.254
Breite	41,00 m	**Bordsprache**	Englisch
Indienststellung	2004	**Passagierdecks**	13
letzte Renovierung	2008	**Restaurants/Bars**	9/12

Kabinen	1.296, davon 279 innen, 783 Balkon, 172 Suiten; Größen: 18 bis 209 m²
Sport & Wellness	5 Pools, Golfsimulator, Basketball, Shuffleboard, Tischtennis, Laufpfad, Spa und Fitnesscenter
Info-/Entertainment	Planetarium, Kasino, Theater/Kino, Nachtclub, Ballsaal, Kinderclub, täglich wechselndes Showprogramm, Bingo/Spiele etc.
Dresscode	Tagsüber „casual", abends „formal" oder „informal"
Info	Cunard Line, www.cunard.de Tel. +800 180 84 180
Preis pro Tag	**€ 256 bis € 2.622 auf Kreuzfahrten, € 269 bis € 3.197 auf Transatlantikpassagen; Durchschnitt: k. A.**

PROFIL

Info-/Entertainment	4½ von 5 Ankern
Sport & Wellness	4 von 5 Ankern
Gastronomie	4 von 5 Ankern
Familienfreundlichkeit	3½ von 5 Ankern
Service	3½ von 5 Ankern

Noch ist die Queen Victoria das jüngste Cunard-Schiff

Queen Victoria

Very British: Cunards (noch) jüngstes Kreuzfahrtschiff überzeugt mit einer gelungenen Neuinszenierung der viktorianischen Ära

Wer bei Cunard nur an Transatlantikreisen mit der **Queen Mary 2** denkt, der tut der kleinen Schwester des Megaliners Unrecht. Längst zum Liebling der Cunard-Insider avanciert, präsentiert sich die auf klassische Kreuzfahrten ausgelegte „Vicky" als rundum würdige Nachfolgerin der 2008 außer Dienst gestellten „QE 2". Das Leitmotiv an Bord gibt der Schiffsname vor: Der Gast wird in das viktorianische Zeitalter entführt. In der Queens Arcade fühlt er sich wie in den Passagen der Londoner City, und das Royal Court Theatre gleicht den traditionellen Spielstätten im Westend. Absolut sehenswert ist hier die viktorianische Show mit prächtigen Kostümen. Highlights sind auch der Fünf-Uhr-Tee

Dezent gestaltet: eine Balkonkabine

und die abendlichen Bälle im glamourösen Queens Room. Mit seinen zwei Etagen und der bogengesäumten Galerie zeigt er sich als gelungene Weiterentwicklung seines Pendants auf der Queen Mary 2. Das gilt auch für den vergrößerten Commodore Club und das neue Freiluftrestaurant für die Grill-Class-Gäste. Einen Tick stilvoller präsentieren sich auch das Hauptrestaurant Britannia – unbedingt sollte man hier auch das À-la-carte-Frühstück genießen – und der (zuzahlungspflichtige) Gourmettempel Todd English: Er übertrifft fast alle Erwartungen. Kurzum: Ihr Versprechen, stetig nach Verbesserung zu streben, löst die britische Traditionsreederei, die übrigens seit 1998 im Besitz des US-Riesen Carnival ist, ein. Auf die nächste Königin, wieder eine „Elizabeth" (Seite 79), darf man also gespannt sein. Unter anderem soll es dort einen Country Garden geben. Very British natürlich.

Fahrgebiete 2010

Die Queen Victoria startet mit einer Weltreise ins neue Jahr. Anschließend kommt sie nach Europa: Neben Kreuzfahrten rund um Westeuropa und ins Mittelmeer stehen auch die Ostsee (mit Russland) und die norwegischen Fjorde im Programm. Vier Schnuppertörns und eine 17-tägige Weihnachtsreise zu den atlantischen Inseln beenden den Europabesuch; Anfang 2011 soll das Schiff gemeinsam mit der neuen Queen Elizabeth den Panamakanal durchfahren.

Ausgewählte Reisen

Rund um Großbritannien

Am 22.7. ab Southampton: via Cherbourg in Frankreich nach Cobh (Cork), Dublin, Liverpool, Belfast, Greenock (Glasgow), Edinburgh und zurück nach Southampton. **11 Tage; ab € 1.890 (Frühbucherpreis) ab/bis Hafen**

Östliches Mittelmeer

Am 12.11. ab Civitavecchia: über Messina und Malta nach Port Said in Ägypten, von dort über Limassol, Rhodos, Kuşadası, Piräus und Neapel zurück nach Civitavecchia. **13 Tage; ab € 2.190 ab/bis Hafen**

Blick in die Lobby

DATEN & FAKTEN

BRZ	90.400	**Passagiere**	2.014
Länge	294,00 m	**Crew-Mitglieder**	998
Breite	32,00 m	**Bordsprache**	Englisch
Indienststellung	2007	**Passagierdecks**	12
letzte Renovierung	–	**Restaurants/Bars**	7/10

Kabinen	925 (796 außen, 129 innen), davon 657 mit Balkon/Veranda; Größen: 14 bis 198 m²
Sport & Wellness	2 Pools, Driving Range/Putting Green, Shuffleboard, Tischtennis, Laufpfad, Spa und Fitness, Fechtkurse
Info-/Entertainment	Computercenter, Bibliothek, Kasino, Theater/Kino, Nachtclub/Disco, Video, Kids-/Teen-Center, Cunardia
Dresscode	Tagsüber „casual", abends „formal" oder „informal"
Info	Cunard Line, www.cunard.de Tel. +800 180 84 180
Preis pro Tag	**€ 196 bis € 1.480** **Durchschnitt: k. A.**

PROFIL

Info-/Entertainment
Sport & Wellness
Gastronomie
Familienfreundlichkeit
Service

Nordland-Abenteuer: Spitzbergen

Deutschland

Das derzeit einzige Kreuzfahrtschiff unter deutscher Flagge: Seine Qualitäten sind so verlässlich wie die Traditionen, für die es steht

Tradition ist Trumpf: Für kaum ein Schiff gilt dies so sehr wie für das TV-Traumschiff aus Neustadt in Holstein. Als schwimmendes Grandhotel im Stil der zwanziger Jahre hat der verstorbene Reeder Peter Deilmann es einst konzipiert; seine Töchter Gisa und Hedda, die das Unternehmen heute führen, haben daran kein Jota geändert. Man tanzt im Kaisersaal, nimmt seinen Nachmittagstee in der Adlon Lounge, trinkt sein Bier in der Heckbar Alter Fritz – und wird zum Reiseende mit der allzu bekannten „Traumschiff"-Melodie von Bord geleitet. Der Tatsache, dass es sich um das einzige Kreuzfahrtschiff unter deutscher Flagge handelt, will man also rundum gerecht werden. Wie lange

Grandhotel-Ambiente: Blick in eine Suite

dieses Konzept noch zeitgemäß ist, darüber wird viel spekuliert: Nach dem Ausstieg aus dem Markt für Flusskreuzfahrten im letzten Jahr, den Deilmann mit neun Schiffen bediente, fährt das Unternehmen in unruhigem Fahrwasser; die Pläne für einen Hochseeneubau sind jedenfalls endgültig ad acta gelegt. Um so liebevoller kümmert man sich dafür um die Deutschland: Der warmherzige Service, die ausgezeichnete Gastronomie und das perfekt gepflegte Ambiente sind ebenso Markenzeichen dieses Schiffs wie seine ausgeklügelten Routen rund um die Welt. Hochwertig ausgestattet sind alle Kabinen – wenn auch die kleinsten Zweibettkabinen mit zwölf Quadratmetern eng ausfallen. Und: Bis auf zwei Suiten hat keine der Kabinen einen Balkon.

Fahrgebiete 2009

Nach einer Winterreise rund um Südamerika und in die Karibik trifft die Deutschland Ende März in Lissabon ein. Nach zwei Mittelmeertörns beginnt das Sommerprogramm in Nord- und Ostsee: Ab Hamburg, Travemünde oder Kiel fährt das Schiff von Mai bis September ins Baltikum, nach Island und Norwegen sowie zu den Britischen Inseln. Drei weitere Mittelmeertörns werden von einer 150-tägigen Weltreise gefolgt: Sie führt von Monaco via Madeira in die Karibik und weiter, schon im Jahr 2011, Richtung Pazifik, Australien und Fernost.

Ausgewählte Reisen

Schnupperreise Ostsee

„Hanseatischer Hochsommer" heißt eine Kurzreise, die am 31.7. in Hamburg startet. Sie führt durch den Nord-Ostsee-Kanal via Kiel nach Warnemünde und Rügen und zurück nach Kiel. **4 Tage; ab € 1.100 ab/bis Hamburg**

Von Monaco ins Schwarze Meer

Sizilien, Mykonos – und danach die Schwarzmeerhäfen Jalta, Odessa und Nesebar stehen im Programm dieser Herbstreise. Sie beginnt am 20.10. in Monaco und endet am 1.11. in Istanbul. **12 Tage; ab € 3.520 inkl. Flügen ab/bis Frankfurt**

Der Kaisersaal

DATEN & FAKTEN

BRZ	22.400	**Passagiere**	max. 520
Länge	175,00 m	**Crew-Mitglieder**	280
Breite	23,00 m	**Bordsprache**	Deutsch, Engl.
Indienststellung	1998	**Passagierdecks**	8
letzte Renovierung	2008	**Restaurants/Bars**	3/5

Kabinen	94 (224 außen, 50 innen), davon 12 Suiten und 2 Suiten mit Balkon; Größen: 12 bis 30 m²
Sport & Wellness	2 Pools, Wellness-Spa, Sauna, Fitnessbereich mit Personal Trainer, Kurse, Golfabschlag, Shuffleboard
Info-/Entertainment	Show- und Musikprogramme, Klassik, Tanz, Lektorenvorträge, Kreativkurse, Kinderprogramm
Dresscode	sportlich-leger bis festlich-elegant
Info	Peter Deilmann Reederei Neustadt i. H., Tel. (04561) 396-0 www.msdeutschland.de
Preis pro Tag	**€ 270 bis € 1.100 Durchschnitt € 430**

PROFIL

Info-/Entertainment	⚓⚓⚓½
Sport & Wellness	⚓⚓⚓½
Gastronomie	⚓⚓⚓⚓⚓
Familienfreundlichkeit	⚓⚓⚓
Service	⚓⚓⚓⚓⚓

Auch 2010 gibt es wieder die traditionelle „Partynacht" – zwischen Hamburg und Kiel

Delphin Voyager

Aus alt mach neu – leichter gesagt als getan. Wie in der Schönheitschirurgie ist auch bei Schiffsumbauten Erfolg nicht sofort garantiert

Alte Schiffe haben ihren Charme – sie an heutige Erwartungen anzupassen, ist allerdings eine Herausforderung. Der Hamburger Reeder Heinz-Herbert Hey jedoch arbeitet unermüdlich daran, seinen Kunden den gewohnten Delphin-Standard zu bieten. Mit Erfolg in den öffentlichen Bereichen: Atrium, Showlounge und Bars gefallen ebenso wie die neuen Kabinen im Heckbereich, innen wie außen. Die Unterkünfte im Vor- und Mittelschiff allerdings befinden sich noch im Originalzustand und harren ihrer Renovierung. Dafür erhielt das großzügige Sonnendeck beim letzten Werftaufenthalt einen Holzplanken täuschend ähnlichen Kunststoffbelag. Mit ihm sollen vor dem Start zur Winterreise 2009/

Die einzige Suite: Kabine 6003

10 auch die Promenadendecks und Außentreppen versehen werden. Und vielleicht wird dann auch das geplante, Schatten spendende Sonnensegel installiert. Die menschliche „Software" – die seit Jahren bekannten Delphin-Führungskräfte sind auch auf der „Neuen" im Einsatz – bügelt hardwareseitig noch vorhandene, kleinere Mängel aus. In Sachen Verpflegung bleibt sich Delphin treu: Morgens gibt's ein (oder mehrere) Gläschen Sekt, abends erleichtern Musterteller die Qual der Wahl. Gespeist wird in einer Sitzung in drei stilvoll eingerichteten Restaurants.

Fahrgebiete 2010

Bis Mitte Mai ist die Delphin Voyager auf einer halben Weltreise „Das Schönste von drei Kontinenten" unterwegs. Dabei fährt sie von der Karibik via Panamakanal nach Ecuador, Peru und Chile, durch die Magellanstraße nach Montevideo, Buenos Aires und Rio sowie weiter über Südafrika, Mosambik und Mauritius zum Roten Meer, bevor sie über den Suezkanal das Mittelmeer ansteuert. Nach der traditionellen „Partynacht" im Mai (von Hamburg durch den Nord-Ostsee-Kanal) folgen Ostsee, Norwegen und Britische Inseln, bevor es im Herbst rund um Westeuropa ins Mittelmeer geht, u. a. nach Montenegro, Kroatien, Griechenland, der Türkei, Zypern, Malta und Nordafrika.

Ausgewählte Reisen

Rund um Südamerika

Am 6.2 geht es ab Valparaíso/Chile rund um Südamerika durch die Magellanstraße und den Beagle-Kanal, mit ausgedehnten Passagen durch die chilenischen Fjorde und Stopps in Santiago, Montevideo, Buenos Aires und Rio. **21 Tage; ab € 2.800 plus Flüge ab € 1.540**

Britische Inseln

Schottland, Irland und England stehen ab 19.8. im Plan. Höhepunkt: zwei Tage in Edinburgh mit Besuch des Military Tattoo. **13 Tage; ab € 1.990 ab/bis Bremerhaven/Kiel (Frühbucherpreis; ab 19.2. ab € 2.290)**

Im Restaurant

DATEN & FAKTEN

BRZ	23.300	**Passagiere**	max. 590
Länge	174,00 m	**Crew-Mitglieder**	250
Breite	24,00 m	**Bordsprache**	Deutsch
Indienststellung	1990	**Passagierdecks**	8
Umbau/Renov.	2007/08	**Restaurants/Bars**	1/3

Kabinen	326: 270 außen (davon 1 Suite, 13 Juniorsuiten), 56 innen, 76 Kabinen mit Balkon; Größen: 17 bis 55 m²
Sport & Wellness	Pool, 2 Jacuzzis, Fitnesscenter, Wellnessbereich, Sauna, Joggingpfad, Tischtennis, Darts, Kurse
Info-/Entertainment	traditionelle Abendshows, Lektorate, Kurse und Vorträge zu diversen Themen, Bibliothek
Dresscode	sportlich-leger bis festlich
Info	Delphin Kreuzfahrten Tel. (069) 80 08 86-88 www.delphin-cruises.com
Preis pro Tag	**€ 125 bis € 455** **Durchschnitt € 195**

PROFIL

Info-/Entertainment	⚓⚓⚓
Sport & Wellness	⚓⚓⚓
Gastronomie	⚓⚓⚓⚓
Familienfreundlichkeit	⚓⚓½
Service	⚓⚓⚓⚓

Die Disney Wonder bekommt bald Verstärkung

Disney Magic & Wonder

Der letzte Besuch liegt drei Jahre zurück – im Sommer 2010 ist es wieder so weit: Fünf Monate lang fährt die Disney Magic in Europa!

Gute Unterhaltung, imponierende Shows und aufwendig inszenierte Themenwelten, in die die Besucher eintauchen können: Dieser Anspruch unterscheidet die Disney-Themenparks von anderen Freizeitparks. Das Konzept setzt das Unternehmen auf dem Wasser fort und bietet ganz besondere Familienkreuzfahrten. Das beginnt mit der Begrüßung an Bord, die Micky persönlich übernimmt. Außerdem wurden sowohl die Disney Magic als auch die Disney Wonder mit vielen Art-déco-Elementen gestaltet, die an die große Zeit der Transatlantik-Liner anknüpfen. Auch die Themenrestaurants, die schon rein optisch in unterschiedliche Welten entführen, die Kinderclubs für verschiedene Altersstufen und die Shows sind dem Disney-Stil angepasst. Konsequenterweise steuern die Schiffe auf vielen Routen auch noch ein eigens inszeniertes Ziel an: die Disney-Privatinsel Castaway Cay, die zu den Bahamas gehört und mit einer perfekten Infrastruktur für einen Strandtag ausgestattet ist. Beim angekündigten Europabesuch 2010 (siehe rechts) muss dieser Programmpunkt natürlich entfallen. Aber vielleicht werden die Disney-Schiffe künftig ohnehin häufiger hierzulande zu sehen sein: Das Unternehmen verstärkt die Familienflotte und lässt derzeit in der Meyer Werft in Papenburg zwei neue Liner bauen – die **Disney Dream** und die **Disney Fantasy** mit jeweils 1.250 Kabinen.

Im Restaurant

Blick in eine Kabine

Fahrgebiete 2010

Wie jedes Jahrs sind beide Disney-Schiffe auch 2010 wieder in der Karibik unterwegs. Erstmals seit 2007 aber kommt die **Disney Magic** im Sommer auch nach Europa: Ab Dover oder Barcelona lädt sie zu elf- bis 13-tägigen Kreuzfahrten zu den nordeuropäischen Metropolen und ins Mittelmeer ein. Mit Warnemünde läuft sie erstmals sogar einen deutschen Hafen an.

Ausgewählte Reisen

Metropolen der Ostsee

An vier Terminen ab dem 24.6.: ab/bis Dover nach Oslo, Kopenhagen, Warnemünde, St. Petersburg (overnight), Tallinn und Stockholm. **13 Tage; ab US-$ 3.649 ab/bis Dover**

Westliches Mittelmeer

An sieben Terminen ab dem 24.4.: ab/bis Barcelona nach Malta, Tunis, Neapel, Civitavecchia, La Spezia, Ajaccio und Villefranche. **11 Tage; ab US-$ 2.649 ab/bis Barcelona**

Lobby der Disney Wonder

DATEN & FAKTEN

BRZ	83.000	**Passagiere**	max. 1.700
Länge	293,80 m	**Crew-Mitglieder**	950
Breite	32,00 m	**Bordsprache**	Englisch
Indienststellung	1998/99	**Passagierdecks**	11
Renovierung	2006/07	**Restaurants/Bars**	4/7

Kabinen	877 (256 innen, 877 außen), davon 22 Suiten, 362 mit Balkon; Größen: 16,8 bis 90 m^2
Sport & Wellness	3 Pools, 6 Whirlpools, Vista Spa & Salon, Sportdeck mit Basketball, Sauna, Massage
Info-/Entertainment	Disney-Musicals im Broadway-Stil, Kinderanimation (Alter: 3 Monate bis 12 Jahre), Feuerwerk auf See
Dresscode	ungezwungen
Info	Disney Cruise Line, Florida Tel. +1 888 325 25 00 www.disneycruise.com
Preis pro Tag	**ab US-$ 105** **Durchschnitt: keine Angaben**

PROFIL

Info-/Entertainment	⚓⚓⚓⚓⚓
Sport & Wellness	⚓⚓⚓⚓⚓
Gastronomie	⚓⚓⚓
Familienfreundlichkeit	⚓⚓⚓⚓⚓
Service	⚓⚓⚓

Expedition in die Antarkis

Delphin

Mal klassisch, mal abenteuerlich – und immer ein Publikumsliebling

Wenn Reeder Heinz-Herbert Hey sagt „Meine Dame wird 35", dann meint er damit weder seine Frau noch seine Tochter – sondern „seine" Delphin. Er darf das, denn niemand sonst hat eine so liebevoll gepflegte Schiffslady jenseits der 30. Die Gesellschaftsräume befinden sich alle auf einem Deck, dazwischen gibt es eine kleine Shoppingmeile. Im Restaurant Pazifik speisen alle Passagiere in einer Tischzeit. Am Eingang macht eine Bar Lust auf gute Weine – 76 Sorten gibt der Keller her. Die Küche ist überdurchschnittlich gut. Im Halbrund des Achterdecks findet man unter einem riesigen Sonnensegel einen Swimmingpool, der abends zur Showbühne umfunktioniert werden kann, eine Poolbar und

Zodiac-Anlandung; eine Luxuskabine

bequeme Holzstühle. Zwei Decks darüber gibt es ein kleines Fitnesscenter, ein Volleyballfeld und eine Disco mit Glaskuppel, im Bauch der Delphin zudem Sauna und Dampfbad. Das Schiff punktet mit Freundlichkeit; die ukrainischen Servicekräfte sind aufmerksam und sprechen gut Deutsch. Viele sind schon seit Jahren hier; der Service rollt unauffällig und perfekt. Die Kabinen sind gepflegt und größer als in dieser Schiffsklasse üblich. Zweimal im Jahr wechselt die Delphin die Rolle und wird mit acht Expeditionsschlauchbooten und „Ice-Master" zum Abenteuerschiff. Dann steuert sie Grönland oder die Antarktis an.

Fahrgebiete 2010

Aus Südamerika und der Karibik kommend, trifft die Delphin im Mai in der Ostsee ein. Nach zwei Baltikumreisen ab/bis Kiel folgen Nordlandfahrten von Juni bis August, u. a. nach Norwegen, Spitzbergen, Grönland und Island sowie rund um die Britischen Inseln; im Spätsommer werden noch einmal zwei Ostseetörns angeboten. Ab Mitte September kreuzt das Schiff ab Nizza oder Venedig im Mittelmeer, unterbrochen von einer großen Schwarzmeerkreuzfahrt ab 23.9.

Ausgewählte Reisen

Nordmeer-Expedition

Vom 14. bis 29.7. geht es unter dem Motto „Feuer und Eis" ab Bremerhaven nach Grönland (sieben Häfen bzw. Anlandungen, teils mit Zodiac-Booten), Island (vier Häfen) und zu den Faröer-Inseln. Bordlektor ist der Eiskapitän Heinz Aye. **15 Tage; ab € 2.779 inkl. Rückflug ab Kangerlussuaq (Frühbucherpreis; ab 16.3. ab € 3.054)**

Östliches Mittelmeer

„Griechische Mythen" ist der Titel einer Reise vom 7. bis 16.10. Sie beginnt und endet in Venedig und führt über Dubrovnik/Kroatien nach Korfu, Zakynthos, Chania (Kreta), Santorin, Piräus (Athen) und Katakolon (Olympia) in Griechenland. **10 Tage; ab € 1.099 ab/bis Venedig (Frühbucherpreis; ab 1.6. ab € 1.274)**

Beim Hamburger Hafengeburtstag

DATEN & FAKTEN

BRZ	16.214	**Passagiere**	max. 470
Länge	157,00 m	**Crew-Mitglieder**	200
Breite	21,80 m	**Bordsprache**	Deutsch
Indienststellung	1975	**Passagierdecks**	7
Umbau/Renov.	1993/2008	**Restaurants/Bars**	1/5

Kabinen	236, davon 129 außen, 107 innen; Größen: 14 bis 45,7 m²
Sport & Wellness	beheizbarer Pool, Fitnessstudio, Volley- und Basketball, Shuffleboard, Joggingpfad, Tischtennis, Sauna mit Dampfbad, Massage
Info-/Entertainment	Show- u. Unterhaltungsprogramm, Livemusik, wissenschaftl. Vorträge und Lektorate, Themenreisen
Dresscode	sportlich-leger bis festlich
Info	Hansa Kreuzfahrten, Bremen Tel. (0421) 334 66-78 www.hansakreuzfahrten.de
Preis pro Tag	**€ 140 bis € 215** **Durchschnitt € 170**

PROFIL

Info-/Entertainment	⚓⚓½
Sport & Wellness	⚓⚓½
Gastronomie	⚓⚓⚓½
Familienfreundlichkeit	⚓⚓
Service	⚓⚓⚓⚓

Weiter mit Hansa-Logo am Schornstein: die einstige Ocean Monarch

Princess Daphne

Es gibt Schiffe, die mit den Jahren immer besser werden. Zum Beispiel die Princess Daphne durch ständige Investitionen

Seit 1955 im Dienst und seit 1975 ein Kreuzfahrtschiff, ist die Princess Daphne ein echter Klassiker im deutschen Seereisenmarkt. Offene Promenaden, ein unglaublich langes Achterdeck, geräumige Kabinen (mit Bullauge, versteht sich) und ein dank großen Tiefgangs gutes Seeverhalten zeichnen sie aus. Ihr Interieur ist überraschend modern; beständige Investitionen haben ihre Spuren hinterlassen. Vor dem Restaurant wurde eine kleine Bar eingebaut – *der* Treffpunkt des Schiffs, vielleicht auch, weil noch geraucht werden darf. In der Showlounge stellen wechselnde Künstler auf jeder Kreuzfahrt individuelles Abend-Entertainment zusammen, hinzu kommt ein Lektor, der auch mal einen Quizabend bestreitet. Übers Jahr punktet die Daphne zudem mit einigen Themenreisen, zum Beispiel der beliebten Wellness-Kreuzfahrt. Im schicken Restaurant Montreux haben nach Umbauten alle Passagiere in einer Tischzeit Platz; jedoch ist die Bestuhlung eng. Dafür ist der Service perfekt, und die Preise für Getränke sind überaus moderat. Gern genutzt wird die umfangreiche Buffetstation am Pool. In der Lidobar kann man auch bei schlechtem Wetter speisen, seit bequeme Bistromöbel eingesetzt wurden.

Fahrgebiete 2010

Nach Frühjahrsreisen im Mittelmeer trifft die Princess Daphne im Mai in Kiel ein: Von die-

Im Restaurant

Eine Außenkabine

sem sommerlichen Basishafen aus unternimmt sie elf Reisen ins Baltikum und zum Nordkap, gefolgt von einem Törn rund um die Britischen Inseln ab/bis Bremerhaven und einer Fahrt rund um Westeuropa im September. Mittelmeer- und Schwarzmeerprogramme ab/bis Nizza runden die Jahresroute ab.

Ausgewählte Reisen

Zum Nordkap im Mittsommer

Neun norwegische Häfen und drei Seetage bietet eine Nordkapreise vom 20.6. bis 2.7. Ein Anreiz für Fitnessfans: das Programm „Vital & aktiv". **13 Tage; ab € 1.699 ab/bis Kiel (Frühbucherpreis; ab 1.3. ab € 1.999)**

Ostsee im August

Klaipeda, Tallinn, Helsinki, Stockholm, Bornholm, dazu zwei Tage St. Petersburg: Das sind die „Baltischen Schätze" vom 4. bis zum 13.8. **10 Tage; ab € 1.259 ab/bis Kiel (Frühbucherpreis; ab 1.5. ab € 1.484)**

Princess Daphne

Das lange Achterdeck

DATEN & FAKTEN

BRZ	15.833	Passagiere	450
Länge	162,37 m	Crew-Mitglieder	250
Breite	21,34 m	Bordsprache	Deutsch
Indienststellung	1955	Passagierdecks	7
Umbau/Renov.	2003/09	Restaurants/Bars	1/4

Kabinen	240 (207 außen, 33 innen), davon 35 Suiten und De-luxe-Kabinen; Größen: 15 bis 30,7 m²
Sport & Wellness	Fitnessstudio mit Meerblick, Pool, Shuffleboard, Tischtennisplatte, Wellnessbereich mit Sauna etc.
Info-/Entertainment	Show- und Unterhaltungsprogramme, Disco, Tanz, Vorträge und Lektorate, Satelliten-TV
Dresscode	leger; elegant an zwei Abenden
Info	Hansa Kreuzfahrten, Bremen Tel. (0421) 334 66–78 www.hansakreuzfahrten.de
Preis pro Tag	€ 120 bis € 180 Durchschnitt € 150

PROFIL

Info-/Entertainment	⚓⚓⚓
Sport & Wellness	⚓⚓⚓
Gastronomie	⚓⚓⚓½
Familienfreundlichkeit	⚓⚓⚓
Service	⚓⚓⚓

Expedition ins Amazonasgebiet

Bremen

Das Expeditionsschiff für Kreuzfahrt-Abenteurer

Die Bremen von Hapag-Lloyd wagt sich so weit vor wie kaum ein anderes Kreuzfahrtschiff: Sie durchquert die legendäre Nordwestpassage von Grönland nach Alaska und hat (wie Hapag-Lloyds **Hanseatic**) die höchste Eisklasse. Damit kann sie weit in die Arktis und die Antarktis vordringen. Für Anlandungen und besondere Expeditionen stehen zwölf Zodiacs (Schlauchboote) bereit. Qualifizierte Lektoren begleiten die Reisen und stimmen die Gäste mit Diavorträgen in der Panoramalounge auf die kommenden Ziele ein – die Passagiere erweitern auf diesem Schiff also ihren Horizont. Aufgrund ihres geringen Tiefgangs kann die Bremen auch auf einigen Flüssen fahren, etwa auf dem Gambia River und dem Amazo-

Eine Außenkabine; per Zodiac an Land

nas (bis Iquitos), also abseits der bekannten Kreuzfahrtrouten. Ein gewisses Maß an Seetauglichkeit sollten die Reisenden mitbringen – oder ein Pflaster vom Hausarzt hinterm Ohr: Vor Kap Hoorn kann es schon mal stürmisch werden. Expedition statt Entertainment also – wer auf große Abendshows steht, ist hier falsch. Im Club auf Deck 5 trifft man sich eher zu Gesprächen als zum großen Tanzabend, bei schönem Wetter verweilt man auch auf dem Lidodeck und dem Sonnendeck mit kleinem Pool. Gastronomie und Service sind auf einem hohen Niveau, wenngleich die Qualität der **Europa** nicht ganz erreicht wird.

Fahrgebiete 2010

Die Antarktis, die chilenischen Fjorde, der Panamakanal, die Karibik, danach der Amazonas und im Frühling das Mittelmeer: Auch 2010 bereist die Bremen die halbe Welt. Auf Sommerreisen ins Eismeer bis zur Hudsonbay folgen noch einmal das Mittelmeer, u. a. mit Griechenland und der Türkei, bevor es im Oktober Richtung Orient weitergeht (u. a. Jemen und Oman) und zum Jahresende via Malediven und Madagaskar nach Südafrika.

Ausgewählte Reisen

Seychellen, Madagaskar, Mauritius

Traumstrand-Exotik am Indischen Ozean bietet diese Reise vom 15. bis zum 29.11. Sie startet in Mahé auf den Seychellen und führt über die Komoren, Mayotte und Madagaskar nach La Réunion und Mauritius. Mit zwei Seetagen. **14 Tage; ab € 6.480 inkl. Flügen**

Antarktis und Südpolarkreis

Am 3.1.2011 startet mit einem Vorporgramm in Buenos Aires eine abenteuerliche Expedition ins Eis der Antarktis. Von Ushuaia aus werden die Falklands, Südgeorgien, die Süd-Orkney- und Süd-Shetland-Inseln sowie schließlich die antarktische Halbinsel besucht. Nach Durchquerung der Drake-Passage geht es via Ushuaia abschließend per Flug wieder nach Buenos Aires – und zurück nach Deutschland. **23 Tage; ab € 10.990 inkl. Flügen**

In der Antarktis

DATEN & FAKTEN

BRZ	6.752	**Passagiere**	max. 164
Länge	111,00 m	**Crew-Mitglieder**	100
Breite	17,00 m	**Bordsprache**	Deutsch
Indienststellung	1990	**Passagierdecks**	6
letzte Renovierung	2008	**Restaurants/Bars**	1/1

Kabinen	80 Außenkabinen (18 m²), davon 16 mit Balkon, und 2 Suiten (24 m²) mit Balkon
Sport & Wellness	Pool, Fitnessraum, Schnorchelausrüstung, Nordic Walking, Fahrräder und Kajaks (Gratisausleihe)
Info-/Entertainment	Künstler (klassische oder Unterhaltungsmusik), Lektoren (Experten verschiedener Fachrichtungen, Wissenschaftler), Schriftsteller
Dresscode	sportlich-leger
Info	Hapag-Lloyd Kreuzfahrten Hamburg, Tel. (040) 30 01-46 00 www.hlkf.de
Preis pro Tag	**ab € 212; Durchschnitt ca. € 370**

PROFIL

Info-/Entertainment	⚓ ⚓ ⚓
Sport & Wellness	⚓ ⚓ ⚓
Gastronomie	⚓ ⚓ ⚓ ⚓
Familienfreundlichkeit	⚓ ⚓
Service	⚓ ⚓ ⚓ ⚓ ½

In festlicher Beleuchtung vor der Küste Norwegens

Columbus

Das Einstiegsmodell aus der Hapag-Lloyd-Flotte

Am 17. Juni 1929 taufte der Norddeutsche Lloyd einen Schnelldampfer auf den Namen Columbus. Das Schiff fuhr zunächst im Transatlantikdienst. Ebenfalls an einem 17. Juni, im Jahr 1997, wurde die „neue“ Columbus getauft; sie fährt seitdem als Kreuzfahrtschiff für Hapag-Lloyd zur See. Sie ist auf allen Meeren zu Hause, von der Südsee bis zur Ostsee. Auch heimische Ziele, die nicht zum „Pflichtprogramm“ gehören, steuert die Columbus an, z. B. die Inseln Amrum, Rügen oder Sylt. Einige Routen sind „all inclusive“, das heißt Landausflüge, Getränke und Trinkgelder sind im Reisepreis enthalten. Wem die **Europa** zu fein oder die **Hanseatic** zu hanseatisch ist, findet hier die lockere (und günstige) Hapag-Lloyd-

Kinderspaß an Bord; der Außenpool

Alternative. Es geht sportlich-leger zu auf dem farbenfrohen Schiff; außer beim Kapitänsempfang darf die Krawatte im Schrank bleiben. Bei einer ausreichenden Anzahl von Kindern ist auch ein Betreuer mit an Bord, einen eigenen Kinderclub gibt es jedoch nicht. Großzügig ist das Restaurant, in dem alle 420 Passagiere in einer Sitzung Platz finden – bei sehr guter Qualität in Gastronomie und Service. Nachteile des Schiffs: Es gibt keine umlaufende Reling und bis auf zwei Suiten mit Terrasse auch keine Balkonkabinen. Tipp: die originellen Kabinen mit den überdimensionalen Bullaugen (Deck 2, Kategorie 8).

Fahrgebiete 2010

Golfreisen, Aktivreisen, Kinderreisen, dazu eine „Große" und eine „Kleine Weltreise" (von Havanna nach Nizza im Mai) stehen auch 2010 wieder im Programm der Columbus. Sie beginnt das Jahr in Mittelamerika, der Südsee und dem Mittelmeer und fährt über Westeuropa ins Baltikum und bis nach Spitzbergen hinauf. Via Mittelmeer und Schwarzes Meer geht es im Herbst weiter Richtung Orient, zur „Großen Weltreise" von Aqaba nach Venedig. Sie führt ins Rote Meer, den Indischen Ozean und rund um Südafrika in den Atlantik.

Ausgewählte Reisen

Schnuppertörn rund um Dänemark

Ein Angebot für Familien zu Pfingsten: Am 19.5. geht es in Hamburg los zur Umrundung Dänemarks, mit Stopps auch auf Amrum und Sylt, vielen kindgerechten Ausflügen, einem bunten Karnevalstag in Kopenhagen – und der Ankunft in Kiel am 24.5. **5 Tage; ab € 790 ab Hamburg/bis Kiel**

Von Singapur nach Dubai

Eine All-inclusive-Reise ist diese Kreuzfahrt von Singapur via Phuket, Colombo, Cochin und Mumbai zum Arabischen Golf (Iran, Bahrain, Abu Dhabi, Dubai) ab dem 28.3.: Alle Landausflüge, alle Getränke auf der Barkarte und alle Trinkgelder sind bereits im Reisepreis inkludiert. **19 Tage; ab € 4.346 inkl. Flügen**

Landausflug per Fahrrad

DATEN & FAKTEN

BRZ	15.000	**Passagiere**	max. 420
Länge	144,00 m	**Crew-Mitglieder**	170
Breite	21,50 m	**Bordsprache**	Deutsch
Indienststellung	1997	**Passagierdecks**	6
letzte Renovierung	2008	**Restaurants/Bars**	2/2

Kabinen	197 (63 innen, 13 m²; 134 außen, 15 m²), 8 Suiten (31,5 m², 2 mit, 6 ohne Balkon)
Sport & Wellness	Pool, Fitnessraum, Fahrräder (Gratisausleihe), Morgengymnastik, Nordic-Walking-Stöcke
Info-/Entertainment	Band, Künstler, Unterhaltungsmusik, Lektorenvorträge, Tanz, Show, Alleinunterhalter
Dresscode	sportlich-leger
Info	Hapag-Lloyd Kreuzfahrten Hamburg, Tel. (040) 30 01-46 00 www.hlkf.de
Preis pro Tag	**ab € 127** **Durchschnitt € 199**

PROFIL

Info-/Entertainment	⚓⚓⚓○○
Sport & Wellness	⚓⚓⚓○○
Gastronomie	⚓⚓⚓⚓○
Familienfreundlichkeit	⚓⚓⚓○○
Service	⚓⚓⚓⚓○

In der Kieler Förde

Europa

Luxusyacht auf höchstem Niveau: Man wohnt ausschließlich in Suiten

Im Jahr 2009 feierte die Europa in Hamburg ihren zehnjährigen Geburtstag. Ob sie wirklich das beste Kreuzfahrtschiff der Welt ist, mag jeder für sich entscheiden. Fest steht: In puncto Service und Komfort auf See hat sie Maßstäbe gesetzt. Hier weiß der Kellner am letzten Tag noch, welcher Gast am ersten Tag zum Frühstück Jasmintee getrunken hat. Luxuriös sind nicht nur die öffentlichen Räume, sondern auch die Kabinen. Europa-Gäste wohnen ausschließlich in Suiten, und die wurden gerade rundherum erneuert. In den Penthouse-Suiten (Deck 10, mit Butlerservice) sind jetzt Wohn- und Schlafbereich getrennt. Neu sind hier auch die eigenen Laptops mit WLAN-Flatrate. Die Europa will ein

Gourmetrestaurant Oriental; eine Spa-Suite

Schiff für drei Generationen sein. So soll der Kinder- und Jugendclub auch die Jüngeren an Bord locken. Klassisch-gediegen geht es im Europa Restaurant zu, eher sportlich-locker im Lido Café. Für kulinarische Vielfalt auf höchstem Niveau sorgen zudem die Restaurants Oriental und Venezia. Der schönste Ort für den Sundowner ist die Sansibar im Heck: Hier werden sehr gute deutsche Weine aus dem Sylter Sansibar-Sortiment ausgeschenkt. Zusätzlich zum stilvollen Wellnessbereich (Ocean Spa) stehen vier Spa-Suiten mit beleuchteter Whirlwanne bereit (Anwendungen und Ernährungsberatung inklusive). Besonders großzügig ist auf der Europa der teilüberdachte Pool.

Fahrgebiete 2010

Die Jahresroute der Europa führt zunächst von der Südsee über Australien nach Südostasien. Nach Besuchen in Japan und China folgt im April die Arabische Halbinsel, im Mai geht es via Suez ins Mittelmeer. Von Juni bis August ist das Schiff in Ostsee, Nordsee und Nordatlantik unterwegs (u. a. Grönland, Britische Inseln) bevor es zum Herbst wieder ins Mittelmeer fährt. Nach einem Schwarzmeer-Törn im Oktober beschließen die Arabische Halbinsel sowie Indien und Singapur das Jahr.

Ausgewählte Reisen

Von Bangkok nach Dubai

Die Tempel Thailands, Indiens und Sri Lankas, die Metropolen Singapur, Mumbai und Dubai, Inselparadiese wie Ko Samui, Langkawi und die Lakkadiven, dazu Ausflüge in die Kerala Backwaters und die arabische Wüste bietet diese Reise im Frühling, vom 4. bis 24. April. **13 Tage; ab € 8.990 inkl. Flügen**

Ägäis und Schwarzes Meer

Diese Herbstreise führt von Piräus (24.10.) via Marmaris und Istanbul ins Schwarze Meer. Dort sind Trabzon, Sotschi, Jalta, Sewastopol, Odessa (overnight) Varna und Nessebar die Ziele. Der Rückflug ab Istanbul startet am 6.11. **20 Tage; ab € 5.980 inkl. Flügen**

Auf dem Lidodeck

DATEN & FAKTEN

BRZ	28.890	**Passagiere**	max. 408
Länge	198,60 m	**Crew-Mitglieder**	280
Breite	24,00 m	**Bordsprache**	Deutsch
Indienststellung	1999	**Passagierdecks**	7
letzte Renovierung	2009	**Restaurants/Bars**	4/6

Kabinen	192 Außensuiten (27 m²), davon 168 mit Balkon und 4 Spa-Suiten; 12 Penthouse-Suiten mit 45 oder 83 m²
Sport & Wellness	Pool, Fitnessraum, Ocean Spa, Sauna, Kurse, Personal Trainer, Golf Pro, Fahrräder, Tanzkurse, Nordic Walking, Schnorchelausrüstung
Info-/Entertainment	Stars der klassischen und Unterhaltungsmusik, Comedians, Maler, Lektoren, Galerie, Schauspieler, Tänzer, Orchester, Schriftsteller; Themenreisen
Dresscode	sportlich-elegant bis elegant
Info	Hapag-Lloyd Kreuzfahrten Hamburg, Tel. (040) 30 01-46 00 www.hlkf.de
Preis pro Tag	**ab € 378, Durchschnitt € 505**

PROFIL

Info-/Entertainment	⚓⚓⚓⚓
Sport & Wellness	⚓⚓⚓⚓
Gastronomie	⚓⚓⚓⚓⚓
Familienfreundlichkeit	⚓⚓⚓½
Service	⚓⚓⚓⚓⚓

In der Antarktis

Hanseatic

Expeditionsschiff auf höchstem Niveau mit großzügigen Kabinen

Die kleine, aber feine Hanseatic unternimmt zwischen Arktis und Antarktis vorwiegend längere Reisen abseits der üblichen Routen. Dabei bietet sie selbst in entlegenen Regionen eine exzellente Küche und einen aufmerksamen Service. Die ausnahmslos außen liegenden Kabinen sind mit 22 Quadratmetern für ein Expeditionsschiff überdurchschnittlich groß, die Suiten haben 44 Quadratmeter und Butlerservice. Alle Kabinen verfügen über reichlich Stauraum, eine Minibar, eine Hightech-Infotainment-Anlage und einen kostenlosen E-Mail-Zugang mit eigener Adresse. Im Hauptrestaurant Marco Polo gibt es morgens und mittags ein Buffet, u. a. mit Gerichten vom Grill, aus dem Wok und aus der Mannschafts-

Im Restaurant; Kabine auf dem Brückendeck

küche; das Abendessen wird serviert (offene Sitzung). Die Columbus Lounge verspricht abends landestypische Spezialitäten (Reservierung erforderlich, kein Aufpreis). Hanseatic-Kreuzfahrten sind auch Bildungsreisen: Kompetente Lektoren informieren über Land und Leute, Geschichte und Kultur. Sie sind dabei, wenn die Zodiacs, robuste Gummiboote mit 35-PS-Außenbordmotoren, zu Wasser gelassen werden; mit ihnen fahren die Passagiere zu abgelegenen Siedlungen, beobachten Wale und Pinguine, Delfine und Kaimane. Die Organisation ist perfekt, die Liebe zum Detail vorbildlich: Am Ende der Kreuzfahrt erhält jeder Passagier zur Erinnerung die gesammelten Speisekarten und ein bebildertes Tagebuch der Reise.

Fahrgebiete 2010

Die Hanseatic startet das Jahr in der Antarktis. Von dort kreuzt sie im März und April an den Küsten Chiles, Perus, und Ecuadors hinauf in die Karibik (u. a. Jamaika, Antigua, Bahamas, Honduras), bevor sie im Mai längs der Ostküste der USA und Kanadas in die Arktis fährt. Von Juni bis September stehen dort Westgrönland, die Hudsonbay und die Nordwestpassage im Programm. Via Alaska und Kamtschatka geht es schließlich über Japan und Taiwan in die Südsee bis nach Papua-Neuguinea, Fidschi und Punta Arenas.

Ausgewählte Reisen

Ostküste der USA und Kanadas

Von Florida nach Nova Scotia führt diese „Expedition Wissen" im Mai (14. bis 31.5.) – mit Port Canaveral, Wilmington, Washington, Baltimore, Philadelphia, New York, Boston, Cape Cod, Bar Harbor und Halifax sowie zwei Erholungstagen auf See. **17 Tage; ab € 6.980 inkl. Flügen**

Expedition Arktis und Labrador

Am 13.6. startet diese Reise nach Westgrönland ab Halifax. Neufundland, Labrador, drei Häfen auf Grönland, die Diskobucht und diverse Zodiac-Anlandungen stehen im Programm. **16 Tage; ab € 7.860 inkl. Flügen**

Mit an Bord: Lektoren und Wissenschaftler

DATEN & FAKTEN

BRZ	8.378	Passagiere	184
Länge	122,80 m	Crew-Mitglieder	125
Breite	18,00 m	Bordsprache	Deutsch
Indienststellung	1993	Passagierdecks	6
letzte Renovierung	2009	Restaurants/Bars	2/3

Kabinen	88 Außenkabinen (22 m²), 4 Suiten (44 m²)
Sport & Wellness	Pool, Fitnessraum, Schnorchelausrüstung, Fahrräder (Gratisausleihe)
Info-/Entertainment	Band, Künstler (klassische oder Unterhaltungsmusik), Vorträge ausgewiesener Lektoren, Wissenschaftler und Schriftsteller
Dresscode	sportlich-leger, sportlich-elegant
Info	Hapag-Lloyd Kreuzfahrten Hamburg, Tel. (040) 30 01-46 00 www.hlkf.de
Preis pro Tag	ab € 316 Durchschnitt € 399

PROFIL

Info-/Entertainment	3 von 5 Ankern
Sport & Wellness	2 von 5 Ankern
Gastronomie	5 von 5 Ankern
Familienfreundlichkeit	1 von 5 Ankern
Service	5 von 5 Ankern

Alle Holland America-Schiffe haben einen dunkelblauen Rumpf

Eurodam

Auch der neueste Holland America-Liner setzt auf die bewährte Mischung aus traditionellen Werten und zeitgemäßem Komfort

Der klassisch dunkelblaue Rumpfanstrich verrät es: Ein schrilles „Funship" ist der neueste Stolz der amerikanischen Premium-Reederei nicht. Trotz modernem Hightech an Bord beruft man sich auf die glorreiche Ära der Oceanliner. Dazu gehört auch ein rundum laufendes Promenadendeck mit echtem Teakbelag und den entsprechenden Deck Chairs. Großzügige Außendecks (hier leider nur Kunststoff) sind ein weiteres Indiz dafür, dass man es ernst meint mit dem Bewahren von Liner-Traditionen, was eine loyale, vornehmlich ältere und weltgewandte Klientel zu schätzen weiß. Das Innendekor zeigt sich mit Ausnahme der Suiten sowie der Gesellschaftsräume auf den oberen Decks – letztere als Novum für die Reederei von skandinavischen Designern im helleren, modernen Stil gestaltet – ebenfalls klassisch mit vielen Schiffsmodellen, Antiquitäten und Gemäldereproduktionen. Auf Gigantismus und prätentiösen Pomp wurde zugunsten einer dezenten Atmosphäre mittels vieler kleinerer, gemütlicher Räume verzichtet. Besonderer Touch: die kunstvollen Blumen- und Orchideengestecke überall auf dem Schiff. Unbedingt probieren sollte man die superben Steaks im aufpreispflichtigen Pinnacle Grill! Weiteres Highlight: das Explorations Café über der Kommandobrücke auf Deck 11, eine Kombination von Aussichtslounge, Bibliothek, Internetstation und Kaffeebar.

Eurodam

Im Theater

Die Pinnacle Wine Bar

Fahrgebiete 2010

Bis März ist die Eurodam in der Karibik unterwegs. Am 3. April führt eine Transatlantikreise sie nach Rom, anschließend hält sie sich im Mittelmeer auf. Von Mai bis August erkundet sie auf verschiedenen Routen die Ostsee, bevor sie sich im September und Oktober vor der Atlantikküste Kanadas aufhält.

Ausgewählte Reisen

Östliches Mittelmeer

Ab Civitavecchia/Rom geht es am 19.4. und 9.5. nach Dubrovnik, Korfu, Katakolon, Santorin, Kuşadası und Piräus nach Messina auf Sizilien. **10 Tage; ab € 1.164 ab/bis Hafen**

Vom Amsterdam nach New York

Am 19.8. steuert die Eurodam von Amsterdam aus Schottland, die Faröer-Inseln, Island und Grönland an. Weiter geht es nach Neufundland und Kanada, bevor die Reise in New York endet. **18 Tage; € 2.427 ab/bis Hafen**

Zum Mieten: Cabanas an Deck

DATEN & FAKTEN

BRZ	86.273	**Passagiere**	max. 2.104
Länge	285,30 m	**Crew-Mitglieder**	929
Breite	32,25 m	**Bordsprache**	Englisch
Indienststellung	2008	**Passagierdecks**	13
letzte Renovierung	–	**Restaurants/Bars**	7/13

Kabinen	1.052 (155 innen, 897 außen), davon 718 Kabinen und Suiten mit Balkon; Größen: 16 bis 122,5 m²
Sport & Wellness	Fitnesscenter, Spa, Joggen, Basketball, Shuffleboard
Info-/Entertainment	Explorations Café, Culinary Arts Center, Kunstgalerie, Theater, Livemusik, Digital Workshops, Kinder- und Teenagerbetreuung
Dresscode	leger, abends mitunter formell
Info	UC Unlimited Cruises Tel. (04244) 96 62 59 www.hollandamerica.com
Preis pro Tag	**ab € 160 bis € 890** **Durchschnitt € 250**

PROFIL

Info-/Entertainment	⚓⚓⚓⚓
Sport & Wellness	⚓⚓⚓⚓
Gastronomie	⚓⚓⚓⚓
Familienfreundlichkeit	⚓⚓⚓⚓
Service	⚓⚓⚓½

Die Namen aller HAL-Liner, hier die Noordam, enden auf die Silbe „-dam“

Holland America Line

Die klassische Eleganz der Luxusliner mittlerer Größe erinnert an die Tradition der Reederei: Sie wurde durch Auswanderer berühmt

Schon der Name der Reederei weist auf ihre historische Bedeutung hin: Die 1873 in Rotterdam gegründete Holland America Line war gegen Ende des 19. Jahrhunderts einer der großen Player im Geschäft mit der Beförderung europäischer Auswanderer in die Neue Welt. Doch noch bevor deren Strom verebbte, verlegten sich die Eigentümer auf Ferienreisen: Schon 1895 wurde die erste echte Kreuzfahrt angeboten. 1971 kaufte man schließlich Westours auf, einen wichtigen Anbieter von Kreuzfahrten nach Alsaka, das seither neben der Karibik und dem Panamakanal zu den wichtigen Fahrgebieten gehört.

Schwieriger verlief indes die Übernahme von Windstar Sail Cruises im Jahr 1988: Finanziell angeschlagen, wurde Holland America ein Jahr später Teil der Carnival Corporation. Innerhalb des gewaltigen Portfolios

1996/97 gebaut: Veendam und Rotterdam

dieser Gruppe gehört die HAL zum Premiumsegment. Ihre 2010 mit der **Nieuw Amsterdam** auf 15 Liner anwachsende Flotte lässt sich in vier Kategorien unterteilen. Die älteren Schiffe der S-Klasse befördern bis zu 1.258 Passagiere, die R-Klasse hat bis zu 1.432 und die jüngere Vista-Klasse maximal 1.916 Gäste an Bord. Letztere ist, auch wenn das Holland America-Publikum eher älteren Jahrgängen angehört, auch für Familien mit Kindern gut geeignet. Die vierte – und neueste – Kategorie schließlich ist die Signature Class mit bis zu 2.104 Passagieren; sie wurde 2008 mit der **Eurodam** vorgestellt. Schon beim Bau wurden auf ihr jene „Signature of Excellence“ genannten Qualitätsstandards umgesetzt, nach denen alle anderen Schiffe der Flotte bereits von 2004 bis 2006 umgerüstet worden waren. Alle Schiffsbereiche wurden dieser Offensive unterzogen, von luxuriöseren Bettwaren über eine neu eingeführte Showküche bis hin zu vergrößerten Spabereichen. Das Ergebnis ist ein in seiner Gesamtheit zuverlässiges Produkt. Mit ihrer mittleren Größe und ihrem geschmackvollen Design ist diesen eleganten Linern zu wünschen, dass sie unter deutschen Kreuzfahrern bald mehr als nur ein Geheimtipp sind.

Luxuriös sind die Wellnessbereiche – hier auf der Zuiderdam (oben) und der Noordam

DIE FLOTTE AUF EINEN BLICK

Schiff	Baujahr	Passagiere
Statendam	1993	1.258
Maasdam	1993	1.258
Ryndam	1994	1.270
Veendam	1996	1.350
Rotterdam	1997	1.316
Prinsendam	1998/2002	793
Volendam	1999	1.432
Zaandam	2000	1.432
Amsterdam	2000	1.380
Zuiderdam	2002	1.916
Oosterdam	2003	1.916
Westerdam	2004	1.916
Noordam	2006	1.918
Eurodam	2008	2.104

Geplant/im Bau	Nieuw Amsterdam (2.160 Passagiere)
Unternehmen	Sitz in Seattle, gegründet 1873, seit 1989 Tochterfirma der Carnival Corporation aus Miami; deutsche Vertretung: UC Unlimited Cruises in Harpstedt bei Bremen
Flagge der Schiffe	Niederlande
Gesamtkapazität	14 Schiffe mit 23.365 Betten
Besonderheiten	Eine Servicegebühr von 11 US-Dollar pro Person und Tag wird automatisch vom Bordkonto abgebucht
Buchungen & Info	im Reisebüro, im Internet (www.unlimited-cruises.de) oder unter Tel. (04744) 96 62 59

Fahrgebiet im Winter: die Antarktis

Fram

Expeditionen ins ewige Eis – im familiär-gemütlichen Ambiente

Wie einst Fridtjof Nansen die Polarregionen entdecken: Für viele Natur- (und Kreuzfahrt-)freunde ist das ein Lebenstraum. Nach dem Schiff, das der Norweger sich Ende des 19. Jahrhunderts für seine Abenteuer bauen ließ – es war das damals stärkste Holzschiff der Welt und brachte Nansen als ersten Menschen über die nordsibirischen Inseln zum Nordpol – ist die Fram deshalb benannt. Sie ist das jüngste Schiff von Hurtigruten – und mit hoher Eisklasse auf den Spuren ihrer legendären Vorgängerin unterwegs. Entlegene Routen mit Zodiac-Anlandungen in kleinen Buchten gehören dabei zum Programm. Und natürlich will man auch an Bord dem Thema „ewiges Eis“ so nahe wie möglich sein: Norwegische und

Blick in eine Mini-Suite; das Restaurant

grönländische Kunst, darunter in Glas illuminierte Eisberge, bereichern das gemütliche Ambiente. Alles über die Natur, aber auch über die Kultur der wenigen hier lebenden Menschen erfährt man von fachkundigen Lektoren. Und jede der modernen Kabinen in warmen Tönen ist einem anderen Entdecker gewidmet, über dessen Leben eine Tafel neben der Tür informiert. Doch auch entspannen darf und soll man sich: Alle Kabinen verfügen über Bäder in einer angenehmen Größe; Sauna, Fitnessraum und Jacuzzi sorgen für wohlige Wärme. Das Sonnendeck ist überschaubar, reicht aber gerade auf Antarktisreisen mit maximal 150 Gästen an Bord völlig aus. Außerdem gibt es ein Deck tiefer eine viel spektakulärere Aussichtsplattform. Hier darf man nämlich bis in die Spitze des Bugs gehen – und kann dabei der weißen Landschaft besonders nahe sein.

Fahrgebiete 2010

Im Frühling ist die Fram ab/bis Deutschland rund um Großbritannien und auf der Ostsee unterwegs. Im Juni und Juli nimmt sie erstmals auch Kurs auf Spitzbergen. Den Sommer verbringt das Schiff in Grönland und besucht dabei erstmals auch die dortige Ostküste. In der Wintersaison, dem Sommer der Südhalbkugel, begibt es sich in die Eiswelt der Antarktis.

Ausgewählte Reisen

Norwegische Fjorde ab Hamburg

Auf einer deutschsprachig begleiteten Reise geht es ab dem 20.5. von Hamburg aus an die norwegische Fjordküste bis nach Tromsø. Außerhalb der klassischen Postschiffroute sind auch Anlandungen mit kleinen Polarcirkelbooten vorgesehen. **10 Tage; ab € 2.395 inkl. Flügen und Transfers**

Höhepunkte Spitzbergens

An vier Terminen im Juni fährt die Fram ab/bis Longyearbyen auf Spitzbergen bis hinab zur Büreninsel. **9 Tage; ab € 3.155 inkl. Flügen, Hotelübernachtung, Transfers, Ausflügen**

In der Observation Lounge

DATEN & FAKTEN

BRZ	12.700	**Passagiere**	280
Länge	110,00 m	**Crew-Mitglieder**	ca. 70
Breite	20,20 m	**Bordsprache**	Norw., Dt., E.
Indienststellung	2007	**Passagierdecks**	5
Renovierung	–	**Restaurants/Bars**	1/1

Kabinen	136 (112 außen, 24 innen), davon 8 Suiten und 31 Minisuiten; Größen: 10 bis 40 m²
Sport & Wellness	Fitnessraum, Jacuzzi, Sauna
Info-/Entertainment	Lektorenvorträge, Ausflugsprogramm, Aufführungen von örtlichen Folkloregruppen, Chören o. Ä. in einzelnen Häfen
Dresscode	sportlich-leger
Info	Hurtigruten, Hamburg Tel. (040) 37 69 30 www.hurtigruten.de
Preis pro Tag	**keine Angaben**

PROFIL

Info-/Entertainment	⚓⚓⚓
Sport & Wellness	⚓⚓
Gastronomie	⚓⚓⚓
Familienfreundlichkeit	⚓⚓
Service	⚓⚓⚓½

Die Natur ist der Star bei Hurtigruten

Hurtigruten

Naturerlebnis statt Captain's Dinner: Die norwegischen Postschiffe bieten seit 1893 authentische Reisen in den hohen Norden

Es war ein gewisser Kapitän Richard With, der anno 1893 diese Firma, wenn man so will, „erfand“: Er besaß den Mut, auch im Winter mit seinem Dampfschiff **Vesterålen** bis in den hohen Norden zu fahren – und schuf so eine Lebensader, die erstmals Nord- und Südnorwegen permanent verband. Als erster erstellte er genaues Kartenmaterial für diese Seewege – und belegte dadurch, dass die gefährliche Strecke ganzjährig schiffbar war. Binnen sieben Tagen gelangte er zunächst von Trondheim nach Hammerfest, später auch von Bergen nach Kirkenes. „Schnelle Route“ taufte er die Verbindung – „Hurtigruten“ auf Norwegisch. Im Geist dieser Zeit und in bis heute fast unveränderter Mission sind die Schiffe dieser Linie unterwegs: Sie sind Frachter, Post- und Passagierschiffe zugleich. Bis Mitte des 20. Jahrhunderts waren

Eisfahrer Midnatsol (o.) und Nordnorge

noch sechs unterschiedliche Reedereien auf der Strecke Bergen–Kirkenes daran beteiligt; 2006 fusionierten die verbliebenen zwei zur heutigen Hurtigruten ASA. Die zum Teil historischen Schiffe fahren auf festen Routen; im Sommer stehen auch der Geiranger- und der Trollfjord im Programm. Etwa die Hälfte der 34 angefahrenen Häfen können als Ein- oder Ausstiegshafen für eine Teilstrecke genutzt werden. Da die Schiffe einmal täglich ablegen, kann man sich seine Route auch ganz individuell zusammenstellen. Einst das Transportmittel Nummer eins für die Norweger, lebt die Flotte heute hauptsächlich vom Tourismus. Die Schiffe der neuen Generation bieten den Luxus zeitgemäßer Kreuzfahrtschiffe ohne den Zwang formeller Veranstaltungen. Und bei 150 bis maximal 650 Mitreisenden darf man sich schnell unter Gleichgesinnten fühlen, denen das Fernglas wichtiger ist als eine Krawatte fürs Captain's Dinner.

Seit Jahren bietet die Reederei auch Expeditionen in die Polargebiete an: auf der **Nordnorge**, der **Midnatsol** und der eigens hierfür gebauten **Fram**. Zusammen mit dem über 50 Jahre alten Klassiker **Nordstjernen** und dem einstigen Eisbrecher **Polar Star** entdeckt sie 2010 Grönland, Spitzbergen und die Antarktis.

Für den Blick voraus (oben: in der Antarktis) gibt es die Observation Lounge

DIE FLOTTE AUF EINEN BLICK

Schiff	Baujahr	Passagiere
Nordstjernen	1956	149
Lofoten	1964	155
Vesterålen	1983	306
Kong Harald	1993	483
Richard With	1993	466
Nordlys	1994	475
Nordkapp	1996	464
Polarlys	1996	479
Nordnorge	1997	457
Finnmarken	2002	628
Trollfjord	2002	646
Midnatsol	2003	644
Fram	2007	280
Geplant/im Bau	keine	

Unternehmen	Sitz in Narvik; gegründet 1893, deutsche Vertretung in Hamburg
Flagge der Schiffe	Norwegen
Gesamtkapazität	13 Schiffe für 8.636 Passagiere (inklusive Tagesgäste)
Besonderheiten	Auf der Strecke Kirkenes–Bergen ist eine kostenlose Pkw-Mitnahme möglich. Neben der Möglichkeit einer individuellen Streckenplanung gibt es auch diverse Vor- und Nachprogramme zu den Katalogreisen
Buchungen & Info	im Reisebüro, im Internet (www.hurtigruten.de) oder über Tel. (040) 37 69 30

Das „Lächeln" fährt am Schornstein mit

Mona Lisa

Letzter Liner aus der Transatlantik-Ära – 2010 auf Abschiedskurs

Der Charme der Mona Lisa ist so geheimnisvoll wie der des namensgebenden Gemäldes. Schade eigentlich, dass dieser Oldtimer nun 2010 zur letzten Sommersaison im deutschen Markt startet. Denn dass die damalige **Kungsholm** das luxuriöseste Schiff ihrer Zeit war, als sie 1966 in Dienst gestellt wurde, spürt man noch heute: Drei Schwimmbäder, über 20 Quadratmeter große Außenkabinen, eine klassische Showbühne und mehr Bars und Lounges als auf den meisten anderen Schiffen ihrer Größe zeichnen die Mona Lisa aus. Wie man ihre kleinen Unzulänglichkeiten auch als „Patina" sehen kann, formuliert niemand netter als Kreuzfahrtdirektor Andrej Belinskiy selbst: „Mit diesem Schiff ist 1967 der schwedische König nach New

Eine Luxussuite; das Kartenspielzimmer

York gefahren, und die Sprungfeder, die Sie gerade piekt, ist noch genau so, wie der König sie durchgesessen hat!" Das stimmt zwar nicht ganz, denn der griechische Eigner hat viel in das Schiff investiert, tatsächlich aber sind über 85 Prozent des Mobiliars Originale, von den hölzernen Wandintarsien bis hin zur englischen Bibliothek. Die hölzernen Planken, das Innenschwimmbad sowie die Teppiche und Polsterungen wurden hingegen erneuert. Überhaupt ist die „Mona" vom Gefühl her ein eher junges Schiff mit netter Besatzung, guter Küche und oft 40 bis 50 Kindern, die liebevoll von einer Hostess betreut werden. Die Küche ist unter einer neuen Führung weitaus besser als ihr Ruf, und im Service macht deutschsprachiges Personal die Verständigung leicht. Ein Pluspunkt sind die großartigen Showprogramme, die an zweistündigen Galaabenden über die Bühne wirbeln. Auch in der letzten Saison holt Entertainer Belinskiy wieder Artisten aus internationalen Manegen zu einer „Circus at Sea"-Kreuzfahrt an Bord.

Fahrgebiete 2010

Die Mona Lisa ist von Mai bis August für Lord Nelson unterwegs. Ausschließlich von deutschen Häfen aus geht es zu verschiedenen Zielen in Nord- und Ostsee, nach Island und Spitzbergen, rund um Großbritannien sowie bis hinauf nach Grönland.

Ausgewählte Reisen

Große Grönland-Kreuzfahrt

Am 7.8. steuert das Schiff über Plymouth und Cobh die größte Insel der Welt an. Die Reise beinhaltet einen Besuch der Diskobucht und der Egip-Sermia-Gletscher. Über Rejkjavík und die Faröer-Inseln geht es wieder zurück. **25 Tage; ab € 2.996 ab/bis Bremerhaven**

Metropolen der Ostsee

Am 1. und am 11.5. fährt die Mona Lisa von Kiel aus nach Rügen, Riga, Tallinn und Sankt Petersburg. Hier ist eine Übernachtung eingeplant, es folgen Stopps in Helsinki und Kopenhagen. **11 Tage; ab € 996 ab/bis Hafen**

„Circus at Sea"

DATEN & FAKTEN

BRZ	28.891	**Passagiere**	max. 730
Länge	201,00 m	**Crew-Mitglieder**	330
Breite	26,50 m	**Bordsprache**	Deutsch
Indienststellung	1966	**Passagierdecks**	7
Renovierung	2008	**Restaurants/Bars**	2/5

Kabinen	379 (291 außen, 88 innen), davon 8 Suiten; Größen: 10 bis 35 m²
Sport & Wellness	3 Pools, 2 Whirlpools, kleiner Saunabereich, Fitnesscenter, Sportangebote (Gymnastik, Walk-a-mile), Massage und Beauty-Salon gegen Gebühr
Info-/Entertainment	Shows mit Tänzern, Sängern etc., Musikprogramme, Lektorate
Dresscode	leger, dreimal pro Reise elegant
Info	Lord Nelson-Seereisen, Erkelenz Tel. (02431) 943 30 www.lord-nelson-seereisen.de
Preis pro Tag	**€ 100 bis € 280** **Durchschnitt € 180**

PROFIL

Info-/Entertainment	4 von 5 Ankern
Sport & Wellness	2,5 von 5 Ankern
Gastronomie	3,5 von 5 Ankern
Familienfreundlichkeit	3 von 5 Ankern
Service	3 von 5 Ankern

38 Meter breit, fast sechzig Meter hoch – und länger, als der Eiffelturm in den Himmel ragt

MSC Fantasia

Bei Indienststellung war es das größte Schiff, das je für eine europäische Reederei gebaut wurde: Mit der Fantasia setzt MSC neue Akzente

Als „schönstes Schiff der Welt" wurde es etwas vollmundig 2008 angekündigt – doch in der Tat hat die Reederei aus Neapel mit dem neuen Flaggschiff (und der 2009 in Dienst gestellten Schwester **MSC Splendida**) bemerkenswerte Akzente gesetzt. Herzstück der neuen Klasse ist der MSC Yacht Club: ein exklusiver Bereich mit 99, von Butlern betreute Luxussuiten (die jedoch etwas klein geraten sind) direkt über der Brücke. Es gibt dort eine eigene Lounge, einen eigenen Poolbereich, direkten Zugang zum fantastischen MSC Aurea Spa – und privilegierten Zugang mittels kodierter Fahrstuhlkarten. Ein interessantes, aber auch nicht bruchlos funktionierendes Konzept – siehe dazu ab Seite 22.

Im Oceanliner-Stil: die Bar Transatlantico

Gäste, die sich den Yacht Club nicht leisten wollen, werden aber auch nicht enttäuscht: Das Schiff bietet, bei gewohnt gutem Preis-Leistungs-Verhältnis, das bewährte MSC-Erlebnis auf hohem Niveau. Bunt, aber nicht schrill ist die Ausstattung, mit Akzenten bei der in Pink badenden Disco oder der stylishen Manhattan Jazz Bar. Laut mögen Sports Bar oder Insolito Lounge sein, wenn abends die Animateure aufdrehen – ruhige Plätze findet man aber immer anderswo. Gegessen wird in zwei Hauptrestaurants, im frankophilen L'Etoile oder im Tex-Mex El Sombrero, wo es Steaks, Burritos und Corona-Bier gibt – gelungene Abwechslungen zur ansonsten mediterran geprägten Küche. Dass Sport und Entertainment (auch für Kinder) nicht zu kurz kommen, darf bei dieser Schiffsgröße erwartet werden: Es ist mit 333 Metern länger als der Eiffelturm hoch ist!

Fahrgebiete 2010

Die MSC Fantasia fährt ganzjährig auf festen Turnusrouten ab/bis Genua. Bis März und wieder ab November geht es auf einer zwölftägigen Reise bis zu den Kanaren, von April bis Oktober führt eine achttägige Kreuzfahrt durch das westliche Mittelmeer. Zu einem einzigen Termin im März gibt es außerdem eine viertägige Schnupperreise.

Ausgewählte Reisen

Westliches Mittelmeer

An 32 Terminen ab März: von Genua über Neapel, Palermo und Tunis nach Palma de Mallorca (overnight), von dort zurück nach Genua über Barcelona und Marseille. **8 Tage; ab € 739 (Frühbucher; Katalogpreis ab € 1.139) ab/bis Genua**

Von Genua zu den Kanaren

An neun Terminen bis März und ab November: von Genua über Barcelona mit zwei Seetagen nach Madeira, von dort über Teneriffa, Lanzarote, Málaga und Civitavecchia zurück nach Genua. **12 Tage; ab € 899 (Frühbucher; Katalogpreis ab € 1.579) ab/bis Genua**

MSC Fantasia

Viel Pink in der Disco

DATEN & FAKTEN

BRZ	133.500	Crew-Mitglieder	1.325
Länge/Breite	333/38 m	Bordsprachen	Italienisch, Englisch, Deutsch, Franz.
Indienststellung	2008		
letzte Renovierung	–	Passagierdecks	13
Passagiere	3.274	Restaurants/Bars	6/13

Kabinen	1.637 (1.343 außen, 294 innen), dav. 1.151 Außenkabinen mit Balkon; 107 Suiten, davon 99 im Yacht Club mit Butler-Service; Größen: 22 bis 53 m²
Sport & Wellness	4 Pools, Jacuzzis, Aquapark, Fitness-center, Squashplatz, MSC Aurea Spa (1.700 m²) mit Solarium u. v. m.
Info-/Entertainment	Theater, Kasino, Disco, Kinderclub, 4-D-Kino, Formel-1-Simulator u.v.m.
Dresscode	kein vorgeschriebener Dresscode
Info	MSC Kreuzfahrten, München Tel. (089) 85 63 55-0 www.msc-kreuzfahrten.de
Preis pro Tag	€ 74 bis € 356 Durchschnitt ca. € 190

PROFIL

Info-/Entertainment	⚓⚓⚓⚓½
Sport & Wellness	⚓⚓⚓⚓½
Gastronomie	⚓⚓⚓⚓
Familienfreundlichkeit	⚓⚓⚓⚓½
Service	⚓⚓⚓⚓

2010 ist die MSC Opera regelmäßig in Warnemünde zu Gast

MSC Opera

Kreuzfahrt made in Italy: preisgünstig, familienfreundlich, gut

Die 2004 in Dienst gestellte MSC Opera, der zweite Neubau in der Flotte von MSC, ist ein musikalisches Schiff: Alle zehn Passagierdecks tragen die Namen bekannter Opern. Sie hat rund 100 Kabinen mehr als die ein Jahr ältere Schwester **MSC Lirica**, womit die Passagierzahl von 1.650 auf 1.756 erhöht wurde. Mit 256 Metern Länge und fast 60.000 BRZ zählt sie aber dennoch inzwischen zu den kleineren Schiffen von MSC. Ihre besonderen Merkmale: Besonders für junge Paare, Singles und Familien mit Kindern wurde die MSC Opera konzipiert – mit großzügigem Spielbereich und optimiertem Buffetrestaurant Le Vele. In Ferienzeiten ist es deshalb an Bord sehr lebhaft; 300 Kinder sind

Eine Balkonsuite; das große Theater

dann keine Seltenheit. Etwas ruhiger ist dafür die Seefahrt: Das Schiff hat zwei Pod-Antriebe unter dem Achterschiff. Diese außerhalb des Rumpfes hängenden Gondeln mit Elektromotoren bieten im Gegensatz zu den klassischen Wellenantrieben der größeren MSC-Schiffe etwas mehr Laufruhe – den Restaurants La Caravella und L'Approdo im Achterschiff kommt das zugute. Dafür sind diese Antriebsgondeln aber auch etwas störanfälliger und benötigen mehr Aufwand bei der Wartung. Im Sommer 2010 wechselt die MSC Opera den Basishafen von Kiel nach Amsterdam. Von dort aus steuert sie Norwegen und die Ostsee an; als erstes MSC-Schiff wird sie regelmäßig in Warnemünde festmachen.

Fahrgebiete 2010

Nach einer großen Südamerikareise von Venedig nach Brasilien und zurück trifft das Schiff Ende Mai in Amsterdam ein. Von dort aus kreuzt es bis Anfang Oktober auf zehn 12-Tages-Routen via Dover bis zum Nordkap, zu den Fjorden Südnorwegens und ins Baltikum bis nach St. Petersburg. An eine Reise rund um Westeuropa schließen sich vier Fahrten von Venedig bis ins Schwarze Meer an. Ende November geht es erneut von Venedig nach Rio.

Ausgewählte Reisen

Von Amsterdam zum Nordkap

Am 2., 13. oder 24.6. ab/bis Amsterdam über Dover nach Bergen, Hellesylt und Honningsvåg am Nordkap; zurück über Tromsø und Ålesund. **12 Tage; ab € 1.299 (Frühbucher; Katalogpreis ab € 1.699) ab/bis Hafen**

Von Venedig nach Rio de Janeiro

Am 25.11. startet in Venedig die große Südamerikareise. Stationen sind Katakolon, Malta und Málaga im Mittelmeer. Im Atlantik geht es dann via Casablanca, Agadir und Lanzarote zur fünf Seetage dauernden Überfahrt nach Recife, Salvador de Bahia und dem Zielhafen Rio. **18 Tage; ab € 999 (Frühbucher; Katalogpreis ab € 1.998) ab/bis Hafen**

In der Lobby

DATEN & FAKTEN

BRZ	59.058	**Crew-Mitglieder**	720
Länge	251,25 m	**Passagierdecks**	9
Breite	28,80 m	**Bordsprache**	Englisch, Deutsch, Italienisch, Französisch
Indienststellung	2004		
letzte Renovierung	–		
Passagiere	1.712	**Restaurants/Bars**	4/7

Kabinen	856 (497 außen, 359 innen), davon 200 Kabinen und Suiten mit Balkon; Größen: 13 bis 23 m^2
Sport & Wellness	2 Pools, 2 Whirlpools, Fitnesscenter, Minigolf, Health Center, Dampfbad/Sauna, Solarium
Info-/Entertainment	Kasino, Theater, Diskothek, Internetcafé, Bibliothek, Kinderclub
Dresscode	kein vorgeschriebener Dresscode
Info	MSC Kreuzfahrten, München Tel. (089) 85 63 55-0 www.msc-kreuzfahrten.de
Preis pro Tag	**€ 67 bis € 241** **Durchschnitt ca. € 155**

PROFIL

Info-/Entertainment	⚓⚓⚓½
Sport & Wellness	⚓⚓⚓⚓
Gastronomie	⚓⚓⚓
Familienfreundlichkeit	⚓⚓⚓⚓½
Service	⚓⚓⚓½

2010 fahren die MSC Poesia und ihre Schwester MSC Orchestra ab Kiel

MSC Poesia

Bunt, lebendig, italienisch: Das erste außerhalb Italiens getaufte Schiff von MSC ist die Botschafterin der Neapolitaner in Deutschland

Aller guten Dinge sind drei. Nach **MSC Musica** und **MSC Orchestra** kam im Frühjahr 2008 die MSC Poesia in Fahrt. Mit dem dritten Schiff der Klasse verließ MSC erstmals das Mittelmeer bei der Suche nach einem Taufort. Reeder Gianluigi Aponte ließ Taufpatin Sophia Loren an 5. April 2008 ins kalte Dover fliegen. Auch Reedergattin Rafaela Aponte ging diesmal farblich andere Wege als bei den Vorgängerinnen. Kontrastreiche Kombinationen, gepaart mit viel Hochglanzmetall, prägen das Design. Schwarz-Weiß-Arrangements wechseln sich mit weichen Rot-Orange-Übergängen ab und münden in ein Theater, wo die Sitzbezüge und der flauschige Teppich in Purpur leuchten. Die erweiterte Restaurant-Avenue bietet einen schnelleren Zugang zum Buffet am Morgen und Mittag; neben zwei Hauptrestaurants besitzt das Schiff auch eine Sushi Bar und zwei Zuzahlrestaurants. Im Gegensatz zur kleineren Lirica-Klasse konnte der Anteil an Balkonkabinen von 22,8 auf 64,8 Prozent erweitert werden. Die französischen Konstrukteure der Alstom-Werft verringerten die Breite des Aufbaus und investierten das so eingesparte Gewicht in zwei zusätzliche Decks. Das Ergebnis: Auf sieben der 13 Passagierdecks hat die MSC Poesia 827 Balkonkabinen. Etwas mehr Fantasie wäre bei der Raumgestaltung der Hauptrestaurants Il Palladio and Le Fontane zu wünschen gewesen; sie machen mangels Sitzkapazitäten feste Tischzeiten in zwei Sitzungen unumgänglich.

MSC Poesia

Purpurrot: das Theater

Der Kinderclub I Dinosauri

Fahrgebiete 2010

Nachdem sie den Winter in der Karibik verbracht hat, fährt die MSC Poesia im Sommer 2010 in Nordeuropa. Im Wechsel mit der Schwester **MSC Orchestra** fährt sie ab Kiel nach Island, Norwegen und ins Baltikum. Im Herbst ist sie im Mittelmeer unterwegs, bevor sie im November nach Südamerika fährt.

Ausgewählte Reisen

Metropolen der Ostsee

Zwölfmal geht es im Sommer ab Kiel nach Stockholm, Tallinn, St. Petersburg und Kopenhagen. **8 Tage; ab € 869 (Frühbucher; Katalogpreis ab € 1.269) ab/bis Kiel**

Östliches Mittelmeer

Elfmal fährt das Schiff im Herbst ab Venedig über Bari, Katakolon und Izmir nach Istanbul. Zurück geht es über Dubrovnik nach Venedig. **8 Tage; ab € 749 (Frühbucher; Katalogpreis ab € 1.149) ab/bis Venedig**

Das Pooldeck

DATEN & FAKTEN

BRZ	92.490	**Crew-Mitglieder**	987
Länge/Breite	293,80/32 m	**Passagierdecks**	13
Indienststellung	2007	**Bordsprache**	Englisch, Deutsch, Italienisch, Franz.
letzte Renovierung	–		
Passagiere	2.550	**Restaurants/Bars**	5/10

Kabinen	1.275 (1.000 außen, 275 innen), davon 809 mit Balkon, 18 Suiten; Größen: 14 bis 28 m²
Sport & Wellness	2 Pools, 4 Whirlpools, Fitnesscenter, Minigolf, Joggingpfad, Health Center, Yoga, Solarium, Dampfbäder/Saunas etc.
Info-/Entertainment	Disco, Kasino, Theater, Kinder-/Teensclub, Internetcafé u. v. m.
Dresscode	kein vorgeschriebener Dresscode
Info	MSC Kreuzfahrten, München Tel. (089) 856 35 50 www.msc-kreuzfahrten.de
Preis pro Tag	**€ 108 bis € 330** **Durchschnitt ca. € 210**

PROFIL

Info-/Entertainment	⚓⚓⚓
Sport & Wellness	⚓⚓⚓⚓
Gastronomie	⚓⚓⚓
Familienfreundlichkeit	⚓⚓⚓⚓⚓
Service	⚓⚓⚓⚓

Großer Empfang: die MSC Orchestra in Fort Lauderdale

MSC Kreuzfahrten

Erfolg, made in Italy: MSC Crociere ist ein Unternehmen in privater Hand, das im Konzert der Großen überzeugend mitmischt

Mit Übernahmen von Schiffen der insolventen Festival Cruises fing es in den 1990ern an – heute besitzt die in Genf basierte Tochter des neapolitanischen Frachtschiffgiganten Mediterranean Shipping Company nicht nur die jüngste und am schnellsten wachsende Kreuzfahrtflotte der Welt. Sie ist auch die größte, die sich in privater Hand befindet: Gianluigi Aponte, seine Gattin Rafaela, die Tochter Alexa und deren Mann Pierfrancesco Vago führen das Ruder – und die Aponte-Freundin Sophie Loren tauft traditionell alle neuen Schiffe. MSC Crociere heißt all das auf Italienisch; mediterraner Lifestyle, mit Zutaten aus allerlei Kulturen, prägt ergo das Leben an Bord. Als Trikot-Sponsor des FC Bayern will man aber auch deutsche Herzen gewinnen. Bei Törns

Oldtimer Melody; die Magnifica in der Werft

ab/bis Kiel gelingt das durchaus mit Erfolg: In den deutschsprachigen Ländern und in Südamerika meldet MSC beachtliche Zuwächse.

Die Schiffe lassen sich, lässt man den Oldtimer **MSC Melody** außen vor, in drei Klassen einteilen. Die erste ist die Lirica-Klasse, die mit den 60.000-Tonnern **MSC Lirica** und **MSC Opera** startete und mit den Umbauten **MSC Armonia** (vormals **European Vision**) und **MSC Sinfonia** (ex-**European Star**) komplettiert wurde. Ebenfalls auf vier Schiffe ausgelegt ist die **Musica**-Klasse: Der Prototyp mit seinen gut 90.000 Tonnen, getauft im Juni 2006, wurde gefolgt von **MSC Orchestra** und **MSC Poesia**. Nummer vier dieser Klasse, die **MSC Magnifica**, liegt zum Zeitpunkt der Drucklegung dieses Buches noch in der Werft. Als erstes MSC-Schiff soll sie in Deutschland getauft werden: in Hamburg im März 2010. Die dritte Klasse der MSC-Megaliner ist nach dem 130.000-Tonner **MSC Fantasia** benannt, der im Winter 2008 in Dienst gestellt wurde. Mit dem MSC Yacht Club, in dem Butler die Gäste verwöhnen, orientiert MSC sich hier erstmals im Luxussegment. Mit der **MSC Splendida** erhielt die Fantasia im Juli 2009 ihre Schwester.

Eisbär als Maskottchen: MSC Kinderclub
Als Taufpatin gesetzt: Sophia Loren

DIE FLOTTE AUF EINEN BLICK

Schiff	Baujahr	Passagiere
MSC Melody	1982/2005*	1.064
MSC Armonia	2001/2004*	1.554
MSC Sinfonia	2002/2005*	1.556
MSC Lirica	2003	1.560
MSC Opera	2004	1.712
MSC Musica	2006	2.550
MSC Orchestra	2007	2.550
MSC Poesia	2008	2.550
MSC Fantasia	2008	3.300
MSC Splendida	2009	3.300
MSC Magnifica	2010	2.550
Geplant/im Bau	zzt. keine Pläne bekannt	

* Indienststellung/Übernahme und Umbau durch MSC

Unternehmen	Firmensitz in Genf, Zentrale in Neapel, dt. Vertretung in München; gegr. 1995, als Tochter der Frachtschiff-Reederei Mediterranean Shipping Company mit Sitz in Neapel
Flagge der Schiffe	Panama, Italien
Gesamtkapazität	ca. 30.100 Betten auf 11 Schiffen
Besonderheiten	Servicegebühr (6 Euro/Tag) wird automatisch abgebucht; Service Charges sind bei Getränkepreisen inkludiert; 2 Kinder bis 17 Jahren reisen kostenlos in der Kabine mit 2 vollzahlenden Erwachsenen
Buchungen & Info	im Reisebüro, Info im Internet (www.msc-kreuzfahrten.de) oder über Tel. (089) 85 63 55-0

Jadegrüne Bemalung – daher der Name

Norwegian Jade

T-Bone, Tapas oder Teppanyaki: Beim „Freestyle Cruising" à la NCL genießt man jede Menge Freiheiten – vor allem beim Essen

Sie möchten gediegenes Ambiente, maritime Romantik und Wunderkerzen zum Captain's Dinner? Dann sind Sie auf diesem Schiff leider falsch. Wenn Sie aber ohne Vorschriften, Zwang und Etikette reisen möchten, goldrichtig. „Freestyle Cruising" heißt das Prinzip, dem auf diesem Liner, der so bunt daherkommt, wie die Bugbemalung es verspricht, alles gehorcht: Der Gast soll tun und lassen können, was, wann und wo immer er will. Vor allem für das Essen gilt diese Idee: Zwölf Restaurants stehen zur freien Wahl, vom Steakhouse über die Sushi- und Teppanyaki-Bar bis hin zum rund um die Uhr geöffneten Blue Lagoon Café. Reibungslos funktioniert dabei das Reservierungssystem: Video Screens geben über die jeweili-

Exklusiv: Courtyard-Suiten mit Pool

Norwegian Jade

ge Auslastung Auskunft; eventuelle Wartezeiten lassen sich in 13 Bars und Lounges verkürzen. Allerdings: Acht der zwölf Restaurants sind zuzahlungspflichtig. Man behalte also sein Bordkonto (das in US-Dollar berechnet und mit einer täglichen Service Charge von zwölf Dollar belastet wird) im Blick. Übrigens ist die Jade, die ursprünglich als **Pride of Hawaii** startete, die Nummer vier eines funkelnden Quartetts: Sie gehört in die Reihe der Meyer-Werft-Neubauten **Norwegian Jewel**, **Gem** und **Pearl**. Wie jene spricht sie ein junges, Unterhaltung suchendes Publikum an. Bemerkenswert ist das Kabinenangebot: Es gibt 32 (!) Kategorien, 280 Kabinen haben Verbindungstüren (was viele Familien mit Kindern anzieht), und ganz oben thronen die immer noch größten Suiten auf hoher See: zwei „Garden Villas“ mit über 400 Quadratmetern Fläche. Apropos Kinder: Der Club für die Kids und Teens ist vorbildlich geführt – und oft bis in die Nacht geöffnet, so dass die Eltern Zeit haben für Casino-, Theater- oder Spabesuch – oder für das Spinnaker International Cabaret, wo DJ Fancano auflegt.

Fahrgebiete 2010

Die Jade ist ganzjährig ab Barcelona im Mittelmeer unterwegs. Dabei wird sie im Sommer ab Venedig von der **Norwegian Gem** unterstützt, die neben vier Transatlantiktörns Winterreisen von New York in die Karibik anbietet. Dort sind auch **Norwegian Pearl** und **Norwegian Jewel** unterwegs.

Ausgewählte Reisen

Barcelona und Westl. Mittelmeer

Von April bis November jeweils sonntags ab/bis Barcelona nach Livorno, Civitavecchia, Neapel, Mallorca und Monaco. **8 Tage; ab € 599, Anreisepaket/Flug ab € 928**

Kanarische Inseln und Marokko

Von Dezember 2010 bis April 2011 ab/bis Barcelona nach Casablanca, Agadir, Gran Canaria, Madeira und Málaga. **10 Tage; ab € 749, Anreisepaket/Flug ab € 1.088**

Auf dem Pooldeck

DATEN & FAKTEN

BRZ	93.052	**Passagiere**	2.402
Länge	295,00 m	**Crew-Mitglieder**	1.121
Breite	33,00 m	**Bordsprache**	Englisch
Indienststellung	2006	**Passagierdecks**	12
Umbau	2008	**Restaurants/Bars**	12/13

Kabinen	1.189 (243 außen, 405 innen, 360 mit Balkon), davon 181 Suiten; Größen: 13 bis 408 m²
Sport & Wellness	2 Pools, 1 Kinderpool, 4 Whirlpools, Spa & Fitness, Tennis, Jogging, Basket-/Volleyball, auf Pearl & Gem auch Bowlingbahn und Kletterwand
Info-/Entertainment	Show, Kasino, Tages- und Abendprogramm, Kinderbereich
Dresscode	kein vorgeschriebener Dresscode
Info	NCL (Bahamas) Ltd. Niederlassung Wiesbaden Tel. (0611) 36 07 0 www.ncl.de
Preis pro Tag	**€ 57 bis € 157, Durchschnitt: k. A.**

PROFIL

Info-/Entertainment	⚓⚓⚓⚓½
Sport & Wellness	⚓⚓⚓⚓
Gastronomie	⚓⚓⚓⚓
Familienfreundlichkeit	⚓⚓⚓⚓
Service	⚓⚓⚓½

Ein Blick in die Zukunft von NCL: die Ice Bar auf der Norwegian Epic

Norwegian Cruise Line

Über vierzig Jahre ist die von einem Norweger gegründete Reederei schon im Geschäft. Und überrascht immer wieder mit neuen Ideen

Eine junge Kreuzfahrtlinie mit modernen Ideen: Dieses Image kommt nicht von ungefähr. Denn schon immer hat diese Firma die Rolle einer Trendsetterin gespielt. Schon als der Osloer Knud Klosters (der übrigens auch **The World** lancierte, das erste Apartmentschiff der Welt – Seite 182) die Firma 1966 gründete, brachte die damals noch Norwegian Caribbean Lines genannte Reederei mit ihren Ein-Klassen-Kreuzfahrten ein neues Konzept auf den Markt; auch regelmäßige Karibikreisen ab Miami bot sie als erste an. Und lange war die legendäre, 2003 leider verschrottete **Norway** das Flaggschiff der Flotte.

Der Pioniergeist war aber auch nicht verbraucht, als NCL anno 2000 von den malaysischen Star Cruises übernommen wurde. Durch diesen Zukauf war die heute zur Hälfte dem US-Investor Apollo Management ge-

Bunt bemalt: Norwegian Sun (o.) und Sky

hörende Reederei zum drittgrößten Kreuzfahrtanbieter der Welt geworden. Und der neuen Tochter genehmigte sie ein Konzept namens „Freestyle Cruising“, das von nun an die Flotte prägen sollte: Statt steifer Dresscodes und fester Essenszeiten sollen die Gäste eine lockere Atmosphäre erleben, u. a. indem sie frei zwischen verschiedenen Restaurants wählen können. Ein Angebot, das besonders Familien zu schätzen wissen: Sie zählen, neben Erstkreuzfahrern, zur Stammklientel.

Die gesamte Flotte wurde in den letzten Jahren dem „Freestyle“-Konzept angepasst. Ältere Schiffe wurden umgebaut oder abgestoßen: Es gibt heute keines mehr, das älter als zehn Jahre ist. Und mit dem Aufbruch in eine neue Schiffsklasse wird weiter geklotzt: Mit der **Norwegian Epic** antwortet NCL 2010 auf den weltweiten Trend zum Megaschiff. 4.200 Gäste wird die Gigantin befördern; zum Unterhaltungsangebot gehören das erste Röhrenrutschsystem auf See, sechs Bowlingbahnen, eine Ice Bar und vier Liveshows pro Abend. Die Epic wird zunächst in der Karibik unterwegs sein. Auf die ganze Flotte bezogen, setzt NCL aber immer mehr auch auf Europa: Drei schwimmende NCL-Resorts sind 2010 ganz oder teilweise in Mittelmeer und Ostsee unterwegs.

NCL hat ein Herz für Kinder – und für knallbunte Interieurs auch in den Kabinen

DIE FLOTTE AUF EINEN BLICK

Schiff	Baujahr	Passagiere
Norwegian Spirit	1999	1.996
Norwegian Sky	1999	2.002
Norwegian Star	2001	2.240
Norwegian Sun	2001	1.936
Norwegian Dawn	2002	2.224
Norwegian Jewel	2005	2.376
Pride of America	2005	2.138
Norwegian Jade	2006	2.402
Norwegian Pearl	2006	2.394
Norwegian Gem	2007	2.394
Norwegian Epic	2010	4.200
Geplant/im Bau	zzt. keine	

Unternehmen	Sitz in Miami, deutsche Vertretung in Wiesbaden; 1966 gegründet
Flagge der Schiffe	Bahamas
Gesamtkapazität	11 Schiffe mit 26.302 Betten
Besonderheiten	Eine Servicegebühr von 12 US-$ pro Tag (für Erwachsene und Kinder ab drei Jahren) wird automatisch vom Bordkonto abgebucht. Bei früher Buchung gibt es günstige Angebote für Kinder, die in der Elternkabine mitreisen
Buchungen & Info	im Reisebüro, im Internet (www.ncl.de) oder über Tel. (0611) 36 07 0

Die Regatta hat noch zwei baugleiche Schwestern: Insignia und Nautica

Regatta mit Insignia & Nautica

Kein Kreuzfahrtschiff, sondern ein schwimmender Country-Club: ungezwungen, formlos – und mit begeisternder Gastronomie

Das Ambiente ist stimmig: schmiedeeisern anmutende Treppengeländer, dunkle Holztöne, offene (wenn auch elektrisch betriebene) Kamine, Vorhänge im Laura Ashley-Stil, wuchtige Ledersessel – Rosamunde Pilcher at her best! Die Küche allerdings ist französisch beeinflusst. Executive Culinary Director Jacques Pépin war Chefkoch gleich dreier Präsidenten, Charles de Gaulle inklusive. In vier Restaurants kann man seine Kreationen genießen: im Grand Dining Room, im Polo Grill mit Fischspezialitäten und feinsten Steaks vom Angus-Rind, im Toscana mit einer riesigen Auswahl italienischer Leckereien (allein zum Brotkorb werden vierzehn Öl- und Balsamico-Sorten gereicht!) oder im Buffetrestaurant Terrace Café, das sich abends zum Candlelight-Outdoor Tapas on the Terrace verwandelt. Typisch Amerikanisches serviert das Waves (köstlich die just in time zubereiteten Milkshakes und Smoothies), und zur Teatime werden Sandwiches, Scones und Törtchen zu Harfenmusik kredenzt; die gewünschte Teesorte wählt man aus einer Holzschatulle. All das präsentiert sich wunderbar ungezwungen: Es gibt keine Bekleidungsvorschriften, keine festen Tischzeiten, keine Covercharges. Die Spezialitätenrestaurants sind genauso im Preis eingeschlossen wie ganztags Espresso und Cappuccino. Die allgegenwärtige Freundlichkeit der Crew sowieso. Englische Sprachkenntnisse allerdings sind zwingend erforderlich.

Eine der sechs Eignersuiten

In der Bibliothek

„Grandstairs" in der Lobby

Fahrgebiete 2010

Im Winter kreuzt die Regatta durch Karibik und Panamakanal, während die Schwestern **Insignia** (Baujahr 1998) und **Nautica** (2000) in Südamerika bzw. in Asien sowie zwischen Australien und Neuseeland unterwegs sind. Ab April nehmen alle drei wieder Kurs auf Europa.

Ausgewählte Reisen

Südamerika mit der Insignia

Vom 7.3. bis zum 3.4. ab Valparaíso/Chile bis Rio de Janeiro, mit Overnights in Callao/Peru (Ausflug nach Machu Picchu) und Rio de Janeiro. **27 Tage; ab € 3.390, plus An- und Abreisepaket ab € 1.510**

Ostasien mit der Nautica

Vom 8.2. bis zum 25.3. ab Sydney bis Tianjin (Peking)/China, mit Overnights in Bangkok, Saigon, Hanoi, in der Ha Long Bay, Hongkong und Shanghai. **45 Tage; ab € 5.515, plus An- und Abreisepaket ab € 1.530**

DATEN & FAKTEN

BRZ	30.277	**Passagiere**	684
Länge	180,75 m	**Crew-Mitglieder**	400
Breite	25,45 m	**Bordsprache**	Englisch
Indienststellung	1998	**Passagierdecks**	9
letzte Renovierung	2009	**Restaurants/Bars**	5/5

Kabinen	342, davon 28 innen (15 m²), 314 außen (13,3 bis 20 m²), 232 mit Balkon und 62 Suiten (30 bis 90 m²)
Sport & Wellness	1 Pool, 2 Whirlpools, Dampfsauna, Thalassotherapie, Fitnessraum, Spa, Massage, Shuffleboard
Info-/Entertainment	Bibliothek, Internetzugang, WLAN, Lesungen, Livemusik, EDV-Schulungen kostenlos
Dresscode	sportlich-elegant
Info	Cruise Group GmbH Tel. (0861) 166 15 01 www.cruise-group.com
Preis pro Tag	**€ 122 bis € 615** **Durchschnitt € 210**

PROFIL

Info-/Entertainment	⚓ ⚓ ⚓
Sport & Wellness	⚓ ⚓ ⚓ ⚓
Gastronomie	⚓ ⚓ ⚓ ⚓ ⚓
Familienfreundlichkeit	⚓ ⚓
Service	⚓ ⚓ ⚓ ⚓ ⚓

Auf Weltreise – wie jedes Jahr

Amadea

Premiumkreuzfahrten zu guten Preisen: das Phoenix-Flaggschiff

Fünf Jahre fährt sie nun bald unter Phoenix-Flagge – und hat sich ihre Fangemeinde längst verdient. Einst als **Asuka** in Japan vom Stapel gelaufen, hat die Amadea sich bewährt als ein Schiff, das im Premiumsegment bestens mithalten kann – zu sehr konkurrenzfähigen Preisen. Ihre Vorzüge: Alle Kabinen liegen außen; es gibt viel Decksplatz, mit Teakpromenaden und klassichem Stufenheck; die Kabinen, darunter zwei 71 Quadratmeter große Suiten, sind geschmackvoll und wertig möbliert. Dazu kommen eine perfekt eingespielte Crew, deren Herzlichkeit die vielen Stammgäste zu schätzen wissen, und die Bereitschaft des Eigners, regelmäßig in Modernisierungen zu investieren. So werden nach einem sieben

Die versammelte Crew; die neue Golfanlage

Millionen Euro teuren Umbau 2008, bei dem alle Balkone Teakholzbeläge erhielten, Möbel und Teppiche aufgefrischt wurden und eine Golflandschaft mit Neun-Loch-Spielfläche auf dem obersten Deck entstand, auch im Winter 2009/10 wieder drei Millionen investiert: Bei Blohm + Voss in Hamburg sollen sechs neue Suiten ergänzt und der Spa-Bereich erweitert werden. Bleiben werden die Grundpfeiler des Konzepts: ein klassisches Bordprogramm mit sehenswerten Shows, eine gute bis sehr gute Küche, die in zwei Hauptrestauants mit flexiblen Tischzeiten serviert, ein anspruchsvolles (und dabei nicht überteuertes) Spa – und nicht zuletzt ein ausgefeiltes Routing, das Häfen in aller Welt erschließt.

Fahrgebiete 2010

Die Amadea beginnt das Jahr mit einer 148-tägigen Weltreise ab Hamburg. Sie führt über Südamerika, Südsee und Indischen Ozean via Suez ins Mittelmeer. Ende Mai beginnt die Nordlandsaison mit Norwegen, den Britischen Inseln und dem Baltikum. Im September startet in Bremerhaven die Transatlantikfahrt nach Ostkanada und Neuengland. Im November geht es zurück ins Mittelmeer und von dort nach Westafrika sowie zu Silvester Richtung Dubai.

Ausgewählte Reisen

Spätsommer im Baltikum

Ab 5.9. besucht die Amadea die schönsten Ostsee-Ziele: Danzig, Königsberg, die Åland-Inseln, Helsinki, St. Petersburg (overnight), Tallinn, Stockholm und Karlskrona. **12 Tage; ab € 1.599 ab/bis Bremerhaven**

Mittelmeer, Atlantik, Westafrika

In 29 Tagen von Venedig nach Gambia und zurück nach Barcelona: Diese auch in Teilstrecken buchbare Reise ab dem 12.11. erschließt viele außergewöhnliche Destinationen – von Brindisi über Algier und Melilla bis nach Nouakchott/Mauretanien, Dakar/Senegal und Banjul/Gambia. Am Weg liegen außerdem Kroatien, Sizilien, Malta, Südspanien, Kapverden und Kanaren. **29 Tage; ab € 2.999 ab/bis Hafen**

Das Promenadendeck

DATEN & FAKTEN

BRZ	29.000	**Passagiere**	max. 600
Länge	193,00 m	**Crew-Mitglieder**	ca. 280
Breite	25,00 m	**Bordsprache**	Deutsch
Indienststellung	1991	**Passagierdecks**	8
letzter Umbau	2009	**Restaurants/Bars**	2/5

Kabinen	314 Außenkabinen, davon 116 mit Balkon, 46 Suiten; Größen: 15 bis 71 m²
Sport & Wellness	Golfabschlag, Pool, Whirlpools, neuer Spabereich mit Sauna, Massagen, Dampfbad, etc., Fitness, Joggingpfad, Morgengymnastik
Info-/Entertainment	Showprogramme, Tageskünstler, Tanz, Musik
Dresscode	leger bis festlich-elegant
Info	Phoenix Reisen, Bonn Tel. (0228) 92 60-200 www.PhoenixReisen.com
Preis pro Tag	**€ 130 bis € 400** **Durchschnitt € 245**

PROFIL

Info-/Entertainment	⚓⚓⚓⚓
Sport & Wellness	⚓⚓⚓⚓
Gastronomie	⚓⚓⚓⚓½
Familienfreundlichkeit	⚓⚓⚓
Service	⚓⚓⚓⚓½

Die Vistamar im Mittelmeer

Vistamar

Kleines Schiff, große Extras: Ligabues Liebling all'italiana

Schmuckkästchen der Reederei wäre vielleicht der passende Titel für die Vistamar, seit sie der einzige Spross des italienischen Schiffs-Caterers Ligabue ist, der damit die Kreuzfahrtwelt erobern will. Nicht nur viele Renovierungen an dem Schiff, das im Herbst 2009 zum „Twen" wurde, zeigen: Ligabue ist nichts zu teuer. Auch kleine Extras wie ein Snack für heimkehrende Ausflügler, Erlebnisbuffets mit Köchen aus der besuchten Region und Einkaufstouren mit dem Küchenchef heben die Vistamar von anderen Schiffen ab. Dass sie eine feste Fangemeinde hat, versteht der Neuling auf den ersten Blick: Wer hätte auf einem Zwerg unter den Kreuzfahrtschiffen ein vier Decks hohes Vestibül mit Glasaufzug er-

Außenkabine; der Pool auf dem Achterdeck

wartet? Oder Gesellschaftsräume mit hohen Decken und hohen Fenstern? Dafür wurde bei der Wellness gespart: Ein wohnzimmergroßer Fitnessraum und eine gemeinsame Kammer für Sauna und Massage rechtfertigen kaum das Katalogversprechen. Dafür speist man bei Küchenchef Klaus Beverburg, der vorher auf Fünf-Sterne-Schiffen fuhr, erlesener als in jedem anderen gutbürgerlichen Gourmettempel auf See. Übrigens war die Vistamar vor 20 Jahren das erste Schiff im Drei-Sterne-Segment mit Expeditionsschlauchbooten. Noch heute bereist man Extremfahrtgebiete wie Grönland, den Amazonas und die Antarktis mit ihr.

Fahrgebiete 2010

Die Vistamar beginnt ihr Jahr in der Antarktis, in Südamerika und der Karibik, bevor sie im April in die Ägäis wechselt. Eine Fahrt rund um Westeuropa wird von diversen Nordlandtouren gefolgt, darunter im August eine Schnupperreise mit europäischen Hauptstädten. Im Oktober geht es weiter ins Schwarze Meer, den Winter verbringt das Schiff wieder traditionell in der Antarktis.

Ausgewählte Reisen

Ägäis und der Kanal von Korinth

Am 4.5. macht sich die Vistamar von Istanbul aus in Richtung Griechenland auf. Nach dem Besuch von Bodrum, zwei Kykladeninseln und Piräus steht die Passage des Kanals von Korinth auf dem Fahrplan. Vier weitere Ziele in italienischen Gewässern sorgen für Abwechslung, bevor die Reise auf Mallorca endet. **13 Tage; ab € 1.499 inkl. Flügen**

Norwegen mit Spitzbergen

Die Schönheit der Inselwelt Norwegens und Spitzbergens lernen Kreuzfahrer vom 25.6. bis zum 6.7. ab Kiel kennen. Zwei Seetagen zu Beginn folgen Stopps in Ålesund, Brønnøysund und Stamsund. Nach der Passage von Hornsund sind vier Schlauchbootanlandungen in Spitzbergen vorgesehen, bevor es mit einem Nachtflug von Longyearbyen nach Düsseldorf zurückgeht. **12 Tage; ab € 1.499 inkl. Flügen**

Der Musiksalon

DATEN & FAKTEN

BRZ	7.500	**Passagiere**	290
Länge	121,00 m	**Crew-Mitglieder**	114
Breite	17,00 m	**Bordsprache**	Deutsch
Indienststellung	1989	**Passagierdecks**	6
letzte Renovierung	2009	**Restaurants/Bars**	1/2

Kabinen	148 (125 außen, 23 innen), davon 10 mit Balkon/Veranda, 10 Suiten; Größen: 12 bis 15 m²
Sport & Wellness	Kleines Fitnesscenter, Frühsport an Deck
Info-/Entertainment	Lektorate, Showprogramme, Shuffleboard, Tanzkurse, Quiz, Radio, Bingo etc.
Dresscode	sportlich-leger, bei Galaabenden festlich
Info	Plantours & Partner, Bremen Tel. (0421) 17 36 90 www.plantours-partner.de
Preis pro Tag	**€ 100 bis € 342 Durchschnitt € 221**

PROFIL

Info-/Entertainment	⚓⚓⚓
Sport & Wellness	⚓
Gastronomie	⚓⚓⚓⚓
Familienfreundlichkeit	⚓⚓
Service	⚓⚓⚓

Der Name ist Programm: Beim Empfang in Fort Lauderdale waren die Wasserfontänen rubinrot

Ruby Princess

Trista und Ryan Sutter aus der US-Fernsehshow „The Bachelorette" waren die Taufpaten. Dennoch gibt sich die Ruby Princess sehr europäisch

Man wagt sie kaum zu betreten, die prachtvollen Mosaikböden der Piazza. Hier, im Basement des sich über drei Decks erstreckenden Atriums schlägt das Herz des Schiffs, begrüßt der Kapitän zum Auftakt der Reise seine Passagiere, wird der aus 620 Gläsern bestehende „Champagne Waterfall" zu deren Abschluss zelebriert. Je nach Jahreszeit geben sich der Weihnachtsmann oder der Osterhase die Ehre, laden Piano-, Geigen- oder Harfenklänge zum Verweilen in den ringsum gruppierten Bars und Lounges ein. Gerüchteweise sollen die musikalischen Töne die Lautstärke reklamierender Gäste an der Rezeption mindern und zum Einkaufen in den Bordshops animieren. Botticelli, Da Vinci, Michelangelo

Eine imposante Größe hat die Bordbibliothek

– zumindest die Namen der Hauptrestaurants sind eine Reminiszenz an die italienische Reedereivergangenheit. Gatsby's Casino mit seiner lauten, blinkenden Armada einarmiger Banditen dagegen könnte genauso gut in Las Vegas stehen. Wie sich auch Verpflegung und Bordsprache am überwiegend amerikanischen Publikum orientieren. Die Passagiere wählen bereits vor Reisebeginn, ob sie es lieber traditionell (also mit fester Tischreservierung) oder eher flexibel wünschen; „Personal Choice Dining" nennt man das Ganze. „Big Ship Choice, Small Ship Feel" – trotz über 3.000 Gästen kommt nirgendwo ein Gefühl der Enge auf. Und bei „Movies Under the Stars" vergisst man in einer lauen Sommernacht seine Mitreisenden ohnehin – zu real sind die Filmküsse von Angelina Jolie und Brad Pitt auf dem knapp 28 Quadratmeter großen LED-Bildschirm.

Fahrgebiete 2010

Im Winter kreuzt die Ruby Princess in der Karibik; Basishafen ist Fort Lauderdale. Im April nimmt sie Kurs auf Europa: Im Sommer werden alternierende zwölftägige Routen im Mittelmeer befahren. Im Oktober führt eine Transatlantikreise ab Venedig das Schiff zurück nach Fort Lauderdale.

Ausgewählte Reisen

Von Venedig in die Ägäis

Am 10.6. und 28.7. geht es von Venedig aus über Split, Korfu und Katakolon nach Athen und weiter nach Mykonos, Kuşadası, Rhodos und Santorin. Nach einem Seetag folgt Neapel und zum Abschluss Civitavecchia, der Hafen Roms. Auch in umgekehrter Richtung buchbar. **12 Tage; ab € 1.619 ab/bis Hafen**

Transatlantik ab Venedig

Diese 18-tägige Reise beginnt am 8.10. in Venedig. Vor der Fahrt über den großen Teich werden Stopps in Neapel, Civitavecchia (Rom), Cannes und Barcelona eingelegt, bevor nach drei Seetagen Fort Lauderdale erreicht wird. **17 Tage; ab € 1.030 ab/bis Hafen**

Sabatini's Trattoria

DATEN & FAKTEN

BRZ	113.000	**Passagiere**	max. 3.070
Länge	290,00 m	**Crew-Mitglieder**	1.200
Breite	36,00 m	**Bordsprache**	Englisch
Indienststellung	2008	**Passagierdecks**	15
letzte Renovierung	–	**Restaurants/Bars**	8/7

Kabinen	1.540 (1.104 außen, 436 innen), dav. 886 mit Balkon, (inkl. 28 Suiten u. 178 Minisuiten); Größen: 15 bis 119 m²
Sport & Wellness	5 Pools, 7 Jacuzzis, Fitnesscenter, Lotus Spa mit Wellnessoase, Joggingpfad, Golfsimulator u. v. m.
Info-/Entertainment	Shows auf Broadway-Niveau, Konzerte, Kasino, Kochdemonstrationen, Kunstauktion, Outdoor-Kino u. v. m.
Dresscode	meist leger, zwei formelle Abende
Info	Princess Cruises Tel. (089) 51 70 34 50 www.princesscruises.de
Preis pro Tag	**in Europa € 120 bis € 400 in der Karibik € 75 bis € 320**

PROFIL

Info-/Entertainment	⚓⚓⚓⚓ (4 von 5)
Sport & Wellness	⚓⚓⚓⚓ (4 von 5)
Gastronomie	⚓⚓⚓⚓ (4 von 5)
Familienfreundlichkeit	⚓⚓⚓ (3 von 5)
Service	⚓⚓⚓ (3 von 5)

Die Emerald Princess vor Santorin

Princess Cruises

Dank „Love Boat" kennt man das Reedereizeichen, einen Frauenkopf mit wehenden Haaren, auch im hintersten Winkel der Erde

Was den Deutschen ihr „Traumschiff", ist den Amerikanern das „Love Boat": Die von 1977 bis 1986 gedrehte Erfolgsserie, in der die (längst ausgemusterte) **Pacific Princess** die Hauptdarstellerin war, wurde in über hundert Ländern ausgestrahlt. Heute umfasst die Flotte insgesamt 17 Kreuzfahrer. Einer von ihnen trägt wieder den Namen Pacific Princess; er gehört mit der **Royal Princess** und der **Ocean** (bis 2009 **Tahitian**) **Princess** zur „Explorer Class", mit Platz für jeweils knapp 700 Passagiere. Die fast dreimal so großen Liner der **Coral** Class (**Coral** und **Island Princess**) passen noch so eben durch den Panamakanal, den sämtlich mit über 100.000 BRZ vermessenen Schiffen der **Gem**-, **Grand**- und **Caribbean** Class ist dessen Passage verwehrt. Auf allen „Großen" gilt die Maxime „Big Ship

Die „Kleinen": Royal und Ocean Princess

Choice, Small Ship Feel" – was man in etwa übersetzen kann mit „sich auf einem großen Schiff wie auf einem kleinen fühlen". Tatsächlich wurden große Räume geschickt in kleine Cafés, gemütliche Lounges und intime Bars unterteilt, aus zwei Restaurants deren vier gemacht. Nur im Theater, an den Buffets und beim Tendern merkt man, dass man mit einem Ozeanriesen unterwegs ist. Ein anderer Konzeptbaustein heißt „Personal Choice Dining": Man speist entweder traditionell, also zu festen Zeiten mit festem Platz im Hauptrestaurant, oder nach eigenem Gusto mal in dieser, mal in jener Alternativlokalität. Zuschlagpflichtig sind dabei das Sterling Steakhouse, die Trattoria Sabatini's und die Eisbar; die spezielle Ice-Card rechnet sich aber für Leckermäuler, wie auch die Coffee-Card für Freunde des schwarzen Getränks.

Princess gehört seit 2003 zur Carnival Corporation und ist weltweit unterwegs. Innerhalb des Konzerns wetteifert man mit Holland America um die Marktführerschaft in Alaska und bietet dort ein breites Spektrum an „Cruise Tours" mit eigenen Lodges, Bussen und Zügen an. Auf zahlreichen Reisen ist eine deutschsprachige Reiseleitung vorhanden.

„Movies Under The Stars" auf der Ruby Princess; Werbung für die Star Princess

DIE FLOTTE AUF EINEN BLICK

Schiff	Baujahr	Passagiere
Sun Princess	1995	1.990
Dawn Princess	1997	1.990
Grand Princess	1998	2.590
Sea Princess	1998	1.990
Pacific Princess	1999	680
Ocean (Tahitian) Princess	1999	680
Golden Princess	2001	2.590
Royal Princess	2001	680
Star Princess	2002	2.590
Coral Princess	2002	1.970
Island Princess	2003	1.970
Caribbean Princess	2004	3.080
Diamond Princess	2004	2.670
Sapphire Princess	2004	2.670
Crown Princess	2006	3.080
Emerald Princess	2007	3.080
Ruby Princess	2008	3.080
Geplant/im Bau	zzt. keine	

Unternehmen	Sitz in Santa Clara, Kalifornien; gegr. 1965, seit 2003 Tochterunternehmen der Carnival Corporation
Gesamtkapazität	17 Schiffe mit ca. 38.000 Betten
Flagge der Schiffe	Bermuda
Besonderheiten	Bordwährung US-Dollar; 11 US-$ Trinkgeld pro Tag und Person (auch Kinder)
Buchungen & Info	im Reisebüro oder über Interconnect Marketing, Tel. (089) 51 70 34 50, www.princesscruises.de

Hier ist alles inklusive – jetzt sogar die Landausflüge

Seven Seas Voyager

Ein Wohlfühlschiff für internationale Gäste, auf dem Luxus selbstverständlich ist. Und auf dem auch Alleinreisende gerne reisen

Wenn es irgendwo das perfekte Miteinander aus ungezwungener Atmosphäre und wahrem Luxus gibt, dann auf diesem noblen Schiff. Sein mit über 40 BRZ pro Passagier verschwenderisches Platzangebot schlägt sich in den Kabinen ebenso nieder wie in den Gesellschaftsräumen. Und wenn der frisch an Bord gekommene Passagier zum ersten Mal erlebt, wie der Butler an der Kabinentür klingelt, den Koffer bringt und ihn auch gleich auspackt, überkommt ihn ein neues Kreuzfahrtgefühl. Leider ist die Personalfluktuation größer als auf anderen Schiffen dieser Klasse, deswegen trifft man bisweilen freundliche, gutwillige Stewards, denen aber der letzte Schliff noch fehlt. Dafür werden nirgends sonst Alleinreisende ähnlich rührend umsorgt. Allabendlich gibt es für sie eine Einladung zum Dinner in großer Runde mit freundlichen Hostessen, die man annehmen kann oder nicht. Da macht die freie Platzwahl auch dem Single keinen Kummer. Das Publikum übrigens ist überraschend international und weltoffen: Aus Australien, Saudi-Arabien, sogar aus Schwarzafrika stammen die Gäste. Sie tragen ebenso zum lockeren Miteinander bei, wie der Captain's Cocktail, der zwar stilvoll, aber als Stehempfang auf der großen Freitreppe im Foyer zelebriert wird.

Fahrgebiete 2010

Nach einer 119-tägigen Weltreise begibt sich die Seven Seas Voyager ins Nordmeer zu Rei-

Blick über das Pooldeck

Das Theater für die Shows

sen nach Island, Großbritannien und Norwegen, ein weiterer Schwerpunkt liegt auf der Ostsee. Sieben unterschiedliche, einwöchige Routen werden im Juli/August angeboten. Anfang September wechselt das Schiff ins Mittelmeer, im November fährt es in die Karibik.

Ausgewählte Reisen

Von Island nach England

Am 26.5. ab Reykjavík über Heimaey nach Faröer, zu den Orkneys und zur Isle of Skye, weiter über Belfast, Dublin und Cork in Irland sowie Falmouth in Cornwall nach Southampton. **11 Tage; ab US-$ 7.170 ab/bis Hafen**

Ostasien mit Seven Seas Navigator

Am 4.10. fährt das Schwesterschiff von Tianjin (Peking) über Dalian nach Shanghai, via Japan und Taiwan nach Hongkong, dann nach Vietnam (Halong Bay, Da Nang, Saigon) und Bangkok. Mit diversen Overnights. **23 Tage; ab US-$ 12.595 ab/bis Hafen**

Fürs Relaxen an Deck

DATEN & FAKTEN

BRZ	46.000	**Passagiere**	700
Länge	204,00 m	**Crew-Mitglieder**	447
Breite	29,00 m	**Bordsprache**	Englisch
Indienststellung	2003	**Passagierdecks**	9
letzte Renovierung	2009	**Restaurants/Bars**	4/4

Kabinen	353 Außensuiten mit Balkon, davon 88 mit Butler-Service; Größen: 28 bis 113 m²
Sport & Wellness	Pool, 2 Whirlpools, Beauty- und Fitnesscenter, Golf-Driving-Netz, Joggingpfad, Shuffleboard
Info-/Entertainment	Theater, Kasino, Observation Lounge, Bibliothek, Internetcafé
Dresscode	je nach Anlass „country club casual“, formell oder informell
Info	Vista Travel, Hamburg Tel. (040) 30 97 98 40 www.vistatravel.de
Preis pro Tag	**€ 380 (Frühbucher) bis € 1.200; durchschn. Frühbucherpreis € 590**

PROFIL

Info-/Entertainment	⚓⚓⚓⚓ (4 von 5)
Sport & Wellness	⚓⚓⚓ (3 von 5)
Gastronomie	⚓⚓⚓⚓⚓ (5 von 5)
Familienfreundlichkeit	⚓⚓ (2 von 5)
Service	⚓⚓⚓⚓½ (4,5 von 5)

Ab 2010 unter neuem Firmenlogo: die kleine Paul Gauguin

Regent Seven Seas Cruises

Raum ist relativ – das Regent-Seven-Seas-Konzept setzt auf das gefühlte Platzangebot, das jeder Gast individuell genießt

Nur die Größe zählt. Was viele Reedereien zum Bau immer neuer Giganten treibt, hat Regent Seven Seas etwas relativiert. Hier zählt das, was im Jargon „Passenger-Space-Ratio" heißt, also das Verhältnis zwischen Tonnage und Passagierzahl. Im Klartext: Wie viel BRZ habe ich als Reisender zur Verfügung? Selbst das älteste Mitglied der kleinen Flotte, die 1998 in Dienst gestellte **Paul Gauguin**, kommt auf beeindruckende 68 BRZ pro Passagier; die anderen liegen im gleichen Bereich und damit auf dem Niveau der **Europa** von Hapag Lloyd. Die Gauguin ist der Exot der Flotte: ganzjährig in Französisch-Polynesien unterwegs und dafür durch eine Wassersportplattform am Heck ebenso konzipiert wie durch die Leichtigkeit des Innendesigns. Die lockere Ungezwungenheit eines Südsee-

Jede Menge Platz: die De-luxe-Suiten

urlaubs wohnt aber auch den anderen, weltweit kreuzenden Schiffen **Seven Seas Mariner**, **Seven Seas Navigator** und **Seven Seas Voyager** inne. Die Beinahe-Schwestern liegen wie Orgelpfeifen mit aufsteigender Größe nebeneinander, von 33.000 bis 50.000 BRZ. Ihre Verwandtschaft sieht man dennoch auf den ersten Blick: Das Restaurant Compass Rose, das skandinavisch anmutende Foyer, die Flaniermeile, die sich zwischen den Bordshops hindurchschlängelt, und die Restaurantterrasse am Heck erkennt man wieder. Ebenso die Philosophie, dass Wellness nur ein Randthema ist: Ein offener Pool und ein kleiner Spabereich müssen genügen. Dabei zieht Regent Seven Seas mehr junge Passagiere an als die meisten anderen Reedereien in diesem Preissegment, und die Passagiere kommen aus aller Herren Ländern. Das Management in Nautik und Gastronomie stammt aus Skandinavien, Deutschland und Österreich, die Service-Crew großteils von den Philippinen. – Die **Paul Gauguin** übrigens trägt ab Frühjahr 2010 nicht mehr das Regent-Logo am Schornstein, sondern fährt für eine eigene Firma namens Paul Gauguin Cruises. An Konzept und Ansprechpartnern aber ändert sich nichts.

Jogging Track auf der Sevens Seas Mariner. Sie ist 2010 u. a. im Mittelmeer anzutreffen

DIE FLOTTE AUF EINEN BLICK

Schiff	**Baujahr**	**Passagiere**
Paul Gauguin	1998	330
Seven Seas Navigator	1999	490
Seven Seas Mariner	2001	700
Seven Seas Voyager	2003	700
Geplant/im Bau	keine	

Unternehmen Sitz in Fort Lauderdale, USA; gegründet 1991 als Rechtsnachfolgerin der Seven Seas Cruise Line, San Francisco, und als Teil der Carlson Group; seit 2007 (wie auch Oceania Cruises und große Teile von Norwegian Cruise Lines) Tochterfirma des Investors Apollo Management in der Prestige Cruise Holding

Gesamtkapazität 2.220 Betten auf 4 Schiffen (inkl. Paul Gauguin)

Flagge der Schiffe Bahamas

Besonderheiten Im Preis inkludiert sind alle Restaurants an Bord, ebenso Softdrinks, alle alkoholischen Getränke inkl. Champagner und exklusiven Weinen, alle Trinkgelder und eine große Auswahl von Landausflügen

Buchungen & Info im Reisebüro oder über Vista Travel, Hamburg, Tel. (040) 30 97 98 40 www.vistatravel.de. Im Internet außerdem unter www.rscc.com

Vor der Skyline von Hongkong

The World

Das einzige Apartmentschiff der Welt: Exklusiver geht's kaum

Die beste Schiffsreise seit 45 Jahren!" rief ein britischer Passagier begeistert aus, der dabei sein durfte. Sein Urteil zu überprüfen, gelang uns leider nicht – zu selten bekommt man dieses Schiff in hiesigen Häfen zu Gesicht, und Besuche der Presse werden nicht gerade forciert. Fakt ist aber: Einer der ungewöhnlichsten Liner, die je auf den sieben Meeren fuhren, ist die 2002 von dem norwegischen Reeder Knud Klosters in Fahrt gebrachte „Welt" zweifellos, denn sie ist das (bisher) einzige Apartmentschiff der Welt. Will sagen: Die 150 bis 200 Gäste, die hier mitreisen (und von 250 Crewmitgliedern umsorgt werden), sind in der Mehrzahl Besitzer der Suiten an Bord. Zu Preisen im einstelligen Millionenbereich haben

Komplette Wohnungen: die Apartments

sie sie gekauft. Bis zu 300 Quadratmter groß sind diese Apartments. Mit Veranden, die teils größer sind als auf anderen Schiffen die Kabinen, und mit exquisiter Möblierung nach dem Geschmack der jeweiligen Besitzer. Da jene aber nicht ständig an Bord residieren, wird The World auch zahlenden Gästen angeboten: Sie reisen, wenn man so will, als Untermieter auf Zeit – zu stolzen Preisen. Dafür genießen sie ein so stilles wie exklusives Ambiente: Auf The World geht es nicht um lautes Entertainment, sondern um Reisen in privater Atmosphäre, gespickt mit Besuchen der besten Golfplätze, der begehrtesten Events und der spektakulärsten Destinationen des Globus. Dabei richtet sich das Routing, das viele mehrtägige Aufenthalte in den schillerndsten Häfen der Welt beinhaltet, auch nach den Wünschen der Eignergemeinde. Kurzum: Exklusiver geht's kaum.

Fahrgebiete 2010

The World fährt 2010 rund um die Welt. Von Australien kommend, erkundet sie bis April den Indischen Ozean von Bali bis Dubai; danach ist sie im Mittelmeer zwischen Bodrum und Venedig anzutreffen. Im Juli und August folgen die Küsten Westeuropas und die Britischen Inseln. Nach einer Island- und Grönlandexpedition im September geht es über Neufundland zum „Indian Summer" in Kanada.

Ausgewählte Reisen

Von den Malediven zum Oman

Vom 28.3 bis zum 16.4. besucht das Schiff die schönsten Ziele zwischen Male und Muscat. An der Route liegen Cochin in Südindien sowie Dubai und Qatar. Den Abschluss bilden drei Tage Aufenthalt in der Hauptstadt des Oman. **20 Tage; ab € 11.875 ab/bis Hafen**

Von Bodrum nach Venedig

Zwei Frühlingswochen im östlichen Mittelmeer: Start ist am 13.5. in Bodrum, von dort geht es via Santorin, Naxos, Kotor/Montenegro (geplanter Aufenthalt: vier Tage!) und Rovinj/Istrien (geplant: zwei Tage) zum Ziel Venedig am 26.5. **14 Tage; ab € 8.600 ab/bis Hafen**

Private Veranda

DATEN & FAKTEN

BRZ	43.524	**Passagiere**	150 bis 200
Länge	196,35 m	**Crew-Mitglieder**	ca. 250
Breite	29,80 m	**Bordsprache**	Englisch
Indienststellung	2002	**Passagierdecks**	12
letzte Renovierung	–	**Restaurants/Bars**	4/5

Kabinen	165 Apartments, alle außen liegend und meist mit Veranda und eigener Küche; Größen: 27 bis 300 m²
Sport & Wellness	Pool, Jacuzzis, Golfabschlag, Tennisplatz, Spa, Fitnesscenter, Sauna, Wassersportmarina; Bordklinik
Info-/Entertainment	Konzerte, Shows und Vorträge im Auditorium, Casino, Bibliothek, Internetcafé, Kunststudio
Dresscode	leger bis festlich-elegant
Info	Aviation & Tourism International, Tel. (06023) 91 71 50, www.atiworld.de www.aboardtheworld.com
Preis pro Tag	**€ 580 bis € 2.040** **Durchschnitt: k. A.**

PROFIL

Info-/Entertainment
Sport & Wellness
Gastronomie
Familienfreundlichkeit
Service

aktuell noch nicht bewertet

2010 erstmals in Dubai, bevor es wieder ins Mittelmeer geht

Brilliance of the Seas

Royal Caribbean ist oftmals nicht im Fokus deutscher Urlauber – zu Unrecht, wie dieses europäisch designte Schiff belegt

Eine angenehme Größe von maximal 2.500 Passagieren, viele Glasflächen mit Blick nach außen und ein dezentes, europäisch anmutendes Ambiente – das sind die Merkmale der Radiance-Klasse von Royal Caribbean. Wie die **Jewel**, die **Radiance** und die **Serenade of the Seas** punktet die Brilliance of the Seas mit raumhohen Fenstern in den öffentlichen Bereichen und viel Freiraum. In einem „Solarium" genannten Poolbereich etwa, mit je nach Wetter offenem oder geschlossenen Glasdach, können Eltern ungestört relaxen, während die Kinder in fünf Altersgruppen (von drei bis 17 Jahren) im Adventure Ocean bei Laune gehalten werden. Der Hit dort ist die Kinderdisco – Zutritt nur für Minderjährige, versteht sich. Stilvoll ist das Hauptrestaurant, in dem ein Wasserfall und Livedarbietungen am Flügel die kulinarischen Finessen untermalen. Anschließend bieten sich diverse Möglichkeiten zur Abendgestaltung, so etwa das kleine Kino oder die nach geräuchertem Holz duftende Schooner Bar. Eine Besonderheit auf den Schiffen der Radiance-Klasse sind speziell gelagerte Billiardtische, die sogar bei rauerer See ein Spiel erlauben. Die Kabinen, von denen mehr als die Hälfte über einen Balkon verfügen, bieten Platz und sind, im Vergleich etwa zu denen der jüngeren Freedom-Klasse, dezent eingerichtet. Kurzum: Das Schiff im schlanken Yachtdesign zeichnet sich durch ein stimmiges Konzept mit attraktivem Preis aus.

Brilliance of the Seas

Owners Suite

Das Theater

Fahrgebiete 2010

Die Brilliance eröffnet die Saison zum ersten Mal in Dubai; bis April bietet sie hier achttägige Kreuzfahrten an. Danach kreuzt sie ab/bis Barcelona im Mittelmeer. Im Sommer hält sie dabei über Nacht in Venedig, in der Adventszeit in Alexandria.

Ausgewählte Reisen

Arabischer Golf und Oman

Zu diversen Terminen ab dem 18.1. führt eine Orientkreuzfahrt in den Oman, nach Fujairah, Abu Dhabi und Bahrain. Zu Beginn und am Ende bleibt genügend Zeit, um Dubai zu erkunden. **8 Tage; ab € 599 ab/bis Dubai**

Westliches Mittelmeer und Ägäis

Zwischen Mai und November fährt die Brilliance ab Barcelona nach Nizza, Florenz, Rom, Athen, Ephesos, Santorin und Neapel. Vier Seetage bieten zusätzlich Zeit zum Erholen. **12 Tage; ab € 999 ab/bis Barcelona**

Das Solarium

DATEN & FAKTEN

BRZ	90.090	**Passagiere**	2.501
Länge	292 m	**Crew-Mitglieder**	859
Breite	32 m	**Bordsprache**	Englisch
Indienststellung	2002	**Passagierdecks**	13
Renovierung	-	**Restaurants/Bars**	5/9

Kabinen	1.050 (813 außen, 237 innen), davon 577 mit Balkon; Größen: 15 bis 92 m²
Sport & Wellness	2 Pools, 3 Whirlpools, Spa und Fitnesscenter, Schönheitssalon, Joggingtrack, Golf, Kletteranlage, Volleyball und Basketball
Info-/Entertainment	Musikrevuen im Westend-Stil, Kasino, Disco, Livemusik, Kinder- und Jugendprogramm
Dresscode	sportlich-leger bis elegant
Info	Royal Caribbean Cruise Line A/S Tel. (069) 92 00 71-0 www.royalcaribbean.de
Preis pro Tag	**Durchschnitt ca. € 100**

PROFIL

Info-/Entertainment	⚓⚓⚓⚓
Sport & Wellness	⚓⚓⚓⚓
Gastronomie	⚓⚓⚓½
Familienfreundlichkeit	⚓⚓⚓⚓½
Service	⚓⚓⚓½

Regelmäßig in Europa zu Gast: die Independence im Oslofjord

Independence of the Seas

Ein schwimmendes Resort für über 3.600 Gäste: Die Dritte im Bunde der „Freedom Class"-Schiffe kreuzt 2010 wieder in Europa

Auch wenn die Ende 2009 startende **Oasis of the Seas** den Linern der Freedom-Klasse von Royal Caribbean die Show stehlen wird – zum Staunen sind diese 160.000-Tonnen-Giganten noch immer. Die Superlative jedenfalls, mit denen diese im April 2008 in Southampton getaufte Riesin glänzt, sind wie bei den Schwestern **Freedom of the Seas** (2006) und **Liberty of the Seas** (2007) atemberaubend. Vor allem sportliche Gäste kommen voll auf ihre Kosten. So ermöglicht etwa der patentierte „Flowrider" im Heck das Surfen an Bord – auf echten Wellen. Alternativ kann man Wintersport treiben, auf einer Eislaufbahn im Bauch des Schiffs. Oder das Abseilen üben: Eine 13 mal 13 Meter große Kletterwand lädt dazu ein. Wer lieber die Fäuste schwingt, steigt in den Boxring, der zum hochmodernen „Ship Shape"-Fitnesscenter gehört. Wer's sanfter mag, geht ins Day Spa; in 17 Behandlungsräumen kann man sich dort die Muskeln lockern lassen. Kaum auf einer Reise zu bewältigen ist auch das Angebot in Sachen Entertainment und Konsum: 135 Meter lang ist die Royal Promenade mit ihren Boutiquen und Cafés – ein Jumbojet hätte der Länge nach Platz auf ihr. Knapp 1.400 Zuschauer fasst das Theater, das Shows im Las-Vegas-Stil bietet, und auch im Kinderclub Adventure Ocean (Betreuung ab sechs Monaten bis 17 Jahren!) gibt es an Seetagen bis spätabends Programm. Schließlich die

Blick in die Royal Suite

Im Mac Beth Restaurant

Gastronomie: Neben 19 Bars und Lounges gibt es sechs Restaurants, die von italienischen Spezialitäten (Portofino) bis zum Selbstbedienungsbuffet (Windjammer Café) alles bieten; im drei Decks hohen Hauptrestaurant wird zu zwei festen Zeiten (18 und 20.30 Uhr) gespeist. Eine schwimmende Stadt? Ohne Frage, angesichts von 3.634 Gästen bei Doppelbelegung aller Kabinen. Mit Zustellbetten können es sogar 4.375 sein ...

Fahrgebiete & Reisen 2010

Die Independence ist bis April in der Karibik unterwegs, um dann nach einer Transatlantikreise (**14 Nächte; ab € 849**) ihre Europa-Saison zu eröffnen. Bis Ende des Jahres fährt sie ab/bis Southampton ins Mittelmeer (z. B. **14 Nächte; ab € 1.999**; u. a. mit Nizza, Florenz und Sevilla), auf Kurzreisen nach Frankreich und Irland und ab Oktober via Nordspanien und Lissabon zu den Kanarischen Inseln.

Das Solarium

DATEN & FAKTEN

BRZ	160.000	**Passagiere**	3.634
Länge	339,00 m	**Crew-Mitglieder**	1.360
Breite	56,00 m	**Bordsprache**	Englisch
Indienststellung	2008	**Passagierdecks**	15
Renovierung	-	**Restaurants/Bars**	6/19

Kabinen	1.817 (1.086 außen, 733 innen), davon 844 mit Balkon, 120 Suiten; Größen: 14 bis 112 m^2
Sport & Wellness	Flowrider, Eislaufbahn, Boxring, Kletterwand, Poollandschaft/Wasserpark, Fitnesscenter, Day Spa etc.
Info-/Entertainment	Theater, Karaokebar, Kasino, Bücherei, WLAN in den Kabinen, Kinder- und Teens-Club Adventure Ocean, Musicals u. v. m.
Dresscode	leger, abends mitunter schicker
Info	Royal Caribbean Cruise Line A/S Tel. (069) 92 00 71–0 www.royalcaribbean.de
Preis pro Tag	**Durchschnitt ca. € 100**

PROFIL

Info-/Entertainment	⚓⚓⚓⚓⚓
Sport & Wellness	⚓⚓⚓⚓⚓
Gastronomie	⚓⚓⚓½
Familienfreundlichkeit	⚓⚓⚓⚓½
Service	⚓⚓⚓½

Die Oasis of the Seas wird das größte Schiff der Welt

Oasis of the Seas

Über 6.000 Passagiere könnnen bei Maximalbelegung mitfahren. Mit diesem Schiff läutet Royal Caribbean die Zukunft der Kreuzfahrt ein

Als *das* neue Schiff der Superlative ist die Oasis of the Seas bereits vor ihrer Jungfernfahrt im Dezember 2009 in aller Munde gewesen: Das größte, längste, höchste und teuerste Kreuzfahrtschiff aller Zeiten fasziniert mit Innovationen, wie man sie noch vor Jahren in der Kreuzfahrt kaum für möglich gehalten hätte. Als da wären: Auf Deck 6 gibt es einen 5,40 Meter tiefen Frischwasserpool am Heck. Tagsüber offen für Schwimmer und Tauchkurse, bietet er abends mit dem ihn umgebenden Amphitheater die Kulisse für große Wassershows. Etwas höher erstreckt sich auf Fußballfeldgröße der Central Park mit zahlreichen Restaurants und echten Pflanzen: Über sechs Decks hinweg werden die Gärten mit Tageslicht versorgt. Diese offene Konstruktion macht ein weiteres Highlight möglich: die Seilbahn auf dem Pooldeck. Wer sie benutzt, schaut auf den 25 Meter tiefer gelegenen Boardwalk, auf dem ein Holzkarussel das Flair eines englischen Seebades verbreitet. Aufs Pooldeck lockt außerdem der erste echte Sandstrand an Bord eines Schiffes, und auch bei den Kabinen gibt es Neuerungen der Extraklasse: So erstrecken sich bis zu 141 Quadratmeter große Loftsuiten über zwei Ebenen und bieten dank bodentiefer Fenster spektakuläre Ausblicke. So viel Gigantismus hat leider auch Nachteile: Aufgrund seiner Ausmaße kann das Schiff nur in wenigen Häfen anlegen. Die Antwort der Reederei darauf: Bei der Oasis ist das Schiff selbst das Reiseerlebnis ...

Auf dem Boardwalk

Das Amphitheater im Heck des Schiffs

Fahrgebiete & Reisen 2010

Die Jungfernfahrt führt das größte Schiff der Welt am 1.12.2009 zum RCI-Privatstrand Labadee auf Haiti. Anschließend ist es das ganze Jahr über auf Sieben-Nächte-Kreuzfahrten ab/bis Fort Lauderdale in der Karibik unterwegs.

Ausgewählte Reisen

Östliche Karibik

Das ganze Jahr über geht es ab/bis Fort Lauderdale nach Charlotte Amalie auf St. Thomas, Philipsburg auf St. Maarten und Nassau auf den Bahamas. **8 Tage; ab € 716 ab/bis Hafen**

Westliche Karibik

Ab Mai 2010 werden auch Routen in der östlichen Karibik angeboten. Labadee bei Haiti, Yucatán an der Costa Maya und Cozumel in Mexiko heißen die Ziele, die ebenfalls ab/bis Fort Lauderdale angesteuert werden. **8 Tage; ab € 672 ab/bis Hafen**

Rising Tide Bar

DATEN & FAKTEN

BRZ	220.900	**Passagiere**	5.400
Länge	360,00 m	**Crew-Mitglieder**	2.165
Breite	71,00 m	**Bordsprache**	Englisch
Indienststellung	2009	**Passagierdecks**	16
Renovierung	-	**Restaurants/Bars**	24/13

Kabinen	2.706 (2.210 außen, 496 innen), davon 1.956 mit Balkon, 166 Suiten; Größen: 13,8 bis 192 m²
Sport & Wellness	vier Pools, zwei Surfsimulatoren, Kletterwand, Eislaufbahn, Joggingpfad, Basketball, Golfsimulator, Tauchkurse, Fitness/Spa u. v. m.
Info-/Entertainment	Theater für 1.400 Gäste, Comedy, Kasino, Eisrevuen, Kinderbetreuung, „Boardwalk“ mit Karussell u. v. m.
Dresscode	leger, abends mitunter schicker
Info	Royal Caribbean Cruise Line A/S Tel. (069) 92 00 71-0 www.royalcaribbean.de
Preis pro Tag	**Durchschnitt ca. € 100**

PROFIL

Info-/Entertainment
Sport & Wellness
Gastronomie
Familienfreundlichkeit
Service

aktuell noch nicht bewertet

Schiff der Superlative: die Oasis of the Seas

Royal Caribbean International

Mit einer Vielzahl an Spiel-, Sport- und Shoppingmöglichkeiten wendet sich Royal Caribbean an jüngere und aktive Urlauber

Von Anfang an setzte Royal Caribbean auf Neubauten: Mit der **Song of Norway** begann 1969 die Erfolgsgeschichte des Unternehmens. Während Carnival und NCL noch ältere Schiffe umbauten, entwickelte Royal Caribbean bereits 1988 mit der **Sovereign of the Seas** neue Größenstandards. Und auch 2009 übertrumpft das (nach Carnival) zweitgrößte Kreuzfahrtunternehmen der Welt die Konkurrenz: Die **Oasis of the Seas** wird das größte Schiff der Welt – für 5.400, maximal sogar fast 6.300 Passagiere!

Angesichts des üppigen Bordprogramms sind die Kreuzfahrer von Royal Caribbean die ersten, bei denen das Schiff selbst zur Destination wird – gerade bei Amerikanern ist dieses Konzept sehr beliebt. Die mit Erfolg – der Name sagt's – vor allem in der Karibik

3.114 Gäste: Voyager & Mariner of the Seas

eingestzten Schiffe punkten durch ihr großzügiges Sportangebot, auch und gerade im Outdoorbereich. Neben der Kletterwand auf allen Schiffen bieten die jüngeren auch Surfsimulatoren und Eislaufflächen. Auch Kindern wird auf RCI-Schiffen mit Sicherheit nicht langweilig: „Adventure Ocean“ heißt das Sport-und-Spaß-Programm für die Kleinsten. Und wenn die Eltern einmal etwas allein unternehmen wollen, können sie zudem bereits für Kinder ab 12 Monaten einen Babysitterservice auf der Kabine in Anspruch nehmen.

Fünf Kreuzfahrtmarken sind heute unter dem Firmendach **Royal Caribbean Cruises** vereint, darunter die Schiffe von **Azamara** und **Celebrity Cruises**. Royal Caribbean International betreibt derzeit 21 Schiffe aus sechs Generationen. In den 90er Jahren entstanden zunächst zwei der **Sovereign**-Klasse (für 2.276 Passagiere) und sechs Schiffe der **Vision**-Klasse (für 2.076 Passagiere). Es folgten die **Radiance**-Klasse (für 2.501 Passagiere), die **Voyager**-Klasse (für 3.114 Passagiere) und die **Freedom**-Klasse (für 3.634 Passagiere). Mit der **Oasis**-Klasse (für 5.400 Passagiere) eröffnete Royal Caribbean 2009 eine neue Dimension der Kreuzfahrt, ein zweites Schiff der Giga-Klasse ist bereits im Bau.

Typisch Royal Caribbean sind der Surfsimulator und die Royal Promenade

DIE FLOTTE AUF EINEN BLICK

Schiff	Baujahr	Passagiere
Monarch of the Seas	1991	2.276
Majesty of the Seas	1992	2.276
Legend of the Seas	1995	2.076
Splendour of the Seas	1996	2.076
Grandeur of the Seas	1996	2.076
Rhapsody of the Seas	1997	2.076
Enchantment of the Seas	1997	2.076
Vision of the Seas	1998	2.076
Voyager of the Seas	1999	3.114
Explorer of the Seas	2000	3.114
Radiance of the Seas	2001	2.501
Adventure of the Seas	2001	3.114
Brilliance of the Seas	2002	2.501
Navigator of the Seas	2002	3.114
Serenade of the Seas	2003	2.501
Mariner of the Seas	2003	3.114
Jewel of the Seas	2004	2.501
Freedom of the Seas	2006	3.634
Liberty of the Seas	2007	3.634
Independence of the Seas	2008	3.634
Oasis of the Seas	2009	5.400

Geplant/im Bau	Allure of the Seas (5.400 Pass.)
Unternehmen	Sitz in Miami, gegründet 1969, deutsche Vertretung in Frankfurt/Main
Flagge der Schiffe	Bahamas
Gesamtkapazität	21 Schiffe mit 64.284 Betten
Buchungen & Info	Tel. (069) 92 00 71-0, www.royalcaribbean.de

Eine Marina am Heck ermöglicht auch Wassersport

Seabourn Odyssey

Exklusive Routen mit persönlichem Service und ganz nah am Meer: Auf der neuesten Seabourn-Yacht wird Kreuzfahrt perfektioniert

Klassisch und modern zugleich präsentiert sich die jüngste Nobelyacht der Seabourn Cruise Line. Sie verfügt ausschließlich über Außensuiten, davon 90 Prozent mit Balkon; bei Größen von 25 bis 110 Quadratmetern bieten sie überdurchschnittlich viel Platz. Kaum zu glauben, dass an Bord doppelt so viele Gäste Platz finden wie auf den älteren Schwestern **Pride**, **Legend** und **Spirit** – zumal die bekannt individuelle Betreuung à la Seabourn durch die hohe Zahl an Crewmitgliedern auch hier garantiert ist. Kleine Aufmerksamkeiten wie personalisiertes Briefpapier oder kostenlose Mini-Massagen an Deck geben dem Passagier ein Gefühl besonderer Wertschätzung. Und um das Wohlbefinden noch zu verstärken, setzt Seabourn weiterhin auf ein großes Spa und die schiffseigene Marina mit zahlreichen Wassersportangeboten. Ein Konzept, das sich zu bewähren scheint: In den nächsten beiden Jahren plant die Reederei zwei weitere Neubauten der neuen Klasse. Spätestens mit dem Start der **Seabourn Sojourn** in Juni 2010 wird auch das Routing noch individueller. Neben klassischen Destinationen stehen dann erstmals auch exotische Ziele auf dem Programm, wie zum Beispiel Palopa, Sansibar oder Tansania. So viel Exklusivität hat natürlich ihren Preis, dafür sind aber auch Champagner, ausgewählte Weine und alkoholische Getränke sowie Trinkgelder inklusive. Und die Strandpartys in einsamen Buchten mit Hummer vom Grill sind ohnehin unbezahlbar.

Seabourn Odyssey

Blick in eine Standard-Suite

Eine der sechs Bars und Lounges

Im Hauptrestaurant

DATEN & FAKTEN

BRZ	32.000	**Passagiere**	450
Länge	198 m	**Crew-Mitglieder**	ca. 350
Breite	25,60 m	**Bordsprache**	Englisch
Indienststellung	2009	**Passagierdecks**	9
letzte Renovierung	–	**Restaurants/Bars**	2/6

Kabinen	225 Außensuiten, davon 199 mit Balkon; Größen: 27–110 m²
Sport & Wellness	2 Pools, 6 Whirlpools, Spa und Fitnesscenter und Kinesis Wall, Saunen, Thalasso, Sportdeck
Info-/Entertainment	Kasino, Shows, Cabaret, Lesungen, Bibliothek, Konferenzraum
Dresscode	tagsüber „casual“, mehrere Abende „formal“, ansonsten im Restaurant „informal“
Info	Seabourn Cruise Line Tel. +800 180 84 180 www.seabourn.com
Preis pro Tag	**€ 379 bis € 1.189** **Durchschnitt € 512**

PROFIL

Info-/Entertainment
Sport & Wellness
Gastronomie
Familienfreundlichkeit
Service

aktuell noch nicht bewertet

Fahrgebiete 2010

Gleich zu Jahresbeginn geht es auf große Fahrt: Am 5.1. startet in Fort Lauderdale eine 108-tägige Weltreise, die u. a. über Australien, China und Dubai nach Griechenland führt (auch in Teilabschnitten buchbar). Nach der Ankunft dort im April bleibt das Schiff bis November im Mittelmeer, um auf unterschiedlich langen Reisen Ziele in Griechenland, Italien und der Türkei anzusteuern. Am 6.12. kehrt die Seabourn Odyssey von Málaga aus in die Karibik zurück.

Ausgewählte Reisen

Östliches Mittelmeer

Am 23.10. von Istanbul über Kuşadası, Bodrum, Santorin, Milos und Nauplia nach Piräus/Athen. **7 Tage; ab € 4.020 ab/bis Hafen**

Karibische Inseln

Am 19.12. ab/bis Fort Lauderdale/Florida u. a. zu den Turks und Caicos und den British Virgin Islands. **16 Tage; ab € 9.310 ab/bis Hafen**

Weiße Lady im blauen Meer

Sea Cloud

Eine Klasse für sich: Segelreisen auf einer legendären Yacht

Sie dürfte das älteste aktive Kreuzfahrtschiff der Welt sein: Bereits 1931 wurde diese noble Viermastbark in Kiel gebaut, und schon wegen ihrer Geschichte ist sie einzigartig. Denn nicht als Schiff für zahlendes Publikum wurde sie erdacht, sondern als Privatyacht mit schnittiger Silhouette. Ein New Yorker Börsen-Tycoon gab sie damals in Auftrag, als Geschenk für seine Gattin, die Kaufhauserbin Marjorie Merriweather Post. Zu den vielen nachfolgenden Besitzern, die sich an Details wie den (bis heute vorhandenen!) massivgoldenen Wasserhähnen in den Eignersuiten erfreuten, zählten Playboys, Diplomaten und Diktatoren. Allein fünf Namen trug das Schiff, bis es 1978 von Hamburger Kaufleuten zum Kreuz-

Die Eignersuiten Nummer 1 und 2

fahrtschiff umgerüstet wurde. Und sein allererster Name, Hussar, feiert demnächst Wiederauferstehung. Im Sommer 2010 erhält die „Seewolke" nach der **Sea Cloud II** eine weitere Schwester: das Dreimastvollschiff **Sea Cloud Hussar** mit Platz für 136 Gäste. Der richtige Zeitpunkt, so hat der Eigner beschlossen, für eine Generalüberholung der weißen Lady: Ab Oktober 2010 setzt die Bark wegen der Anpassung an die ab 2011 geltenden SOLAS-Sicherheitsvorschriften für ein halbes Jahr aus. – Es ist vor allem ihre Aura, die die Sea Cloud zu einem besonderen Schiff macht; hinzu kommen der herzliche Service und eine angesichts des engen Raumes, auf dem die Crew arbeiten muss, erstaunliche Gastronomie. Ganz und gar nicht eng ist es dagegen in den prachtvollen Eignersuiten; wer hier residiert, spürt den Hauch der Historie – zu entsprechenden Aufpreisen allerdings. Keinen Zuschlag zahlt man hingegen für die einzigartige Windjammer-Atmosphäre: Alle Segelmanöver werden noch von Hand ausgeführt. Ein Erlebnis, das man nicht wieder vergisst.

Fahrgebiete 2010

Die Sea Cloud segelt traditionell im Mittelmeer, in der Karibik und den dazwischenliegenden Atlantikrevieren. Den Winter verbringt sie in der Karibik, ab April hält sie sich im Mittelmeer auf. Nach drei Adriareisen im Oktober beginnt der erwähnte Werftaufenthalt zur SOLAS-Anpassung.

Ausgewählte Reisen

Schwarzes Meer

Ab/bis Istanbul erkundet der Segler an zwei Terminen im Sommer das Schwarze Meer, mit Stopps in Sewastopol, Jalta, Odessa und zwei Häfen Bulgariens. **9 Tage; ab € 3.535 ab/bis Hafen**

Rund um Sizilien

Der Törn vom 15. bis 22.9. ab/bis Malta führt zu vier sizilianischen Städten – Trapani, Palermo, Naxos und Syrakus – sowie nach Lipari. **8 Tage; ab € 2.995 ab/bis Hafen**

An Deck

DATEN & FAKTEN

BRZ	2.492	Passagiere	max. 64
Länge	109,50 m	Crew-Mitglieder	60
Breite	14,94 m	Bordsprache	Deutsch/Engl.
Indienststellung	1931	Passagierdecks	3
Renovierung	2009/10	Restaurants/Bars	1/2

Kabinen	32 Außenkabinen (9,50 bis 24 m²), davon 2 historische Eignersuiten (34 und 38 m²)
Sport & Wellness	Wasserski, Windsurfen, Schnorcheln (Ausrüstungen an Bord)
Info-/Entertainment	landeskundliche Vorträge und Themenvorträge, Bordpianist
Dresscode	sportlich-elegant
Info	Sea Cloud Cruises, Hamburg Tel. (040) 30 95 92-0 www.seacloud.de
Preis pro Tag	€ 400 bis € 800 Durchschnitt € 500

PROFIL

Info-/Entertainment	⚓⚓½
Sport & Wellness	⚓⚓
Gastronomie	⚓⚓⚓⚓½
Familienfreundlichkeit	⚓
Service	⚓⚓⚓⚓⚓

Eine majestätische Erscheinung

Sea Cloud II

Auch die zweite Sea Cloud bietet Segelabenteuer de luxe. Bestnoten verdienen Service, Gastronomie und die ungewöhnlichen Routings

Wie ihre Schwester, die 1931 gebaute **Sea Cloud**, ist auch die Sea Cloud II ein Segelkreuzfahrer für höchste Ansprüche. Die Unterschiede: Die „Zwei" hat Platz für 94 statt für 64 Passagiere, und außer im Mittelmeer und in der Karibik kreuzt sie auch in Nord- und Ostsee. Da sie von Beginn an als Kreuzfahrtschiff und nicht als Rennyacht gedacht war, sind alle Kabinen und öffentlichen Bereiche bestmöglich auf heutige Ansprüche zugeschnitten. Genügend Platz an Deck, um die Atmosphäre eines formvollendeten, von Hand navigierten Seglers zu genießen, gibt es gleichwohl: Die Hauptbeschäftigung auf diesem Schiff dürfte das Betrachten der Wanten und Segel sein. Höchstleistungen werden in Sachen

Blickfang: die Lounge im Landhausstil

Service und Gastronomie geboten, zum Beispiel mit Gourmetreisen in Begleitung von Sterneköchen. Ein weiteres Plus sind die immer wieder neuen Routings; auf einigen Reisen überlässt man es sogar dem Wind, welche Häfen besucht werden. Ein Tipp für Fans sind immer wieder die „Transatlantic Crossings“: eine Woche auf dem Atlantik, nur unter Segeln. Auch wenn es an Bord relaxt und entspannt zugeht: Etwas musikalische Abwechslung, die über die Klaviermusik zur blauen Stunden hinausgeht, würde dem Schiff gut tun. Und den Passagieren auch – gerade in der Karibik.

Fahrgebiete 2010

Im Winter kreuzt die Bark in der Karibik und vor Mittelamerika; Höhepunkte sind die Törns rund um Kuba. Ab Mitte April folgen drei Reisen im Mittelmeer, im Mai führt eine kulinarische Themenreise weiter nach Hamburg. Weiter geht es nach Nordeuropa: Bei den sommerlichen Nord- und Ostseereisen, u. a. ab Warnemünde, sind auch drei Schnuppertörns dabei. Ende August steht die Sail Bremerhaven im Kalender, die größte Windjammerparade der Welt. Nach einer weiteren Schnupperreise nach Südfrankreich folgen bis Mitte November das westliche Mittelmeer und die Adria. Am 28. November geht es dann ab Las Palmas wieder über den Atlantik in die Karibik.

Ausgewählte Reisen

Schnuppertörn auf hoher See

Zweieinhalb Tage nichts als Segeln und Seeluft gibt es vom 19. bis 23.4. auf einem Kurztörn von Madeira nach Lissabon – Entspannung pur. **5 Tage; ab € 995 ab/bis Hafen**

Karibik: Kleine Antillen

Von St. John's auf Antigua bricht das Schiff am 29. März nach Virgin Gorda auf, durch den Francis-Drake-Kanal geht es von dort weiter nach Jost van Dyke. Weitere Stationen der Reise nach Barbados: St. Barts, Guadeloupe, St. Lucia und die Grenadinen mit Bequia. **12 Tage; ab € 3.995 ab/bis Hafen**

Unter Segeln träumen

DATEN & FAKTEN

BRZ	3.849	**Passagiere**	max. 94
Länge	117,00 m	**Crew-Mitglieder**	60
Breite	16,00 m	**Bordsprache**	Deutsch/Engl.
Indienststellung	2001	**Passagierdecks**	4
Renovierungen	fortlaufend	**Restaurants/Bars**	1/2

Kabinen	47 Außenkabinen (12 bis 23 m²), davon 2 Eignersuiten mit 27 m²
Sport & Wellness	Fitness, Sauna, Badeplattform; Windsurfen, Wasserski, Schnorcheln (Ausrüstungen an Bord)
Info-/Entertainment	Bordpianist, Konzerte, landeskundliche und kulinarische Vorträge, prominente Referenten auf Themenreisen
Dresscode	sportlich-elegant
Info	Sea Cloud Cruises, Hamburg Tel. (040) 30 95 92-0 www.seacloud.de
Preis pro Tag	**€ 400 bis € 800** **Durchschnitt € 450**

PROFIL

Info-/Entertainment	⚓⚓⚓
Sport & Wellness	⚓⚓⚓
Gastronomie	⚓⚓⚓⚓⚓
Familienfreundlichkeit	⚓
Service	⚓⚓⚓⚓⚓

Vor der Küste Südfrankreichs

SeaDream

Zwei Yachten, ein Konzept: Kreuzfahrt auf Kaviarkurs

Auf den beiden baugleichen SeaDream-Yachten reisen jeweils maximal 110 Gäste. Der exklusive Kreis der Passagiere ist international: Amerikaner, Australier, Europäer und auch einige Deutsche. Es sind vor allem Paare an Bord; für Kinder ist die Yacht eher nicht geeignet. Die Passagiere schätzen den perfekten Service; jeder Gast wird namentlich angesprochen. Eine SeaDream-Seereise ist „all inclusive" – Champagner und Kaviar gehören an Bord zu den Grundnahrungsmitteln. Trotzdem ist die Atmosphäre keineswegs steif, sondern locker-sportiv. Groß ist das Wassersportangebot: Kanu und Jetski, Schnorchelausrüstung und Bananaboat – alles kann an der Marina am Heck gratis ausgeliehen

Eine Suite; Wasserportplattform im Heck

werden. Full Service auch bei den Landausflügen: Die Tenderboote fahren in den Reedehäfen rund um die Uhr, und manche Landausflüge leitet sogar der Kapitän persönlich („Chef's Walk"). Beliebtester Treff an Bord ist die Top of the Yacht Bar auf Deck 6. Dort oben bezieht das Personal abends auch die balinesischen Liegen für das „Dreaming Under the Stars": Die Passagiere schlafen unter den Sternen – nach entsprechender Anmeldung an der Rezeption. Auch gespeist wird unter freiem Himmel: bei Sonnenschein im Topside Restaurant; bei schlechtem Wetter bietet sich der innenliegende Dining Room an. Wer Unterhaltung sucht, findet sie in dem kleinen Kasino oder dem Open-Air-Kino direkt am Pool.

Fahrgebiete 2010

In den Sommermonaten (Mai bis Oktober) kreuzen beide Yachten im westlichen und östlichen Mittelmeer, im Winter (November bis April) in der Karibik. Die Routen der beiden Schwesterschiffe werden sehr individuell gestaltet, weshalb fast keine SeaDream-Reise der anderen gleicht. Zu den Start- und Zielhäfen zählen 2010 unter anderem San Juan auf Puerto Rico, St. Thomas, Barbados und Antigua in der Karibik sowie Nizza, Monte Carlo, Civitavecchia (Rom), Venedig, Piräus (Athen), Dubrovnik, Istanbul, Málaga, Barcelona und Malta im Mittelmeer.

Ausgewählte Reisen

Von Athen nach Venedig

Im Sommer ab Piräus (Athen) zunächst zu den Kykladen Santorin und Mykonos, dann durch den Korinthkanal nach Itea und Paxos und weiter via Dubrovnik und Korčula nach Venedig. **7 Tage; ab € 3.198 ab/bis Hafen**

Kleine Antillen

Im Winter führt ein Wochentörn von der Karibikinsel Antigua nach Guadeloupe, Montserrat, St. Barts, Anguilla und Nevis und wieder zurück nach Antigua. **7 Tage; ab € 2.998 ab/bis Hafen**

SeaDream I & II

„Dreaming Under the Stars"

DATEN & FAKTEN

BRZ	4.260	**Passagiere**	max. 112
Länge	104,85 m	**Crew-Mitglieder**	95
Breite	14,30 m	**Bordsprache**	Englisch
Indienststellung	1984/85	**Passagierdecks**	5
letzte Renov.	2008/09	**Restaurants/Bars**	2/3

Kabinen	56 Außenkabinen, 1 Admiral Suite, 1 Eignersuite; Größen: 18 bis 45 m²
Sport & Wellness	Fitnesscenter, Massagen, Dampfbad, Sauna, Golfsimulator, Mountainbikes, Jetski, Kajaks, Wasserski, Schnorchelausrüstung u. v. m.
Info-/Entertainment	Champagner & Caviar Splash, Kino unter den Sternen, Cocktailpartys, Vorträge auf Transatlantikreisen
Dresscode	„Yacht Casual" (kein spezieller, formeller Dresscode)
Info	SeaDream Yacht Club, Tel. (040) 60 55 94 58, www.seadream.com
Preis pro Tag	**€ 200 bis € 2.200, Durchschnitt € 480**

PROFIL

Info-/Entertainment	⚓⚓½
Sport & Wellness	⚓⚓⚓⚓
Gastronomie	⚓⚓⚓⚓⚓
Familienfreundlichkeit	⚓⚓
Service	⚓⚓⚓⚓⚓

Das Expeditionsschiff in der Antarktis

Prince Albert II

Parka und Zodiac-Anlandungen inklusive: Nach ihrem Umbau bietet die ehemalige **World Discoverer** Luxus auf Expeditionsreisen

Völlig anders als die schneeweißen Liner der De-luxe-Reederei Silversea kommt dieser Neuzugang des Jahres 2008 daher: Auf dem nur 6.072 BRZ großen Expeditionsschiff stehen weder Shows noch gesellschaftliche Großereignisse im Programm, und auch das Wellnessangebot ist mit zwei Whirlpools auf dem Sonnendeck überschaubar. Stattdessen werden die Gäste von ausgewiesenen Experten und versierten Lektoren auf die Erlebnisse an Land vorbereitet. Dank seiner geringen Größe und der höchsten Eisklasse 1A kann der kompakte Cruiser Ziele ansteuern, die für die meisten Kreuzfahrtschiffe tabu sind. Viele Landgänge erfolgen in Zodiac-Schlauchbooten, die Anlandungen unabhängig von Häfen und Kai-

Viel Platz in allen Kabinen und Suiten

anlagen erlauben. So außergewöhnlich wie das Routing sind aber auch Ausstattung und Service an Bord – die nämlich sind typisch Silversea. Den Gast erwarten ausschließlich geräumige Außenkabinen und -suiten; einige haben private Veranden oder französische Balkone. Eine Badewanne und zum Teil begehbare Kleiderschränke gehören ebenso zum Standard wie die mit Wunschgetränken bestückte Minibar. Die Küche ist exzellent, gespeist wird mit freier Platzwahl. Das Personal ist außergewöhnlich motiviert. Nichts wirkt aufgesetzt, herzliche Gastfreundschaft ist Trumpf. Und viele Extras sind bereits im Preis enthalten; dazu gehören die meisten Landgänge, alle Trinkgelder, Gourmetmenüs, Weine und Champagner. Und last not least: Auch warme Parkas und Rucksäcke sind Selbstverständlichkeiten einer Silversea-Expedition.

Fahrgebiete 2010

Von Januar bis März kreuzt die Prince Albert II in der Arktis. Im Mai fährt sie rund um die Britischen Inseln, um abermals Richtung Eismeer aufzubrechen: Bis September ist sie im hohen Norden bis nach Grönland und Kanada unterwegs. Im Oktober folgt ein Zwischenspiel in den wärmeren Gefilden der Karibik und Südamerikas, bevor es im November weitergeht zu Winterreisen in der Antarktis.

Ausgewählte Reisen

Nordland: Spitzbergen-Expedition

An mehreren Terminen, z. B. vom 22. bis 29.6., startet eine einwöchige Erkundung der norwegischen Svalbard-Inseln. Start und Ziel ist in Longyearbyen, der größten Stadt des Archipels. **7 Tage; ab € 2.816 ab/bis Hafen**

Klassische Antarktis

Am 9.2. startet diese Expedition in Ushuaia via Drake-Passage zur antarktischen Halbinsel. Begegnungen mit Walen, Pinguinen, kalbenden Gletschern und der Besuch einer Forschungsstation stehen im Programm. **12 Tage; ab € 5.831 ab/bis Hafen, inkl. Flügen zwischen Buenos Aires und Ushuaia**

Gut sortiert: die Bibliothek

DATEN & FAKTEN

BRZ	6.072	Passagiere	max. 132
Länge	108,00 m	Crew-Mitglieder	111
Breite	15,80 m	Bordsprache	Engl., Deutsch
Indienststellung	1989	Passagierdecks	5
Umbau	2008	Restaurants/Bars	2/3

Kabinen	66 Außensuiten und- kabinen, teils mit Veranda oder frz. Balkon; Größen: 17 bis 68 m²
Sport & Wellness	Beauty-Salon, Fitnesscenter, Spa-Bereich, 2 Whirlpools
Info-/Entertainment	Show Lounge/Lecture Lounge mit abendlicher Liveunterhaltung, prominente Lektoren, Bibliothek mit Internetanschluss
Dresscode	leger
Info	www.silversea.de
Buchung	Aviation & Tourism International Tel. (06023) 91 71 50
Preis pro Tag	€ 450 bis € 2.690 Durchschnitt € 700

PROFIL

Info-/Entertainment	⚓⚓⚓½
Sport & Wellness	⚓⚓
Gastronomie	⚓⚓⚓⚓½
Familienfreundlichkeit	⚓⚓
Service	⚓⚓⚓⚓⚓

Auf der Werft in Ancona

Silver Spirit

All inclusive auf Topniveau, wegweisendes Design und Tafelfreuden vom Feinsten: die Markenzeichen des neuesten Silversea-Schiffs

Mit der Jungfernfahrt der Spirit ab Barcelona im Dezember 2009 beginnt für die Nobelreederei aus Monaco fast eine neue Ära: Erstmals hat sie ein Schiff, das 540 Gäste befördern kann – angesichts der 132 bis 382 Passagiere, die bisher auf ihren Linern Platz fanden, fast eine Revolution. Gleichwohl ist 540 eine Größe, bei der man darauf vertrauen kann, dass eines beim Alten bleibt: Man darf einen Service erwarten, der jeden Gast königlich verwöhnt. Besonders auf das kulinarische Angebot darf man gespannt sein: Sechs Restaurants sollen auch anspruchsvollste Gaumen verwöhnen. So gibt es im Hauptrestaurant auf Deck 4 exklusiv von Relais & Château kreierte Menüs, im La Terrazza (mit 180-Grad-Blick) Frühstück und Lunch in legerer Atmosphäre (drinnen oder draußen) und abends italienische Küche, im Weinrestaurant Le Champagne speziell komponierte Degustationsmenüs. Im Pool Grill auf Deck 9 kann man sich sein Dinner auf seinem „persönlichen" heißen Vulkanstein zubreiten lassen – und im japanischen Themenrestaurant Seishin live erleben, wie Sushi, Sashimi, Hummer und Kobe-Rind live zubereitet werden. Ein Unikat für die Spirit ist schließlich der Stars Supper Club im Stil der 1930er Jahre: Er serviert regionale und saisonale Delikatessen – und verwandelt sich später am Abend in einen Luxusnachtclub. Ach ja: Wie bei Silversea üblich, sind edle Weine und Spirituosen „all inclusive".

Eine Silver Suite

Weinrestaurant Le Champagne

Fahrgebiete 2010

Von Januar bis April kreuzt die Silver Spirit in der Karibik und rund um Südamerika, von Mai bis Oktober im Mittelmeer, unterbrochen von einem Schwarzmeer-Törn im Juni. Ab November steht wieder die Karibik im Programm.

Ausgewählte Reisen

Via Korinth-Kanal nach Venedig

Vom 28.8. bis 4.9. fährt die Silver Spirit von Piräus durch den Korinth-Kanal nach Itea (Ausflug nach Delphi), von dort über Korfu nach Kotor in Montenegro und weiter über Split nach Venedig. **7 Tage; ab € 3.213 ab/bis Hafen**

Östliche Karibik

Am 22.11. startet das Schiff in Fort Lauderdale zu den schönsten Zielen der östlichen Karibik: Auf der Route liegen die Turks & Caicos, St. John's auf Antigua, St. Barts, St. Kitts und Spanish Town auf den British Virgin Islands. **7 Tage; ab € 2.708 ab/bis Fort Lauderdale**

Das Pooldeck

DATEN & FAKTEN

BRZ	36.000	**Passagiere**	540
Länge	195,80 m	**Crew-Mitglieder**	376
Breite	26,20 m	**Bordsprache**	Englisch
Indienststellung	2009	**Passagierdecks**	8
letze Renovierung	–	**Restaurants/Bars**	6/4

Kabinen	270 Außensuiten (29 bis 132 m²)
Sport & Wellness	Sonnendeck mit Pool und Jacuzzi, Spa, Fitnesscenter, Beauty Salon
Info-/Entertainment	Hochwertiges Entertainment in der Showlounge, ausgewählte internationale Künstler, Lektorenvorträge, Casino, Video- und Bibliothek, Internetcafé
Dresscode	leger bis elegant; ungezwungen
Info	Aviation & Tourism International Tel. (06023) 91 71 50 www.atiworld.de www.silversea.com
Preis pro Tag	**€ 395 bis € 2.010** **Durchschnitt € 750**

PROFIL

Info-/Entertainment
Sport & Wellness
Gastronomie
Familienfreundlichkeit
Service

aktuell noch nicht bewertet

Exklusiver Liner für 382 Gäste: die Silver Shadow im Mittelmeer

Silversea Cruises

Zwei Geschwisterpaare, ein Expeditionskreuzer und ein Neubau für erstmals mehr als 500 Gäste: Silversea ist klein – und überaus fein

Wie definiert sich Luxus im Kreuzfahrtgeschäft? Die Silversea-Antwort darauf lautet: fünf exquisite, der renommierten Hotelvereinigung Relais & Châteaux assoziierte Schiffe, darunter auch der Luxus-Expeditionskreuzer **Prince Albert II** – und allesamt klein genug, um auch exotische Häfen abseits des Massentourismus anzulaufen. Durch die begrenzte Anzahl an Gästen, denen überproportional viel Raum zur Verfügung steht, wird ein Höchstmaß an exklusivem und individuellem Service (inklusive Butler) geboten. Man isst wo, wann und mit wem man beliebt, auf dem Niveau preisgekrönter Gourmetrestaurants, reist ausschließlich in bis zu 132 Quadratmeter großen Außenkabinen und -suiten, von denen die meisten einen eigenem Balkon haben. Der Champagner

Der Champagner wartet in der Suite

sowie eine Vielzahl Weine und Spirituosen strömen im All-inclusive-Konzept unbegrenzt (Spitzenweine gegen Aufpreis), Trinkgelder werden keine erwartet. Um die Professionalität ihres Service-Personals zu unterstreichen, kooperiert die 1994 gestartete, mehrheitlich im Besitz der römischen Familie Lefebvre d'Ovidio (früher Eigner der ehemaligen Sitmar Cruises) befindliche Reederei mit The Leading Hotel Schools of the World. Vor allem die Kombination von herausragend aufmerksamer Betreuung mit dem an Bord herrschenden italienischen Flair wird von einer loyalen, internationalen Kundschaft (davon gut ein Drittel aus Europa) hoch geschätzt. Regelmäßig erhält die Reederei dafür auch in der Presse Bestnoten.

Die Flotte umfasste bis zum Zukauf der **Prince Albert II** (ex **World Discoverer**) anno 2008 nur zwei mehr oder weniger baugleiche Geschwisterpaare: die mit knapp 17.000 BRZ vermessenen „Kleinen" **Silver Cloud** und **Silver Wind** für je rund 300 Passagiere – und die 28.500-BRZ-Schiffe **Silver Shadow** und **Silver Whisper**, auf denen jeweils 382 Gäste Platz finden. Die 500er-Grenze bricht erstmals der Ende 2009 hinzukommende und mit Spannung erwartete Neubau **Silver Spirit**.

Die Silver Cloud in Québec City – und beim Rendezvous mit der Schwester Silver Wind

DIE FLOTTE AUF EINEN BLICK

Schiff	Baujahr	Passagiere
Silver Cloud	1994	304
Silver Wind	1995	298
Silver Shadow	2000	382
Silver Whisper	2001	382
Prince Albert II	2008/1989	132
Silver Spirit	2009	540

Geplant/im Bau zurzeit keine

Unternehmen Sitz in Monaco und Fort Lauderdale; gegründet 1992; Schiffsbetrieb ab Anfang 1994. Eigentümer ist die römische Familie Lefebvre d'Ovidio; einen Anteil von 10 Prozent hält die Firma V-Ships.

Gesamtkapazität 2.166 Pasagiere (inkl. Silver Spirit)

Flagge der Schiffe Bahamas, Italien

Besonderheiten All-inclusive-Preise, d. h. die meisten Getränke und Trinkgelder sowie viele der Landausflüge („Silversea Experience") sind in den Passagepreisen inbegriffen. Gastronomische Kooperation mit der Luxushotelkette Relais & Châteaux

Buchungen & Info im Reisebüro, über Aviation & Tourism International (Tel. (06023) 91 71 50, www.atiworld.de), über www.airtours.de oder über www.silversea.de

In der Karibik bei St. Lucia

Royal Clipper

Der prachtvolle Fünfmaster hat eine für ein Segelschiff beachtliche Infrastruktur samt Wellnessbereich und exzellenter Gastronomie

Das größte Fünfmast-Vollschiff der Welt ist ein Nachbau der legendären **Preußen**, die 1910 im Ärmelkanal sank. Für ein Segelschiff spektakulär ist das Atrium an Bord: Es reicht über drei Decks und dient als Hauptrestaurant – mittags zum Buffet, abends wird dort zu Klaviermusik stilvoll diniert. Ein Traum ist das Beach Barbecue an den schönsten Stränden der Karibik; dafür bootet die Mannschaft die halbe Küche aus und serviert unter Palmen. Die Bar- und Restaurantcrew ist sehr freundlich und professionell. Sie hat sich das Trinkgeld redlich verdient, auch wenn es vom Schiff etwas zu forsch eingefordert wird. Überraschend die Infrastruktur an Bord: So wird zum Beispiel die ausklappbare Heckklappe als Plateau für Wassersport genutzt (Kanu, Wasserski, Dingi etc.). Ein beliebter Sport an Bord ist das „Mastklettern“: Von der Crew gesichert, kann man hinaufkraxeln zum Krähennest, einer Plattform in luftiger Höhe. Das Publikum ist international gemischt, die Reiseleitung vielsprachig. Das Segelsetzen geschieht auf Knopfdruck und könnte sogar noch besser zelebriert werden – die Gäste lechzen förmlich danach.

Fahrgebiete 2010

Bis April segelt die Royal Clipper von Barbados zu den Windwards und den Grenadinen. Nach einer Atlantiküberquerung läuft sie Civitavecchia an, wo ab dem 8. Mai Wochentörns zu den

Royal Clipper

Eignersuite

Balkonkabine

Häfen und Inseln um Sorrent beginnen. Ab dem 26. Juni folgen Törns zwischen Italien und Kroatien ab Civitavecchia oder Venedig, im Oktober eine Reise über Spanien und Marokko nach Lissabon. Von dort geht es in die Karibik zurück.

Ausgewählte Reisen

Von Rom nach Venedig

An vier Terminen ab Juni startet das Schiff in Civitavecchia. Von dort geht es über Ponza, Capri, Sizilien nach Korfu, dann entlang der kroatischen Küste über Dubrovnik nach Venedig und wahlweise zurück nach Civitavecchia. **11 Tage ab € 2.670; 12 Tage ab € 2.885 ab/bis Hafen**

Von Lissabon in die Karibik

Das herbstliche „Transatlantic Crossing" beginnt am 28.10. in Lissabon. Nach Stopps in Marokko (Safi und Essaouira) und auf Teneriffa geht es nur noch westwärts: Nach 16 Tagen auf hoher See wird am 13.11. Bridgetown auf Barbados erreicht. **17 Tage; ab € 1.655 ab/bis Hafen**

Im Atrium

DATEN & FAKTEN

BRZ	5.000	**Passagiere**	max. 227
Länge	134,00 m	**Crew-Mitglieder**	106
Breite	16,00 m	**Passagierdecks**	4
Indienststellung	2000	**Bordsprachen**	En., Dt., Frz.
letzte Renovierung	2007	**Restaurants/Bars**	1/2

Kabinen	110 (104 außen, 6 innen), davon 14 Suiten mit Balkon, 2 Eignerkabinen; Größen: ca. 10 bis 33 m²
Sport & Wellness	3 Pools, Morgengymnastik, Tauchen, Wasserski, Surfen, Dingi-Segeln, Fitnesscenter
Info-/Entertainment	Captain's Storytime, Nautikkunde, Knotenkunde, Krabbenrennen, Quiz, Talentshow, Modenschau etc.
Dresscode	kein Dresscode, zum Abendessen im Restaurant lange Hosen
Info	Star Clippers, Monaco E-Mail: info@starclippers.com www.starclippers.com
Preis pro Tag	**€ 241 bis € 630, Durchschnitt € 360**

PROFIL

Info-/Entertainment
Sport & Wellness
Gastronomie
Familienfreundlichkeit
Service

In der Ägäis

FOTO: K. Büttel

Star Clipper & Star Flyer

Segelromantik pur: Die beiden originalgetreu nachgebauten Clipper-Schiffe steuern 2010 neue Ziele in Südostasien und Mittelamerika an

Bei Reisen mit diesen schnittigen Windjammern steht das Segelerlebnis an erster Stelle: Spielt der Wind mit, stehen die Viermastbarken unter vollem Tuch – das sind 3.365 Quadratmeter Segelfläche! Diese Zahl nennt der Käpt'n beim Segelkurs, den er für Interessierte auf dem Brückendeck hält. Wer Lust hat, kann dem Navigator über die Schulter schauen, sich im Mastklettern üben, beim Setzen des Großsegels helfen. Die Crew, ausnahmslos fröhlich, hilft bei allen Aktivitäten auf dem Schiff und an Land. Die Bordatmosphäre ist respektvoll-locker und zwanglos. Die Passagiere (viele Stammgäste) sind jünger und sportlicher als auf traditionellen Kreuzfahrten. Ihr Treffpunkt ist die Tropical Bar. Dort

Hautnah: Schnorcheln mit einem Rochen

finden sie schnell Kontakt und fühlen sich bald heimisch in den erstaunlich bequemen Kabinen, deren Marmorbäder jedoch etwas eng sind. Die Wege sind kurz zum Deck, zur Außenbar und Bibliothek, zum Restaurant – alles ist schick in Teak, Messing und maritimen Farben. Garderobenzwänge gibt es nicht: An Deck erscheint man sportlich, bei Tisch lässig-elegant – etwas feiner beim Captain's Dinner. Der Salon ist klein, aber einladend und bietet Platz für eine lauschige Bar und einen Pianospieler.

Fahrgebiete 2010

Die **Star Clipper** segelt von Januar bis März vor den Küsten Thailands und Malaysias bis nach Singapur; Ausgangshafen ist dabei Phuket. Von Mai bis Oktober ist sie ab Athen in der Ägäis unterwegs; zwei Reisen im Juli führen zudem von Athen nach Venedig und zurück, mit Stopps in Montenegro und Kroatien. Ab Dezember wird von Phuket aus ein neues Ziel erkundet: die Myanmar-Inseln vor der Küste Burmas. Die **Star Flyer** startet am 14.2. zur Überführung von der Südsee via Panama und Lissabon zu ihrem Sommerhafen Monaco. Von dort aus segelt sie ab Mai im Ligurischen und Tyrrhenischen Meer (u. a. Korsika, Sardinien, Portofino); im Sommer kreuzt sie in der Ägäis ab/bis Rhodos. Am 21. November erreicht das Schiff seinen Winterhafen Puerto Caldera in Costa Rica, von wo aus Costa Rica, Nicaragua und Panama besucht werden.

Ausgewählte Reisen

Star Clipper in der Ägäis

An diversen Terminen von Mai bis Oktober ab Athen: Nach einem Seetag wird Camilimani/Türkei erreicht. Weiter über Patmos, Amorgos, Delos, Mykonos und Tilos nach Athen. **8 Tage ab € 1.790 ab/bis Hafen**

„Riviera Getaway"

Schnuppertörn im Mai, Juni und Juli: von Monaco oder Cannes nach L'Île Rousse und St. Florent auf Korsika sowie nach St. Tropez. **3 oder 4 Tage; ab € 1.125 ab/bis Hafen**

Maritimes Buffet

DATEN & FAKTEN

BRZ	3.092	**Crew-Mitglieder**	74
Länge/Breite	115,50/15 m	**Bordsprache**	Englisch, Deutsch, Französisch
Indienststellung	1991/92		
letzte Renov.	2007/08	**Passagierdecks**	4
Passagiere	max. 170	**Restaurants/Bars**	1/2

Kabinen	84 (78 außen, 6 innen), davon 8 Suiten, 1 Eignerkabine; Größen: ca. 9 bis 21 m²
Sport & Wellness	2 Pools, Morgengymnastik, Tauchen, Wasserski, Surfen, Dingisegeln, Schnorcheln
Info-/Entertainment	Captain's Storytime, Nautikkunde, Knotenkunde, Krabbenrennen, Quiz, Talentshow, Modenschau etc.
Dresscode	kein Dresscode, zum Abendessen im Restaurant lange Hosen
Info	Star Clippers, Monaco E-Mail: info@starclippers.com www.starclippers.com
Preis pro Tag	**€ 240 bis € 520; Durchschnitt € 330**

PROFIL

Info-/Entertainment	⚓⚓⚓ (3 von 5)
Sport & Wellness	⚓⚓⚓ (3 von 5)
Gastronomie	⚓⚓⚓⚓ (4 von 5)
Familienfreundlichkeit	⚓⚓ (2 von 5)
Service	⚓⚓⚓ (3 von 5)

Das jüngste Schiff der Tallink-Flotte

Baltic Queen

Geheimtipp für den nächsten Stockholm-Trip: zwei Tage dranhängen und an Bord der neuen „Königin" Kreuzfahrtluft schnuppern

Kreuzfahrt light, auf Fährschiffrouten in der Ostsee – dafür steht seit Jahren die in Estland beheimatete AS Tallink Silja Group. Und eine überaus attraktive Route offeriert nun das neueste Schiff der Gruppe, die Baltic Queen: Sie fährt von Stockholm in die hübsche estnische Metropole Tallinn mit ihrer pittoresken Altstadt. Die einzigartige Stockholmer Schärenwelt gibt's als Zugabe auf die Passage dazu: Gut vier Stunden dauert es, bis man auf dem Weg in das 225 Seemeilen entfernte Tallinn das offene Meer erreicht! Am besten bucht man eine der äußerst wohnlichen, im nordisch klaren Design gehaltenen Suiten (achtern sogar mit Balkon). Das lässt einen dann vollends vergessen, dass man sich eigentlich auf einer Fähre im ganzjährigen Liniendienst (im Winter übrigens als Eisbrecher – ein besonderes Erlebnis!) befindet. Wie das zwischen Helsinki und Tallinn verkehrende Schwesterschiff **Baltic Princess** (eine weitere Schwester, die **Galaxy**, fährt zwischen Stockholm und Turku) vermag auch die neue Queen mit ihrem Bordangebot etliche kleinere sowie ältere Kreuzfahrtschiffe mühelos in den Schatten zu stellen. Die Standardkabinen sind zwar kompakt, aber modern und zweckmäßig eingerichtet. Und fünf Restaurants, vom obligatorischen üppigen skandinavischen Buffet bis hin zum russischen Gourmettempel Aleksandra, zahlreiche Bars (als Highlight sei hier die elegant-gediegene Manhattan Piano Bar emp-

Manhattan Piano Bar

Blick in eine Suite

fohlen), sowie eine zweigeschossige Showlounge, ein Saunakomplex inklusive Innenpool, ein Konferenzzentrum, weitreichende Shopping-Möglichkeiten und ein (je nach Saison) buntes Unterhaltungsprogramm dürften selbst Fährenmuffel überzeugen.

Fahrgebiete & Reisen 2010

Die Baltic Queen fährt das ganze Jahr über im Wechsel mit der **Victoria I** auf der Route Stockholm–Tallinn–Stockholm. Jeden zweiten Tag startet sie abends am Fährterminal Värtahamn; nach einer Übernachtung an Bord ist am nächsten Tag Zeit für einen Aufenthalt in Tallinn. Abends beginnt die Rückreise mit Ankunft in Stockholm am nächsten Morgen. **3 Tage; ab € 216 pro Kabine ab/bis Hafen.** Diese Passage kann man mit weiteren Strecken des Tallink-Silja-Routennetzwerks kombinieren – zum Beispiel einer An- und Abreise ab Rostock über Helsinki.

Russischer Gourmettempel Aleksandra

DATEN & FAKTEN

BRZ	48.915	**Crew-Mitglieder**	max. 250
Länge/Breite	212,1/29 m	**Bordsprachen**	Estnisch, Finnisch, Englisch
Indienststellung	2009		
letzte Renovierung	–	**Passagierdecks**	10
Passagiere	max. 2.800	**Restaurants/Bars**	5/8

Kabinen	927 (548 innen, 379 außen), davon 13 Suiten, 17 De-luxe, 15 Familienkabinen; Größen: 9 bis 31 m²
Sport & Wellness	Sauna & Wellness, Kosmetik, Massage, Swimmingpool
Info-/Entertainment	Tanz- und Showtheater, Nachtclub, Disco, Piano Bar, Kinderanimation, saisonal wechselndes Programm, kostenloses Internet an Bord
Dresscode	sportlich-leger
Info	Tallink Silja GmbH, Lübeck Tel. (0451) 589 90 www.tallinksilja.de
Preis pro Tag	**ca. € 144 bis € 564 (pro Kabine)** **Durchschnitt: € 312 (pro Kabine)**

PROFIL

Info-/Entertainment	⚓⚓⚓⚓
Sport & Wellness	⚓⚓½
Gastronomie	⚓⚓⚓⚓
Familienfreundlichkeit	⚓⚓⚓½
Service	⚓⚓⚓

Die Silja Serenade im Stockholmer Schärengarten

Tallink Silja Group

Schon so macher wurde durch eine Ostsee-Minicruise mit Tallink Silja zum Kreuzfahrtfan. Denn die Schiffe erfüllen hohe Standards

Dreizehn Schiffe auf sieben Routen: Mit ihrem dichten Streckennetzwerk und ihrer modernen Flotte bietet die Tallink Silja Group die perfekte Alternative zur klassischen Ostseekreuzfahrt, die „Minicruise" auf Fährschiffrouten. Sie dauert zwei bis fünf Tage und kann nach dem Bausteinprinzip auch individuell gestaltet werden: Man bucht einfach Einzelstrecken und organisiert An- und Abreise sowie die Landgänge selbst. Wer es lieber durchorganisiert haben möchte, kann auch auf Paketangebote zurückgreifen, die neben den Schiffspassagen Ausflüge, Rundfahrten und zum Teil auch Hotelaufenthalte einschließen – in Stockholm, Helsinki, Turku, Tallinn oder Riga. Da es sich um Autofähren handelt, kann auch der eigene Pkw mitgenommen werden, auch auf den kleinsten Schiffen von Tallink,

Die Galaxy (oben) und eine der Superfasts

den zwischen Rostock und Helsinki verkehrenden **Superfast**-Schnellfähren.

Während Letztere mit ihren rund 700 Passagieren kompakt ausfallen, sind alle anderen Liner der rasch wachsenden Flotte Jumbos mit Platz für bis zu über 3.000 Passagieren. Und mit Gastronomie-, Entertainment- und Wellnessangeboten, die jedem „echten" Kreuzfahrtschiff Konkurrenz machen können: Tägliche Shows, teils auf beachtlichem Niveau, eine breite Restaurantauswahl vom Fast Food bis zur Sterneküche, Spas mit Saunen, Pools und Solarien sowie gut ausgestattete Kinderbereiche sind Standard. Und auf den ältesten Schiffen der Gruppe, den 2006 integrierten Fähren der vormals schwedischen **Silja Line**, gibt es im Inneren des Schiffs eine „Promenade" genannte Shoppingmeile, die über mehrere Decks reicht und auf die man von den Innenkabinen direkt hinabblickt – eine Idee, die später von der norwegischen Color Line kopiert wurde. Der teils zollfreie Einkauf von Alkohol, Tabakwaren, Parfums und Ähnlichem spielt übrigens auf diesen Schiffen eine wichtige Rolle: Auch die Duty-free-Läden haben Jumbo-Format. Die Skandinavier, aber auch die vielen Russen unter den Gästen nutzen das nur zu gern.

„Promenade" auf der Silja Symphony; Sehenswert: die Shows bei Tallink Silja

DIE FLOTTE AUF EINEN BLICK

Schiff	Baujahr	Passagiere
Silja Festival	1986/92	2.023
Silja Serenade	1990	2.825
Silja Symphony	1991	2.825
Silja Europa	1993	3.013
Superfast VII & VIII	2001	676/728
Romantika	2002	2.500
Victoria I	2004	2.500
Galaxy	2006	2.800
Star	2007	2.800
Superstar	2008	2.080
Baltic Princess	2008	2.800
Baltic Queen	2009	2.800
Geplant/im Bau	zurzeit keine	

Unternehmen	Sitz in Tallinn, Estland; gegründet 1989, Übernahme der schwedischen **Silja Line** 2006; Marktführer im baltischen Fährschiffmarkt
Flagge der Schiffe	Estland, Schweden, Finnland, Lettland
Gesamtkapzität	ca. 31.000 Betten auf 13 Schiffen
Besonderheiten	Fährschiffe mit Autoverladung; Streckenbuchungen einzeln oder im Paket möglich; Buffetgastronomie und Tischweine inklusive; sehr günstige Preise in 4-Bett-Kabinen
Buchungen & Info	im Reisebüro oder über Tallink Silja GmbH, Lübeck Tel. (0451) 589 90 www.tallinksilja.de

In den norwegischen Fjorden

Astor

Ein klassisches Schiff – zur nächsten Saison frisch modernisiert

Die gut 20 Jahre alte Astor gehört zu den Klassikern auf dem deutschen Markt. Um den Swimmingpool auf dem offenen Achterdeck gibt es viel Platz für Tische und Liegestühle mit Blick aufs Meer – und unter Deck den urgemütlichen Captain's Club mit Mahagoniholz, Steuerrad und Tauwerk sowie zwei Galerien mit Sitzgelegenheiten vor großen Fenstern. Stammgäste schätzen die angenehme Atmosphäre und die feine Küche im Waldorf-Restaurant (zwei Sitzungen). Im Überseeclub vor dem Pool gibt es morgens und mittags eine gute Buffetstation; abends kann hier essen, wer eine unkomplizierte Alternative zum Waldorf sucht. Dass es in der Bewertung des Schiffs bislang bestenfalls für gute drei Sterne reicht, liegt

Eine der neuen Suiten; der Joggingpfad

an der Ausstattung. Die Kabinen mit Fernseher, kleinem Schreibtisch und enger Nasszelle sind praktisch, aber eben nicht riesig, und das Mobiliar ist in die Jahre gekommen. Nach der Weltreise wird zur kommenden Saison deshalb kräftig investiert und umgebaut. Sämtliche 247 Kabinen werden neu möbliert und dekoriert – ohne späteren Aufpreis übrigens. Neue Kabinenkategorien gibt es auch: Erstmals wird es drei private Terrassen am Bug und französische Balkone vor weiteren zehn Kabinen geben. Das Buffetangebot im Überseeclub wird erweitert, aus der Hansa-Bar wird ein modernes Deckscafé, und um den Innenpool entstehen neue Massage- und Kosmetikräume sowie ein Dampfbad. Am Ende soll die Astor Vier-Sterne-Komfort bieten – ohne ihren wunderbar „schiffigen" Charakter zu verlieren.

Fahrgebiete 2010

Silvester in Singapur – und von dort via Australien, Südsee und Panamakanal Richtung New York: Wenn die Astor im April in Bremerhaven eintrifft, hat sie eine erste Weltreise bereits hinter sich. Für 44 Tage geht es danach zur Modernisierung in die Werft – und anschließend zu Sommer- und Herbstreisen in Nord- und Ostsee. Im November beginnt die zweite Weltreise; sie führt in 124 Tagen von Nizza um den Globus nach Venedig.

Ausgewählte Reisen

Rund um Großbritannien

„Beatles, Schotten und Golf" ist eine Reise überschrieben, die am 31.7. zu den Cruise Days in Hamburg startet. Sie führt nach Dublin und Cobh, zu den Hebriden und nach Edinburgh – und zu den Beatles-Städten London und Liverpool. **14 Tage; ab € 1.479 ab/bis Hamburg**

Nordkap, Island und Spitzbergen

Am 17.6. und am 3.7. startet in Bremerhaven eine große Nordlandfahrt. Sie führt über die Orkneys nach Island, über Jan Mayen nach Spitzbergen und von dort via Nordkap, Tromsø, Geiranger und Bergen nach Bremerhaven zurück. **17 Tage; ab € 1.799 ab/bis Bremerhaven**

Speisen mit Meerblick

DATEN & FAKTEN

BRZ	20.606	Passagiere	max. 578
Länge	176,50 m	Crew-Mitglieder	278
Breite	23,00 m	Bordsprache	Deutsch
Indienststellung	1987	Passagierdecks	7
letzte Renovierung	2010	Restaurants/Bars	2/3

Kabinen	295 (96 innen, 167 außen), davon 32 Suiten; Größen: 13 bis 28 m²
Sport & Wellness	Fitnesscenter, Innen- u. Außenpool, Wellnessoase/Sauna, Volleyball, Tischtennis, Joggingpfad, Yoga, Rücken- und Wassergymnastik
Info-/Entertainment	Showprogramme, Tanz, Klassik, Vorträge/Lesungen, Kursangebote (Computer, Sprachen)
Dresscode	sportlich-leger bis festlich
Info	Transocean Tours, Bremen Tel. (0421) 33 36-181 www.transocean.de
Preis pro Tag	€ 109 bis € 500 Durchschnitt € 237

PROFIL

Info-/Entertainment	2,5 von 5 Ankern
Sport & Wellness	3 von 5 Ankern
Gastronomie	3,5 von 5 Ankern
Familienfreundlichkeit	3 von 5 Ankern
Service	3 von 5 Ankern

Unverwechselbar: die markante Rumpfbemalung

Mein Schiff

Der Einstieg von TUI Cruises in die Kreuzfahrt: Nach anfänglichen Startschwierigkeiten dürfte dieses Schiff ein großes Publikum anziehen

Als **Galaxy** 1996 auf der Meyer Werft in Papenburg für Celebrity Cruises gebaut, fährt dieser klassische Liner seit Mai 2009 als „Mein Schiff" für den deutschsprachigen Markt. Das TUI-Schiff richtet sich an ein erwachsenes Publikum, das Invidualität schätzt. Soweit das auf einem 2.000-Passagiere-Schiff möglich ist, gelingt das nach anfänglichen Schwierigkeiten zunehmend besser. Platz und Rückzugsmöglichkeiten gibt es genug: zum Beispiel die Himmel & Meer Lounge, die X-Lounge (nur für Suiten-Gäste) oder die Tapas y Mas-Bar im Heck. Kulinarische Highlights sind bisher nur die beiden zahlungspflichtigen Restaurants Surf & Turf und Richards; vor allem das Gosch hat noch Luft nach oben. Das Atlantik-Restaurant (mit Bedienung) kann sich schnell zur (besseren) Alternative zum Buffetrestaurant Anckelmannsplatz entwickeln. Überzeugend ist der Wellnessbereich: Hardware und Software (einige ehemalige A-Rosa-Mitarbeiter) stimmen. Die Fitness-Area wirkt dagegen noch etwas improvisiert. Schwachpunkt bisher ist das Entertainment: Die Qualität der Shows ist durchschnittlich, ebenso die Livemusik in den Bars. Die Borddisco Abtanzbar ist selten gefüllt, und die TUI-Bar erscheint manchem etwas zu cool. Sollte die Reederei aber weiter so selbstkritisch wie bisher an den Schwächen arbeiten, kann sich Mein Schiff ein großes Publikum erfahren.

Mietbare Entspannungsinseln

Eine Juniorsuite

Fahrgebiete 2010

Das Jahr beginnt für die Mein Schiff mit siebentägigen Karibikkreuzfahrten. Ende März steht eine Atlantiküberquerung an, gefolgt von zwei Abfahrten ab Palma de Mallorca. Im Mai gibt es drei Reisen ab Hamburg, im Sommer kreuzt das Schiff ab Kiel im Baltikum und vor Norwegen. Im Winter werden Sieben-Tages-Törns rund um die Kanarischen Inseln angeboten.

Ausgewählte Reisen

Rund um Großbritannien

Ab/bis Hamburg stehen ab dem 9.5. die Britischen Inseln auf dem Plan. Neben Edinburgh, London und Dublin werden auch Belfast, Falmouth und die Kanalinsel Guernsey besucht. **13 Tage; ab € 1.848 ab/bis Hafen**

Kurzreise: Kopenhagen & Oslo

Ab Kiel geht es am 1.9. nach Kopenhagen und Oslo. Endziel ist Hamburg. **5 Tage; ab € 498 ab/bis Hafen**

Das Atlantic-Restaurant

DATEN & FAKTEN

BRZ	76.998	**Passagiere**	max. 1924
Länge	262,50 m	**Crew-Mitglieder**	780
Breite	32,20 m	**Bordsprache**	Deutsch
Indienststellung	1996	**Passagierdecks**	10
Komplettumbau	2009	**Restaurants/Bars**	10/13

Kabinen	962, davon 307 innen (16 m²), 655 außen (16–20 m²), 40 Juniorsuiten (22 m²) und 10 Suiten (49 m²),
Sport & Wellness	2 Pools, 1.700 m² Spa (diverse Saunen, Anwendungen, kleinere Schönheitskorrekturen), Fitness
Info-/Entertainment	Abend- und Showprogramme, Diskothek, Kasino, Wii-Corner, Livemusik, Kochshows
Dresscode	leger, sportlich elegant
Info	TUI Cruises Tel. (040) 28 66 77 111 www.tuicruises.com
Preis pro Tag	**€ 111 bis € 471** **Durchschnitt € 180**

PROFIL

Info-/Entertainment	⚓⚓⚓
Sport & Wellness	⚓⚓⚓⚓
Gastronomie	⚓⚓⚓½
Familienfreundlichkeit	⚓⚓⚓½
Service	⚓⚓⚓½

Bei der Wind Surf werden die Segel hydraulisch gesetzt

Wind Surf

Der 1990 als **Club Med I** gestartete Hightech-Segler sorgt, obschon in die Jahre gekommen, noch immer überall, wo er auftaucht, für Aufsehen

Puristen mögen über die von der Brücke aus computergesteuerte Segeltechnik und über die oftmals mitlaufenden Maschinen die Nase rümpfen. Maritim veranlagte Paare und Romantiker, die ein Kreuzfahrterlebnis im intimen Rahmen abseits des Mainstreams suchen, erwartet indes ein besonderes Ambiente: viel Decksfläche in Teak, eine – außer in Hafenrevieren – frei zugängliche Kommandobrücke sowie gut ausgestattete Außenkabinen mit gemütlichem Yachting-Flair. Dazu kommen freie Tischwahl in den beiden Hauptrestaurants und eine ausfahrbare Wassersport-Plattform. Neuerdings lässt sich auf dem schicken Fünfmaster mit seinen 2.497 Quadratmetern Segelfläche auch unter den Sternen speisen. Die achtern gelegene Pool Bar sowie die zwei Decks darüber liegende Terrace Bar werden abends zu Outdoor-Restaurants ohne Aufpreis umfunktioniert; aufgrund der beschränkten Platzzahl empfiehlt es sich, frühzeitig zu reservieren. Eine Luxusyacht ist die Amerikanerin made in France aber nicht. Dazu ist der Pflegezustand der Hardware nicht auf adäquatem Topniveau, der (englischsprachige) Service zu routiniert und ohne besondere Finesse. Mit ihrer natürlich-liebenswürdigen und unkomplizierten Art sorgt die mehrheitlich philippinisch-indonesische Crew gleichwohl für ausgeprägte Wohlfühlatmosphäre in relaxt-eleganter Umgebung.

Wind Surf

Brücke

Blick in eine Suite

Fahrgebiete 2010

Die Wind Surf startet mit einwöchigen Karibikreisen in das neue Jahr. Mitte April steht eine Atlantiküberquerung an, danach ist der Segler im westlichen Mittelmeer und der Ägäis unterwegs. Die meistens einwöchigen Touren starten oder enden in Civitavecchia, Venedig, Nizza, Barcelona oder Piräus. Im November geht es dann ab Lissabon wieder in die Karibik.

Ausgewählte Reisen

Zum Filmfestival nach Cannes

Am 16. Mai geht es von Civitavecchia aus über Bastia nach Cannes, wo das Schiff zwei Tage verweilt. Es folgt ein Stopp in San Remo, bevor die Reise mit drei Tagen Aufenthalt in Monte Carlo endet. **9 Tage; ab € 2.615 ab/bis Hafen**

Winterliche Flucht in die Karibik

Ab/bis Bridgetown geht es am 5.12. nach Bequia, Grenada, Dominica, Antigua und St. Lucia. **8 Tage; ab € 1.674 ab/bis Hafen**

Segelromantik

DATEN & FAKTEN

BRZ	14.745	**Passagiere**	max. 312
Länge	187,00 m	**Crew-Mitglieder**	191
Breite	20,20 m	**Bordsprache**	Englisch
Indienststellung	1990 (als Club Med I; 1998, 2006 ren.)	**Passagierdecks**	7
		Restaurants/Bars	5/6

Kabinen	156 außen, davon 123 Staterooms (17,5 m²), 31 Suiten (35 m²) und 2 Bridge Deck-Suiten (46,5 m²)
Sport & Wellness	2 Pools, 2 Whirlpools, Health Spa (Sauna, Anwendungen) und Fitnessraum, Wassersport-Plattform, Windsurfen, Schnorcheln, Tauchen
Info-/Entertainment	Musikunterhaltung, Kunstauktionen, Bibliothek, Spiele, Internetzugang, kostenlose iPods, alle Kabinen mit CD-/DVD-/MP3-Player
Dresscode	leger, sportlich elegant
Info	UC Unlimited Cruises Tel. (04244) 96 62 59 www.windstarcruises.com
Preis pro Tag	**Durchschnitt € 300**

PROFIL

Info-/Entertainment	⚓⚓½
Sport & Wellness	⚓⚓⚓
Gastronomie	⚓⚓⚓⚓½
Familienfreundlichkeit	⚓
Service	⚓⚓⚓⚓

Boutiqueschiff im Yachtdesign: Le Ponant

Kreuzfahrt unter Segeln

Sea Cloud, Starclipper, Windstar – dazu ClubMed und Le Ponant: ein Überblick über das sportlichere Kreuzfahrtsegment

Kreuzfahrt unter Segeln: Die sportliche Alternative zum Motorschiff hat ihre Fangemeinde. Und neben den an anderer Stelle vorgestellten Seglern von **Sea Cloud** sowie **Starclipper Cruises** bieten auch die Schwesterschiffe der auf den vorangehenden Seiten porträtierten **Wind Surf** den romantischen Kick: die 1986 in Dienst gestellte **Wind Star** und die **Wind Spirit** von 1988. Beide sind Viermaster, mit 52 Meter hohen Masten, deren Segel hydraulisch gesetzt werden. Computer steuern auch das Fahrverhalten: Maximal sechs Grad Schlagseite lassen sie zu. Die je 148 Passagiere lieben an diesen Schiffen die zwanglose Bordatmosphäre, die Wassersportmöglichkeiten (Surfbretter, Tauchausrüstung, Banana Boats etc.) und die erstaunlich gute Gastronomie. Was sie nicht erwarten,

Wind Star: Baden am Heck und an Deck

ist großes Entertainment: Es geht ums Segeln – nicht um glitzernde Shows.

Im selben Geist präsentieren sich auch zwei französische Anbieter: **Club Med Cruises** und **Ponant Cruises**, mit vollem Firmennamen eigentlich Compagnie Îles du Ponant. Erstere ist ein Ableger des Ferienclubs gleichen Namens – und bietet auf der **Club Med 2**, gebaut 1992, All-inclusive-Törns an, bei denen sogar der Champagner im Preis (der Durchschnitt pro Tag liegt bei 320 Euro) enthalten ist. Der 2008 aufwendig renovierte Fünfmaster bietet 184 Außenkabinen, davon elf Suiten und eine 40 Quadratmeter große Eignersuite – und ist baugleich mit der Ex-Club Med 1, die heute Wind Surf heißt.

Last but not least, **Le Ponant**: ein so elegantes wie jugendliches „Boutiqueschiff" mit drei Masten, 32 Kabinen für 64 Gäste, die von einer 30-köpfigen Crew betreut werden – in der Bordsprache Französisch, denn wie die Club Med 2 ist auch die Ponant très français. Falls Ihnen der Name bekannt vorkommt: Die Ponant machte im April 2008 Schlagzeilen, als sie im Golf von Aden Opfer eines Piratenüberfalls wurde. Eine Woche lang blieben Crew und Kapitän in der Hand der Angreifer.

Hydraulisch gesteuerte Segel und die große Eignersuite: die frisch gestylte Club Med 2

SEGELSCHIFFE AUF EINEN BLICK

Windstar Cruises		
Wind Star	1986	148 Passagiere
Wind Spirit	1988	148 Passagiere
Wind Surf	1990/1998	312 Passagiere
Unternehmen	Sitz in Seattle, USA; gegründet Mitte der 1980er Jahre, Tochterunternehmen der Ambassadors International Cruise Group	
Flagge der Schiffe	Bahamas	
Gesamtkapazität	608 Betten auf 3 Schiffen	
Buchungen/Info	UC Unlimited Cruises Tel. (04244) 96 62 59 www.windstarcruises.com	
Club Med Cruises		
Club Med 2	1992/2008	409 Passagiere
Unternehmen	Sitz in Le Havre, deutsche Vertretung in Eschborn bei Frankfurt	
Flagge des Schiffs	Französisch-Polynesien	
Buchungen/Info	ClubMed, Tel. 08103 63 36 33 (€ 0,09/Min.), www.clubmed.de	
Le Ponant Cruises		
Le Ponant	1991	67 Passagiere
Unternehmen	Sitz in Marseille; gegr. 1988. Zur Flotte gehören auch die Motoryachten **Le Levant** (90 Pass.) und **Le Diamant** (198 Pass.). Zwei Neubauten, **Le Boréal** und **L'Austral** (je 264 Pass.), folgen 2010	
Flagge der Schiffe	Frankreich, Wallis & Fortuna	
Buchungen/Info	Aviation & Tourism International, Tel. (06023) 91 71 50, www.atiworld.de	

Auf Kurs

Wohin soll die Reise gehen? In welchem Hafen lohnt sich der Landgang? „Routen & Reviere“ gibt einen kompakten Überblick. Und stellt acht Häfen im Detail vor, die Lust auf mehr machen

FOTOS: Carnival Cruise Lines (1), Visit Helsinki (1), Turismo Lisboa (1), MSC Kreuzfahrten (1)

Zum südlichsten Ende der Welt

Südamerika liegt voll im Trend: Der faszinierende Kontinent lässt sich bequem auf dem Wasserweg erfahren. Einer der spannendsten Abschnitte führt von Chile nach Argentinien – via Kap Hoorn

VON FRED FRIEDRICH

Von Santiago, im Foto die Kathedrale, geht es südwärts zu den Fjorden und Gletschern Chiles. Im Hinterland von Punta Arenas (rechts) liegt die Traumkulisse der Torres del Paine (gr. Foto links)

Die Fahrt auf Santiagos „Hausberg", den 880 Meter hohen Cerro San Cristobal, hätten wir uns schenken können. Die Konturen der unter uns liegenden Millionenstadt sind kaum auszumachen, die Gipfel der Anden nur zu erahnen. Die knapp vierzehn Meter hohe Statue der Jungfrau Maria scheint mit ihren ausgestreckten Armen um eine befreiende Brise zu bitten.

Auch der Badeort Viña del Mar und die alte Hafenstadt Valparaíso kämpfen mit der Luftverschmutzung. Selbst unser mit 290 Metern Länge nicht eben kleines Kreuzfahrtschiff ist erst auf den zweiten Blick zu erkennen: Es ist umringt von Tausenden Containern aus aller Welt. Und die ehemalige Schönheit der Hafenpromenade erschließt sich erst bei genauerem Hinsehen – Tristesse und Verfall dominieren. Erstaunlich schnell sind wir – und rund 2.200 weitere Passagiere – an Bord der Star Princess. Das Miteinander ist so leger wie das Publikum international: „How do you do?" allerorten, „fine", „pretty well". Viele spanische Laute, mittendrin auch asiatische, russische und ein paar deutsche Töne. Bordsprache allerdings ist Englisch.

Rund um Puerto Montt schlägt das grüne Herz Chiles mit seinen zahllosen Wiesen, Wäldern, Seen und Vulkanen. Bei gutem Wetter spiegelt sich der schönste von allen mit seiner schneebedeckten Kuppe im glasklaren Wasser des mal wild schäumenden, mal sanft sich kräuselnden Lago Llanquihue. Im Örtchen Frutillar laden die Puppenstube und die Seilerei Winkler zum Shoppen ein, serviert das Gasthaus Zum Seeblick Bratwürste, im Kaffee Dresden wünscht man „Guten Appetit" zu Apfelstrudel, Käsekuchen und Schwarzwälder Kirschtorte.

Tatsächlich fühlt man sich im Museo de la Colonización Alemana in ein Deutschland um 1900 zurückversetzt. Schindelgedeckte, mit Wein und Efeu bewachsene Häuser hinter akkurat geschnittenen Hecken, prächtige Gärten mit riesigen Hortensienstauden und Rosenstöcken, der Rasen auf Streichholzlänge gestutzt. Sogar eine funktionsfähige Wassermühle und ein original eingerichtetes Bauernhaus gibt es. Schwer vorstellbar, wie hart das Leben der Einwanderer ohne Kühlschrank, Geschirrspüler und Waschmaschine gewesen sein muss. Und wieviel Kraft es ►

FOTOS: J. Bohmann (3), Hurtigruten (1)

Patagonien, Land der Gauchos – und des Eises. Chiles Gletscher, im Bild der über vierzig Meter hohe Glaciar Amalia, bilden eines der größten Süßwasserreservoire der Welt

gekostet hat, den schier undurchdringlichen Regenwald mit bloßen Händen in fruchtbares Weideland zu verwandeln.

Anderntags gleitet unser Schiff fast lautlos einer in allen möglichen Blautönen schimmernden Eiswand entgegen: dem Amalia-Gletscher – knapp einen Kilometer breit und über vierzig Meter hoch. Selbst wenn man es angesichts der kalten Pracht nicht vermuten möchte – auch auf der südlichen Erdhalbkugel schmelzen die Gletscher. Vor allem in Chile, dessen Eisflächen eines der größten Süßwasserreservoire der Welt bilden.

Für den nächsten Tag hat die Reiseleitung bedeckten Himmel und eine Regenwahrscheinlichkeit von siebzig Prozent vorausgesagt. Doch kaum liegt die Star Princess vor Punta Arenas auf Reede, kämpfen sich erste Sonnenstrahlen durch die Wolken. Toninas, chilenische Delphine, schwimmen mit den Tenderbooten um die Wette. Mal rechts, mal links, mal vor uns begleiten sie uns frech grinsend zur Anlegestelle.

Der geplante Ausflug zur Otway Bay entfällt. Die Magellan-Pinguine haben wesentlich früher als üblich ihre Brutkolonie verlassen – auch dies eine Folge des Klimawandels. Bleibt also Zeit für einen Bummel durch Chiles südlichste Stadt – um zu shoppen, zum Beispiel! Obwohl Sonntag ist, haben alle Kaufhäuser geöffnet.

Im Beagle-Kanal tauchen wir in die Gletscher- und Fjordwelt der Cordillera Darwin ein. Fotoapparate klicken unaufhörlich, Videokameras summen – hinter jeder Biegung präsentieren sich neue, immer faszinierendere Naturschauspiele. Über Stunden begleitet uns ein mächtiger Regenbogen mit ständig neuen Farbschattierungen. Fast könnte man vermuten, Princess Cruises malte ihn mit Laserkanonen ans Firmament.

Ganz im Gegensatz zu dieser Kulisse stehen die ab Mittag im Zehnminutentakt folgenden Durchsagen von Kapitän und Reiseleitung: Wegen starker Winde sei ein Anlegen am Kai von Ushuaia nicht möglich. Es folgt die Information, dass die argentinischen Behörden das Ausbooten mit den schiffseigenen Booten untersagt haben. Unruhe macht sich breit: Jeder will seinen Fuß in die südlichste Stadt der Welt setzen. Das große Warten beginnt, unterbrochen von immer neuen Mitteilungen: Die „Wildlife Cruise" wird abgesagt, die Fahrt mit dem „Zug am Ende der Welt" auch. Doch wir haben Glück: Mit nur zweistündiger Verspätung startet der

Ushuaia vermarktet sich als südlichstes „Ende der Welt". Nach Berlin, sagt der Wegweiser, sind es über 14.000 Kilometer. Skurriles auf den Falklands: Kate Bennets 68 Gartenzwerge

Ausflug in den Tierra-del-Fuego-Nationalpark. Auf dem legendären Panamerican Highway (er endet 48.000 Kilometer weiter nördlich in Alaska!) passieren wir die Anden und den Lago Escondio. Von wegen „Feuerland ist abgebrannt" – das Ende der Welt überrascht mit schneebedeckten Bergen, verwunschenen Wäldern und Seen voller Lachse und Forellen.

„Selbst der Teufel würde hier erfrieren", schrieb Charles Darwin einst über Kap Hoorn. Dabei präsentiert sich der Alptraum früherer Zeiten ganz unspektakulär: eine 441 Meter hohe, kahle und steile Klippe. Ungemütlich ist die Passage aber auch heutzutage noch: An über 200 Tagen pro Jahr herrscht Sturm, und zwanzig Meter hohe Wellen sind üblich. Der Wind jagt mit einer Geschwindigkeit von 55 Knoten über das Schiff, das Meer brodelt. Tief unter uns liegen angeblich mehr als 800 Schiffe. Über 10.000 Menschen sollen hier ihr Grab gefunden haben.

Dann die Falklands: Über 740 Inselchen mit knapp 2.500 Einwohnern, Militärangehörige nicht mitgerechnet. Auf 88 Farmen werden 580.000 Schafe und 6.600 Rinder gehalten. Es gibt genau 227 Vogelarten, unter ihnen rund 770.000 Felsen-, Magellan-, Goldschopf-, Esels- und Königspinguine. Elf Taxis und ein Oldtimer-Doppeldeckerbus fahren im Linksverkehr, typisch britisch auch die Telefonhäuschen und die sage und schreibe acht Pubs. Weitaus zahlreicher sind da die Absperrungen und Warnschilder. 117 Minenfelder – die Auseinandersetzungen zwischen England und Argentinien liegen über ein Vierteljahrhundert zurück! – sind noch heute ungeräumt. Immerhin hat der Konflikt neue Ausflugsmöglichkeiten kreiert: Die Tour „Battle Fields" ist ausgebucht. Heile Welt dagegen im Garten von Kate Bennet: 68 Gartenzwerge (die meisten „made in Germany") nennt die quirlige Dame ihr Eigen.

Wir halten Kurs auf die Metropolen Montevideo und Buenos Aires. Manche Schiffe stoppen zusätzlich in Puerto Madryn, um die See-Elefanten auf der Halbinsel Valdés zu besuchen, oder im Badeort Punta del Este in Uruguay. Andere fahren weiter nach Santos und Rio de Janeiro. Südamerika liegt voll im Trend. Neben den internationalen Reedereien kreuzen auch immer mehr deutsche Anbieter hier. Und nicht selten ist Ushuaia das Gateway für Reisen zum sagenumwobenen sechsten Kontinent: Antarctica. Aber das ist eine ganz andere Geschichte ... ■

FOTOS: J. Bohmann (1), F. Friedrich (4)

„Unser Meer“

Sommer, Sonne, Süden: Schon immer war das Mittelmeer der Inbegriff für Sommerferien. Dank des Kreuzfahrtbooms entdecken es immer mehr Urlauber aus der Wasserperspektive. Willkommen im Süden!

Mare nostrum, „unser Meer“, nannten es die alten Römer. Doch nicht nur ihr Erbe, sondern auch die Hinterlassenschaften des alten Griechenlands, Ägyptens und des Orients haben es geprägt. Fast täglich stehen deshalb auf Kreuzfahrten im Mittelmeer neue Höhepunkte an – ob in den alten Städten Frankreichs und Italiens, auf den Inseln Spaniens und Griechenlands oder auf den Basaren von Istanbul über Beirut bis Sousse. Hinzu kommt das besondere Flair der „Südsee Europas“: Nicht zuletzt ist es der legere Lebensstil seiner Anwohner, der das Mittelmeer zum Inbegriff dessen macht, was wir vom Süden erträumen. So sehr, dass wir manche Ziele längst besser kennen als Norderney oder Sylt – Mallorca mit Abstand vorneweg. Was natürlich auch die Kreuzfahrtindustrie längst weiß: Palma, die Hauptstadt des „17. Bundeslandes“, darf auf keinem Törn durchs westliche Mare nostrum fehlen. Aber kennen wirklich alle Mallorca so gut? Falls nicht: Wir haben ein paar Tipps für den Landgang gesammelt.

FOTOS: J. Bohmann (2), B. Gerhards (1)

Informationen zu allen Häfen auf dieser Karte finden Sie im Internet unter www.kreuzfahrtguide.com/reiseziele

Altstadt

Kathedrale

Am alten Hafen

Landgang

Palma de Mallorca

Putzfraueninsel, das war einmal. Mallorca ist *das* Reiseziel der Deutschen. Mit täglichen Flügen im Sommer selbst ab Paderborn oder Münster. Mit einer eigenen Ausgabe jener Zeitung, die die großen – und spektakulären – Headlines pflegt. Mit „Düsseldorfer Loch" und „Hamburger Hügel": Geschätzte 50.000 Bundesbürger haben auf Mallorca einen Zweitwohnsitz. Kein Wunder, dass auch die Kreuzfahrtveranstalter „die Insel" – allenfalls Sylt darf man so nennen – entdeckt haben: Mit über 400 Schiffsanläufen pro Jahr, mit „Stammgästen" wie AIDA Cruises, MSC und Costa ist Mallorcas Hauptstadt Palma heute einer der bestbesuchten Kreuzfahrthäfen des Mittelmeers – und damit der Welt.

Souvenir, Souvenir ...

VOM HAFEN IN DIE STADT Kreuzfahrer legen westlich der Stadtmitte an, entweder im Fährschiffhafen an der **Estació Marítima** (ca. 40 Minuten zu Fuß bis zum Zentrum) oder am Marinehafen **Porto Pí**, von wo aus man in die Stadt bis zu einer Stunde zu Fuß unterwegs ist. Man nehme also, sofern angeboten, den Shuttlebus – oder ein Taxi: Die Fahrt ins Zentrum kostet 10 bis 15 Euro.

ANSCHAUEN Palmas touristisches Zentrum kann man nicht verfehlen: Es liegt zu Füßen der nach langer Restaurierung in neuem Glanz strahlenden **Kathedrale**. „La Seu" nennen die Mallorquiner das zwischen 1230 und 1601 erbaute Meisterwerk der europäischen Gotik; fotogen spiegeln sich seine Türme im Wasser des **Parc de la Mar**. Und so beeindruckend wie das Äußere ist das Innere: Allein die gigantischen Buntglasfenster sind das Eintrittsgeld wert.

Und dann lässt man sich erst einmal treiben, weiter hinein in die engen Gassen. Zu den **Arabischen Bädern** (ausgeschildert „Banys Àrabs") aus maurischer Zeit, zum **Rathaus**, vor dem ein tausendjähriger Olivenbaum steht – und kreuz und quer durch eine der besterhaltenen Altstädte ganz Europas. Mit originellen Läden, in denen es Sobrassada-Wurst, feine Weine oder duftende Gebäckkringel gibt, mit verglasten Erkerfassaden, stillen Innenhöfen und knatternden Mopeds. Bis man irgendwann zurückkommt zum **Passeig des Born**, um in der (immer noch) kultigen **Bar Bosch** ein Bier zu trinken. Schauen Sie dort mal hinauf zu den Fassaden: Der katalanische Jugendstil und sein genialster Kopf Antoni Gaudí haben hier beeindruckende Spuren hinterlassen.

Westlich des Born dann das **Llotja-Viertel**, Standort der namengebenden Börse (Llotja) aus gotischer Zeit, des Königspalasts, des Palasts der Inselregieung – und etlicher Touristenfallen. Wenn die Geschäfte nach der nachmittäglichen

Bar Bosch

Der „Rote Blitz“

Nordküste

Siesta wieder öffnen, tobt hier, zwischen Hafenmeile und der Straße **Apuntadors**, das Leben. Die Plastikspeisekarten sind bebildert und fünfsprachig – und die Preise zu hoch. Einen Drink in der legendären **Abaco Bar** sollten Sie sich dennoch gönnen: Die Deko aus Früchten und Blumen ist sensationell. Weiter zu Fuß? Dann längs der Stadtmauer zum **Es Baluard**: Palmas jüngstes Museuem für moderne Kunst wurde direkt in die alte Stadtbefestigung hineingebaut – und ist im Sommer bis Mitternacht geöffnet. Und jenseits des Boulevards davor (Avinguda Argentina) und oberhalb der Windmühlen auf der Mauer liegt **Santa Catalina**: das neue In-Viertel für alle, denen die Llotja zu abgeschmackt ist.

TIPP **Palma ist ein Shopping-Paradies – für originelle Souvenirs ebenso wie für zeitgenössische Mode. Am Passeig des Born, vor allem aber längs der an seinem oberen Ende quer verlaufenden Avinguda Jaume III liegt das Epizentrum: Ob Mango, Zara oder Camper, ob die Lokalhelden Adolfo Domínguez oder Purificación García – hier finden Sie alles. Und wer besonders noble Schuhe oder Accessoires sucht, geht zum Edeldesigner Loewe, direkt an der Ecke von Born und Jaume III.**

ESSEN & TRINKEN Wenn Sie am Llotja-Viertel nicht vorbeikommen: Unter den Tapas-Bars ist die Traditionstaverne **La Bóveda** (Passeig Sagrera) noch immer Kult: Ein Glas im Stehen, dazu pinchos, lomo, boquerones – köstlich. Deutlich stylisher ist **La Bodeguilla** (Sant Jaume, 3), einen Steinwurf von der Bar Bosch entfernt: Auch hier gibt's delikate Häppchen – und die Weinkarte umfasst über 200 Einträge. Wer Michelin-Küche möchte, der fährt zum **Plat d'Or** im Arabella Sheraton am nördlichen Stadtrand. Oder lässt sich zum **Tristan** in Port Portals, zum **Racó d'es Teix** in Deià oder zum **Molí d'en Bou** in Sa Coma chauffieren.

TIPP **Trends kommen und gehen – dieser hält sich schon eine Weile: Portixol, ein Fischerdorf am Weg nach Arenal (1 km vom Zentrum), ist das Szeneviertel am Abend. Trendsetter war das Hotel Portixol, coole Bars, Clubs und Lounges folgten. Hier zeigt man sich, hier ist man in.**

FOTOS: J. Bohmann (6), Turespaña (2)

DIE BESTEN AUSFLÜGE Raus aus der Stadt auf eigene Faust, das geht per Mietwagen – oder per Bahn: In das hübsche Dorf **Sóller**, das auch kaum eine der Rundfahrten zur Nordküste auslässt, kann man ab Palma mit dem Nostalgiezug **„Roter Blitz“** fahren, einer Holzeisenbahn aus Großvaters Zeiten, die einst Orangen transportierte und rattert und klappert wie eh. Wer die Bustour vorzieht und noch nie auf der Insel war: An der wilden „Costa Nord“ ist sie am schönsten. Neben Sóller wird man dort die Kartause von **Valldemossa** besuchen, wo Chopin mit George Sand einen Winter lang lebten, und das nicht minder romantische Künstlerdorf **Deià**. Rundherum streben die Berge der Tramuntana zum Himmel, duften Zitronen, Feigen, Orangen – Mallorca für die Seele. Mallorca „von unten“ ist ein anderer Klassiker: Er führt zu den **Tropfsteinhöhlen** bei Porto Cristo an der Ostküste – vor allem für Familien ein Tipp.

Da aber allzu viele all das schon kennen, bieten die Reedereien auf Mallorca immer häufiger **Aktivausflüge** an: zum Wandern, Klettern, Quad-Fahren, Segeln. Wir hätten da noch eine Alternative: den Besuch bei einem Winzer, z. B. in **Binissalem**. Sollten Sie Mallorcas Weine noch nicht kennen: Sie sind eine Entdeckung .

J. BOHMANN

Weinprobe

An der „Silberküste“ bei Lissabon

Atlantische Gestade

Vom Ärmelkanal bis zu den „Inseln des ewigen Frühlings“: Die Atlantikküsten Westeuropas sind ein faszinierendes Kreuzfahrtrevier

Frühling und Herbst – das sind die Jahreszeiten, in denen der Kreuzfahrtverkehr zwischen Gibraltar und Hamburg am regsten ist. In der Übergangszeit des Frühlings befinden sich viele Kreuzfahrtschiffe auf dem Weg von den Winterzielen in der Karibik oder der südlichen Hemisphäre zu den klassischen Sommerrevieren an der Ostsee, im Nordland oder im Mittelmeer; im Herbst verläuft die Überfahrt in die entgegengesetzte Richtung. Wer mitfährt, erlebt das ganze Kaleidoskop der Kulturen, die den „Alten Kontinent“ prägen. An der Route liegen die vom Golfstrom verwöhnten Küsten des Ärmelkanals, die alten Handelsstädte Hollands, Flanderns und Frankreichs – und die oft sturmgepeitschte Biskaya. Für viele eine Entdeckung sind Nordspanien – Galizien mit der Jakobswegstadt Santiago de Compostela! – und Portugal mit Porto und Lissabon. Die westlichste Hauptstadt des europäischen Festlands stellen wir deshalb ausführlich vor. Und weit draußen im Atlantik liegen die letzten Vorposten Europas: die Kanaren und Madeira. Sie gelten seit der Antike als „Inseln des ewigen Frühlings“ – und sind im Winter das perfekte Kreuzfahrtrevier.

FOTO: Turismo de Lisboa

Alle Wege ...

Die „Eléctrico"

Bairro Alto

Landgang

Lissabon

Hummeln, ein ganzer Schwarm davon – das erste Geräusch, mit dem sich Lissabon allen Kreuzfahrern anmeldet. Dabei sind es nur die Autos auf der **Ponte 25 de Abril**, der längsten Hängebrücke Europas, die das seltsame Summen fabrizieren. Hat man sie passiert, ist keines der drei Cruise-Terminals mehr weit – und Lissabons schöne Altstadt erfreulicherweise auch nicht. Aber Vorsicht: Die 2.000 Jahre alte Seefahrerstadt am Tejo macht süchtig. Durch ihre Gassen weht melancholische Nostalgie, vermischt mit der Lust auf Leben, Feiern und gutes Essen. Hier schmachtender Fado, dort coole Loungemusik – das ist die verführerische Melodie Lissabons.

Blick auf de Stadt vom Tejo

VOM HAFEN IN DIE STADT Drei mögliche Terminals, zwei Wege in die City: Ab den Terminals **Alcântara** und **Rocha do Conde de Óbidos** im Westen nimmt man am besten die Straßenbahn, Linie 15. Wer mit Belém starten möchte, fährt nach links, wer gleich ins Zentrum will, nach rechts (aussteigen am besten an der Praça do Comércio). Vom dritten Terminal, **Santa Apolónia**, ist die Metro nicht weit. Mit der blauen Linie landet man nach wenigen Stationen am schönen Rossio-Platz, mitten in der Stadt.

ANSCHAUEN Das Viertel **Belém** liegt zwar rund vier Kilometer westlich der Innenstadt – ist aber ein Muss für jeden Erstbesuch. Mit der **Torre de Belém**, einer weiß schimmernden Festung aus der Entdeckerzeit, mit dem monumentalen **Denkmal** für die Großen jener Ära – und mit dem zauberhaften Kloster **Mosteiro dos Jerónimos**, dessen verschnörkelter heller Sandstein gerade frisch gereinigt wie neu strahlt. In einem Seitenflügel ist das **Seefahrermuseum** untergebracht, und nebenan erhebt sich die prächtige **Kathedrale Santa Maria**, bei Messen mit Räucherstäbchen und Chor ein Gesamterlebnis für die Sinne. Für Kunstfreunde: Fast gegenüber hängen Warhol, Pollock, Dalí und Miró im neuen **Museu Colecção Berardo**. Einen Katzensprung weiter ein Highlight ganz anderer Art: die **Pasteis de Belém**, ein Paradies der typischen, mit Vanillecreme gefüllten Törtchen. Seit über 150 Jahren wird in den gefliesten Räumen das ofenwarme Süßteil serviert, dessen genaue Rezeptur immer nur drei Eingeweihte gleichzeitig wissen dürfen.

Satt und zufrieden läuft man nun entweder den **Docas** in Höhe der Ponte 25 de Abril entgegen, einer trendigen Flaniermeile mit umgebauten ehemaligen Lagerhäusern und hippen Cafés. Oder man fährt mit der Linie 15 gen City direkt an den schönen Platz **Praça do Comércio**. Von dort sind es

FOTOS: iStockphoto (7), J. Bohmann (1)

Typisches Gericht

Blick auf den Tejo

Alfama

auf der Rua Augusta nur ein paar Schritte bis zur Querstraße Rua da Conceição – und zur Haltestelle der gelben, nostalgischen **Tram Nr 28**. Die „Eléctrico" ist ein Erlebnis für sich – und die billigste Stadtrundfahrt zum Ticketpreis von 1,50 Euro. Sie führt vorbei am Künstler- und Ausgehviertel **Bairro Alto** bis hoch in die Gässchen der charmant morbiden Altstadt **Alfama** mit dem **Kastell São Jorge**, der **Kathedrale**, den Fado-Spelunken, den uralten Häuschen.
Zurück an der Rua da Conceição kann das fröhliche Shoppen beginnen. Den kleinsten Laden der Stadt, den Handschuhshop **Luvaria Ulisses** in der Rua do Carmo 87a, darf man nicht verpassen. Dort besteht Besitzer Carlos Carvalho auf der klassischen Anprobe – mit aufgestützten Ellenbogen. Auf jedes Paar gibt es lebenslange Garantie. Im Barrio Alto, ganz in der Nähe: **A Vida Portuguesa** in der Rua Anchieta 11, ein uraller Gemischtwarenhandel, auf neu gemacht. Mit allen Sachen, die es früher einmal in Portugal gab – Dosen, Seifen, Pudermischungen, Notizbücher. Die lässt Besitzerin Catarina zum Teil im Originaldesign nachproduzieren.
Wer jetzt noch Zeit hat, fährt zum Expogelände von 1998, dem **Parque das Nações**. Mit schicker Architektur, fantastischem **Ozeanarium** (Haie, Mondfische!) und dem Shoppingcenter Vasco da Gama (Dachterrasse, Liegestühle, Tejo-Blick ...).
TIPP In der Baixa und im Bairro Alto geht es mit dem Aufzug weiter: Die rund 100 Jahre alten Elevadores gehören zu den offiziellen Verkehrsmitteln der Stadt. Der Elevador de Santa Justa verbindet die Baixa in der Rua de Ouro mit dem Bairro Alto in der Straße Largo do Carmo.

ESSEN & TRINKEN Fisch, frisch und lecker, gibt es in den neuen Docklands – z. B. im **Doca 6**, einem restaurierten Hafenschuppen vor der Ponte 25 de Abril. Oder – einfacher, aber vielleicht origineller – in den kleinen Gaststuben überall in der Stadt. Nachmittags ist das **Café A Brasileira** im Viertel **Chiado** fast Pflicht. Hier hockten früher die Dichter und Denker wie Fernando Pessoa. Neben dem Eingang: ein uralter, ins Café eingebauter Kiosk! Abends lauscht man in der Altstadt zu portugiesischer Haute Cuisine dem Fado. Berühmt ist die **Casa de Linhares**; dort singen schon mal Fado-Queens wie Ana Moura, mit der sogar die Rolling Stones schon eine CD aufnahmen.
TIPP Lissabons schönste Ausblicke heißen Miradouros, und an einem solchen liegt das Noobai Café (Miradouro do Adamastor, Santa Catarina). Irgendwer spielt immer Gitarre, wenn die Sonne untergeht, und der Mango-Ingwersaft ist einmalig erfrischend.

DIE BESTEN AUSFLÜGE Wer Lissabon schon kennt (oder nach dem Besuch noch Zeit hat), sollte unbedingt einen Ausflug in die **Serra de Sintra** nordöstlich der Stadt unternehmen. Der Königspalast von **Queluz** liegt am Weg, dann der märchenhafte **Palácio da Penha**, das portugiesisiche Neuschwanstein – und das Städtchen **Sintra** selbst mit irrwitzig steilen Dächern, seltsamen Erkern und Giebeln im „casa portuguesa"-Stil. Letzter Stopp ist schließlich **Cabo da Roca** mit seinem Leuchtturm: der westlichste Punkt des europäischen Festlands. Die Alternative hierzu sind die Bäder an Lissabons Costa del Sol: **Estoril** und **Cascais**. Ein Tipp ist das kleine **Guincho** bei Cascais. Mit seinem traumhaften Dünenstrand ist es das Mekka der Brandungswindsurfer.

Denkmal der Entdeckungen

S. PFERSDORF

Fjordfahrt mit Hurtigruten

In den hohen Norden

Norwegens Fjorde oder „Rund um Großbritannien": Kurs Nord heißt es in der Kreuzfahrt ab Mai. Je weiter hinauf, desto länger die Tage

Sommerzeit – Nordlandzeit! Von Mai bis September kennen viele Kreuzfahrer nur ein Ziel: möglichst weit hinaufzukommen in den Norden. Einmal am Polarkreis gestanden, einmal das Nordkap umrundet und einmal die Mitternachtssonne erlebt zu haben, das ist für viele einer der schönsten Reiseträume überhaupt. Mit keinem Verkehrsmittel geht das besser als mit dem Schiff. Und da Hamburg, Bremerhaven oder Kiel die Starthäfen sind, kann man mit der Bahn zum Schiff anreisen. Praktischer geht's nicht – kein Wunder, dass der Norden ein Kreuzfahrt-Dauerbrenner ist.

Norwegen also. Mit seinen dramatischen Küsten und malerischen Städten: Bergen, die schönste, stellen wir hier stellvertretend vor. Wer noch weiter hinaus will, fährt nach Island oder gar Spitzbergen und Grönland, was bereits als „Expedition" gilt und Schiffe mit entsprechender Eisklasse voraussetzt. Nicht zu vergessen sind aber auch die Britischen Inseln: „Rund um Großbritannien", mit Abstechern nach Irland und zu den Hebriden, Shetlands oder Orkneys, bietet Natur *und* Kultur pur. Auch die des Whisky-Trinkens. Nirgends schmeckt er besser als in seiner Heimat.

FOTO: Hurtigruten

In den Fjorden

Fischmarkt

Bahn zum Fløyen

Landgang
Bergen

Norwegens einstige Hauptstadt hat ein ganz besonderes Flair: Bergen liegt eingebettet in eine Landschaft aus Fjorden und Bergzügen. Terrassenförmig zieht sich die „Stadt der sieben Hügel“ an den Hängen hinauf. Rund um den Naturhafen Vågen spielt sich das Leben hauptsächlich ab, die Seefahrt gehört zum Stadtbild. Bergen ist Ausgangspunkt der Postschiffe nach Nordnorwegen: Täglich macht sich ein Hurtigruten-Schiff auf den Weg nach Kirkenes. Auch die größten Kreuzfahrtschiffe wie z. B. die Queen Mary 2 steuern auf ihren Nordlandtouren Bergen an.

Bryggen-Viertel

Knapp 250.000 Einwohner leben in der zweitgrößten Stadt Norwegens. Bereits 1070 gegründet, wurde Bergen rasch zum Handelszentrum für ganz Skandinavien, vor allem für Stockfisch, der von den Lofoten kam. 1217 wurde Bergen dann auch Residenz des norwegischen Königs. Als im 14. Jahrhundert Oslo Hauptstadt wurde, blühte Bergen weiter: als Hansestadt – die alten Handelshäuser im Viertel **Bryggen** zeugen davon. Bergen ist auch das Kulturzentrum des Landes, 2000 war es zudem „Europäische Kulturstadt“. Norwegens bekanntester Komponist Edvard Grieg wurde hier am 15. Juni 1843 geboren. Vermutlich bei Regen, denn das ist das größte Manko: Mit fast 250 Regentagen im Jahr ist Bergen die regenreichste Großstadt in ganz Europa.

VOM HAFEN IN DIE STADT Der Kreuzfahrtanleger liegt an der Einfahrt zum Naturhafen **Vågen**. Die Stadt kann also bestens auf eigene Faust zu Fuß erkundet werden. Am Nordufer des Vågen entlang erreicht man schon nach wenigen Minuten die wichtigsten Hotspots. Ein Taxi ist nicht nötig. Höchstens für die Rückfahrt, falls es mit der Zeit mal knapp werden sollte. Bei den vielen Sehenswürdigkeiten hat sich schon so mancher Passagier zu sehr in seinen Landgang vertieft.

TIPP Wer auf die Postschiffe will, sollte seine Zeit großzügig planen: Der Hurtigruten-Terminal (Nøstet-Kai) liegt ein gutes Stück außerhalb.

ANSCHAUEN Die bekannteste Attraktion Bergens ist nur zehn Gehminuten vom Kreuzfahrtterminal entfernt: das alte **Hanseviertel Bryggen** direkt am Hafen. Rund sechzig der bunten Holzhäuser aus dem Mittelalter sind noch in ihrer ursprünglichen Form erhalten. Heute gehören sie zum Weltkulturerbe der UNESCO. Der Gang auf den Holzbohlen

FOTOS: TUI Cruises (1), U. Bahn (2), Bergen Tourist Board (5)

Yachthafen

Stabkirche in Fantoft

Stadtfest

durch die winzigen Gässchen ist Pflicht – auch wenn sich das jeder Passagier auf Landgang sagt. Wer mehr über Bergens Hansezeit erfahren will, sollte ins **Hanseatische Museum** gehen. Nur ein paar Meter weiter, ist es authentisch im Stil des 16. Jahrhunderts eingerichtet und zeigt das Leben der Kaufleute vor fünfhundert Jahren. Kaufmanns-Kultur von heute kann man bestens auf dem **Torget** erleben, dem Marktplatz von Bergen. Er ist nicht zu übersehen, direkt am Kopfende des Naturhafens. Der belebte **Fischmarkt** (nur werktags) ist der beliebte Treffpunkt in der Stadt. Wer sich an Bord des Schiffes verpasst, trifft sich garantiert hier. Kunstfreunde sollten weiter stadteinwärts zum Stadtsee **Lille Lungegårdsvann** gehen. Dort finden sie bedeutende Kunstsammlungen, wie z. B. die **Rasmus Meyers Samling**.

ESSEN & TRINKEN Bergen ist, wie ganz Norwegen, teuer. Ein halber Liter Bier kostet fast zehn Euro, und auch die Preise fürs Essen sind für deutsche Verhältnisse heftig. Ein Muss auf dem **Fischmarkt**: „Ferske Reker" auf die Hand, das sind garnelengroße Krabben zum Selberpulen. Nach dem Marktbummel füllen sich die Pubs und Cafés rund um den **Torget**. Bei schönem Wetter (soll es auch geben) treffen sich Touristen und Einheimische draußen vor den Bryggen-Häusern. Tische und Stühle sind dann schnell besetzt. Der beste Ort, bevor es wieder an Bord geht.

TIPP **Das älteste und vielleicht beste Fischrestaurant ist das Enhjørningen im Bryggen-Viertel. Gespeist wird in traditionellem Hanseambiente. Auch hier ist das obere Preisnieveau erreicht: Das Dreigang-Menu kostet 520 Kronen – umgerechnet 60 Euro.**

DIE BESTEN AUSFLÜGE Einen fantastischen Blick auf Bergen und die vorgelagerte Schärenwelt hat man vom 320 Meter hohen Aussichtsberg **Fløyen**. In knapp sechs Minuten geht es hinauf mit der **Fløibahn**. Die Talstation ist nur 150 Meter vom Fischmarkt entfernt. Ab 7.30 Uhr (Samstag 8 Uhr, Sonntag 9 Uhr) fährt die Bahn nonstop bis mindestens 23 Uhr. Die einfache Fahrt kostet umgerechnet vier Euro. Wer will, kann die Strecke auch zu Fuß zurücklegen, es gibt einen herrlichen Wanderweg. Dauer: 45 Minuten. Südlich des Zentrums liegt eine weitere Sehenswürdigkeit Bergens: **Troldhaugen**, die Villa, in der **Edvard Grieg** über zwanzig Jahre gewohnt hat. Das Haus ist heute Museum, im Sommer werden Konzerte aufgeführt.

Fotogen: der Wasserfall Steindalsfossen

Abstecher in die weitere Umgebung führen per Bus (oder Wasserflugzeug!) zu Fjorden, Inseln und Schären. Beliebte Ziele sind die **Stabkirche von Fantoft** (eine Rekonstruktion des 800 Jahre alten Originals) und der malerische **Hardangerfjord**. Der Weg dorthin führt u. a. über **Kvamskogen**, ein Skiparadies vor der Haustür der Stadt, und zum **Steindalsfossen**, einem der beeindruckendsten Wasserfälle im norwegischen Fjordland.

UWE BAHN

In Litauen: die Kurische Nehrung

FOTO: baltikuminfo.de

Das Baltische Meer

Kultur, Geschichte und faszinierende Städte: Einst Stiefkind des Tourismus, ist die Ostsee heute ein Bestseller der Kreuzfahrtbranche

Es ist kein Ozean der exotischen Gestade. Das Baltische Meer, die Ostsee, wie wir sie nennen, ist vielmehr ein Ziel für Reisende auf Spurensuche. Sie wollen ein wesentliches Stück Kultur des alten Europa entdecken, Zeugnisse großer Geschichte, eine in weiten Teilen noch heile Natur – und dabei oftmals auch ihre persönliche Vergangenheit. Die Hanse hat vielen Städten zu einem Wohlstand verholfen, der heute noch (oder wieder) sichtbar ist; so berühmte Ziele wie Kopenhagen und Stockholm oder so idyllische wie Visby auf Gotland zeugen davon. Doch wie sieht es mit den einst hinter dem „Eisernen Vorhang" gelegenen Städten aus, mit Riga, Tallinn, Danzig, Klaipėda (dem „Memel" von einst) oder Königsberg? Und mit Sankt Petersburg, das wie keine andere die Neugier weckt: Zarenpaläste, Bernsteinzimmer, die Eremitage – viele Schiffe bleiben hier gleich für zwei Tage. Dass aber auch eine Stadt im „alten Westen", die auf demselben Breitengrad liegt, eine orthodoxe Kathedrale, goldene Kuppeln und Erinnerungen an die russische Geschichte zuhauf besitzt, ist viel weniger bekannt. Gemeint ist Helsinki, das von 1808 bis 1917 zu Russland gehörte – und heute zu den lebendigsten Metropolen der Region gehört. Mag es auch „schönere" Städte geben – so unverwechselbar wie Helsinki sind wenige.

Informationen zu über 160 weiteren Häfen in aller Welt finden Sie unter: **www.kreuzfahrtguide.com/reiseziele**

Oper

Sibelius-Denkmal

Senatsplatz

Landgang

Helsinki

Woran denkt man bei Finnland? An Aki Kaurismäkis Filme. Die traurig sind und irgendwie ständig im Winter spielen, zumindest dem der Seele. Dunkelheit, Melancholie – und entschieden zu viel Alkohol ... Doch dann kommt man an, im Sommer: Die Stadt strahlt, die Nacht ist hell – und der Alkohol viel zu teuer, um sich zu betrinken. Und die Menschen? Sprechen untereinander eine Sprache, die man nicht versteht, mit Fremden aber ein fröhliches Englisch. Woran denkt man bei Finnland? An listig lächelnde Skispringer und Autorennfahrer. Und die Leningrad Cowboys.

Uspenskij-Kathedrale

VOM HAFEN IN DIE STADT Kreuzfahrer empfängt Helsinki mit offenen Armen. Die Einfahrt durch die Schären ist prachtvoll, und beim Anlegen erkennt man: Das Zentrum ist zum Greifen nah, direkt hinter der Pier warten Wochenmarkt und Markthalle, und man kann zu Fuß in die Stadt gehen – wenn man, so leider die Einschränkung, auf einem kleineren Schiff fährt und deshalb im **Südhafen** ankommt. Größere müssen dagegen den **Westhafen** anlaufen; er liegt circa drei Kilometer vom Zentrum entfernt.
TIPP **Auf dem Marktplatz (Kauppatori) beim Südhafen steht die zauberhafte Statue der Havis Amanda: eine Meerjungfrau, die sich entschieden hat, ihre Heimat im Meer zu verlassen. Gerade setzt sie die ersten Schritte an Land. Über die Schulter wirft sie einen letzten Blick zurück.**

ANSCHAUEN Östlich des Südhafens hat man eine Sehenswürdigkeit schon vom Schiff aus im Blick: die orthodoxe **Uspenskij-Kathedrale**. Russisch-byzantinisch ist der Stil, 1868 wurde sie fertiggestellt – die größte orthodoxe Kirche im westlichen Europa. Das Herz der „Weißen Stadt im Norden“, wie Helsinki gern genannt wird, schlägt aber am **Senatsplatz**. Hier hinterließ der Berliner Baumeister Carl Ludwig Engel (1778–1840) in der ersten Hälfte des 19. Jahrhunderts im Auftrag des Zaren Alexander I. ein Ensemble aus Gebäuden im Empire-Stil, das in seiner Geschlossenheit einzigartig in der Welt ist. Zu ihnen gehören die **Universität** (werfen Sie einen Blick in den herrlichen Lesesaal der Bibliothek!), das **Senatsgebäude** und vor allem der **Dom**, Helsinkis Wahrzeichen. Seine Kuppel ist weithin sichtbar, und von den mächtigen Treppen, die zu ihm hinaufführen, hat man einen herrlichen Blick über die halbe Stadt.
Wer nun bereits genug hat von Kultur und Architektur, bummelt durch die Straßen südlich und westlich des Senatsplat-

FOTOS: Visit Helsinki (5), J. Bohmann (3)

Felsenkirche

Suomenlinna

Typisch finnisch ...

zes. Um zum Beispiel an der Flaniermeile **Esplanadi** ein Bier zu trinken (auch wenn der Preis dafür hier noch höher ist als sonst in Helsinki) oder dem legendären **Kaufhaus Stockman** einen Besuch abzustatten. Oder dem Showroom des Glasfabrikanten **Iittala** gleich nebenan – ein Mekka für Freunde nordischen, skandinavisch-kühlen Designs.

Ein wichtiges Stichwort ist damit gegeben: Kaum etwas außer Saunieren, Langlauf und Tangotanzen (!) scheint die Finnen so zu begeistern wie die Suche nach originellen Designs. Mit dem Ergebnis, dass die Stadt im Jahr 2012 wohl den Titel „World Design Capital“ tragen wird. Wer sehen will, welche Originalität dahintersteht, kann Helsinki auf dem Themenrundgang **Design District** erkunden: 170 Läden, Museen, Galerien und sogar Kneipen im Zentrum sind angeschlossen; ein grau-weißes Signet weist den Weg. Falls Sie ihn nicht finden: Beim „Flagship Store“ des Möbeldesigners **Artek** (der u. a. Stühle des Stararchitekten Alvar Aalto nachbaut) an der Esplanadi weist man Ihnen den Weg.

Vielleicht aber haben Sie sich auch der Stadtrundfahrt im Bus angeschlossen. Dann haben Sie das engere Zentrum bereits verlassen – und erleben finnische Kreativität bei Sehenswürdigkeiten, die zu Fuß an einem Tag nicht zu erreichen sind. Als da wären: die **Finlandia-Halle**, ein 1971 im Stil des „Funktionalismus“ errichtetes Konzert- und Kongressgebäude des schon erwähnten Alvar Aalto (1898–1976); der wuchtig-repräsentative **Hauptbahnhof** (erbaut 1919); das **Olympiastadion**, in dem Lauflegende Paavo Nurmi 1952 das olympische Feuer entzündete; das Denkmal für den Komponisten der „Finlandia-Sinfonie“ **Jean Sibelius** (1865–1957) ... und nicht zuletzt die 1969 fertiggestellte **Felsenkirche** Temppeliaukio, ein in den Granit geschlagener Geniestreich des architektonischen Expressionismus. Durch ein rundes Kupferdach mit 180 Fenstern fällt Tageslicht herein; die bis zu acht Meter hohen Kirchenwände bestehen aus unbehauenem Fels.

TIPP **Weder Spaziergang noch Bustour? Wenn Sie Helsinki auf originelle Weise erkunden wollen, nehmen Sie die Straßenbahn der Linie 3T. Sie passiert u. a. das Kunstmuseum, das Parlament, das Olympiastadion und den Dom.**

ESSEN & TRINKEN Elchbraten, Moltebeeren, Kaviar-Blinis: Finnische Küche ist fremd – und spannend. Wer sie probieren will, kann das **Fabian** aufsuchen (ca. 100 Meter südlich der Esplanadi über Fabiansgatan), dort gibt es neben dem Hauptrestaurant auch ein uriges Kellercafé. Ein Klassiker ist auch das **Aino** an der Nordseite der Esplanadi (Pohjoisesplanadi 21). Wer Spezialitäten aus Lappland probieren möchte, nimmt ein Taxi (ca. 10 Min.) zum **Saaga** (Bulevardi 34 B) in der Weststadt. Und auf einen Drink geht's in Fußnähe des Doms ins **Cafe Engel** am Senatsplatz oder in die tatsächlich eiskalte **Icebar** in der Universitetsgatan 9.

DIE BESTEN AUSFLÜGE sind die Erkundungen des Stadtzentrums – zu Fuß, per Minibus oder auch mit dem Fahrrad, wie es manche Reedereien inzwischen anbieten. Wer unbedingt hinausmöchte aus dem Zentrum, sollte die Festung **Suomenlinna** aufsuchen: das „Gibraltar des Nordens“, einst vom schwedischen König gebaut – und deshalb auch als „Sveaborg“ bekannt. Man erlebt ein Musterbeispiel klassischer Festungsarchitektur, ein UNESCO-Weltkulturerbe – und auf dem Weg dorthin einen Blick auf Helsinki vom Wasser aus: Suomenlinna ist die östlich der Hafeneinfahrt gelegene Insel. Nur per Boot kommt man hin.

J. BOHMANN

Im Design District: Recycling-Accessoires

Türkise Paradiese

Was für die Europäer das Mittelmeer, das ist für die Amerikaner die Karibik: ein Badeparadies unter Palmen, direkt vor der Haustür. Der Unterschied: Historische Bauwerke und Städte gibt es nur wenige. Traumstrände und malerische Buchten dafür umso mehr

Die Bahamas aus der Luft

Auf Antigua, das gerade halb so groß ist wie Ibiza, behaupten sie, es gebe 365 Strände. Und auf Cayo Levantado, einem Inselchen in der Dominikanischen Republik, das kaum größer sein dürfte als Hamburgs Binnenalster, soll der berühmteste Rum-Werbespot aller Zeiten gedreht worden sein: glückliche Menschen im türkisfarbenen Paradies. Dass der Karibikalltag oft anders aussieht, wird man auch auf Kreuzfahrten nicht übersehen. Und darüber staunen, mit welcher Leichtigkeit das Leben dennoch – meistens – gemeistert wird. Zum Beispiel so: Wenn es regnet, spricht man nicht von „rain", sondern von „liquid sunshine". Auch auf St. Lucia, das wir für eines der schönsten Karibikziele halten. 25 weitere stellen wir Ihnen im Internet vor – unter www.kreuzfahrtguide.com/reiseziele

Highlight STADT/HAFEN

Highlight AUSFLUGSZIEL

Beschriebene HAFENSTADT

STADT/HAFEN

FOTOS: Bahamas Tourist Board (1), C.-P. Haller (1), Cunard (1)

Castries

Beachlife

Fischmarkt

Landgang
St. Lucia

St. Lucia ist unverwechselbar. Die Wahrzeichen der westindischen Insel gehören zu den meistfotografierten Motiven der Karibik: der **Gros Piton** und der **Petit Piton**. Schon von weitem sind die beiden nicht mehr aktiven Vulkankegel im Südwesten der Insel zu sehen. Bis zu 800 Meter ragen die „Zuckerhüte“ aus dem Meer. Sie zieren auch die Nationalflagge, sogar die lokale Biermarke heißt Piton. Wie fast alle Inseln dieser Region ist auch St. Lucia vulkanischen Ursprungs. Auf dem Lavagestein gedeiht eine üppige Vegetation, die Insel gehört zu den grünsten der gesamten Karibik. Rund zehn Prozent der Fläche deckt tropischer Regenwald, viele exotische Pflanzen wachsen hier. „Jacquot“ nennen die Einheimischen ihren farbenfrohen Papagei (blauer Kopf, grüner Rücken); er wird bis zu 45 Zentimeter groß – und ist an seinem „Krächzen“ zu erkennen.

Wahrzeichen: die Pitons

In der Kolonialzeit war St. Lucia besonders hart umkämpft: Nachdem die einheimischen Kariben weitgehend vertrieben waren, lieferten sich Franzosen und Engländer schwere Gefechte. Seit 1979 ist St. Lucia unabhängig, jedoch weiterhin Mitglied des Commonwealth. Gut 150.000 Einwohner besiedeln die Insel; die meisten sind Nachkommen einstiger Sklaven aus Schwarzafrika. Das Klima ist zwar heiß und tropisch, durch die meist wehenden Passatwinde aber trotzdem angenehm. Währung ist der East Caribbean Dollar (XCD). Ein Euro entspricht knapp 4 XCD.

VOM HAFEN IN DIE STADT Hafen- und Hauptstadt von St. Lucia ist **Castries**. Dort leben ca. 50.000 Einwohner, also rund ein Drittel der Inselbevölkerung. An den citynahen Terminals **Pointe Séraphine** und **La Place Carenage** liegen die meisten Kreuzfahrtschiffe, vor allem die großen Liner der amerikanischen Reedereien. Zu Fuß ins Zentrum dauert es – je nach Liegeplatz – ca. 15 Minuten.

ANSCHAUEN Sehenswürdigkeiten gibt es in Castries kaum, die Hauptstadt ist eher Ausgangspunkt für Insel-Exkursionen. Zumindest bekommt der Landgänger in Castries aber einen Eindruck vom Alltagsleben einer karibischen Metropole, und ein kurzer Shoppingausflug entlang der **Jeremie Street** lohnt sich allemal. U. a. steht dort eine alte Markthalle, in der es die üblichen Touristensouvenirs gibt: T-Shirts, Piton-Schnitzereien und Rastamützen.

TIPP Für Familien interessant: Im Hafen von Castries liegt

Lebensfreude

Tauchausflug

Piraten ...

die Brig Unicorn, das Originalschiff aus dem Film „Fluch der Karibik". Es bietet Piratentörns mit Schatzsuche an, Sunset-Touren und Ganztagesausflüge. Inklusive Rum-Punsch für die Erwachsenen – und der sorgt in der Regel für eine feucht-fröhliche Rückfahrt. Einige Reedereien haben den Törn auch im Ausflugsprogramm.

ESSEN & TRINKEN Das lokale Piton-Bier ist – neben dem Rum-Punsch – nahezu ein „Pflichtgetränk". Wer es lieber nichtalkoholisch mag, kann sich z. B. auf dem Markt von Castries eine Kokosnuss frisch öffnen lassen. Südfrüchte werden reichlich angeboten, Hauptexportartikel auf St. Lucia sind noch immer Bananen. Die Küche auf der Insel ist kreolisch-international.

TIPP **Eines der besten Restaurants ist das Dasheene im Ladera Resort bei Soufrière. Im edlen Ambiente wird hier die preisgekrönte „Creative Caribbean Cuisine" serviert. Der Panoramablick von der Terrasse auf die Pitons ist fantastisch. Abends trinkt man Cocktails in der Tcholit Bar, zudem gibt es meistens Calypso-Livemusik.**

DIE BESTEN AUSFLÜGE Die Alternative zum Trott der gebuchten Landausflüge sind die Taxis. Sie stehen in Castries in Terminalnähe in genügender Zahl bereit. Zu mehreren ist auch ein Ganztagesausflug in der Regel billiger als organisiert mit dem Ausflugsbus. Wer ins üppige Grün der Insel will, sollte genügend Zeit einplanen und Richtung Süden fahren. Auf eigene Faust sind Exkursionen in die Regenwälder allerdings nicht gestattet, hier muss man sich also einem „local guide" anschließen.

Kurztrips sind möglich zum 260 Meter hohen Aussichtspunkt **Morne Fortune** mit schönem Blick auf Castries. Rund 15 Kilometer nördlich der Hauptstadt liegt das bekannteste Touristenzentrum, **Rodney Bay**. Nicht gerade ein einsamer Karibikstrand, dafür aber mit bester Infrastruktur. Die größten Hotelresorts von St. Lucia stehen hier.

Eine der schönsten Buchten ist die palmenumsäumte **Marigot Bay**, ebenfalls an der Westküste. Der idyllische Ort ist auch zu Filmehren gekommen. Hier wurde u. a. 1966 der Hollywood-Streifen „Dr. Doolittle" gedreht. Einst ein populäres Piratenversteck, ist die Marigot Bay heute auch ein beliebter Seglertreff mit Bars und Restaurants.

Die ehemalige Hauptstadt **Soufrière** ist das Zentrum des Südens. In der Bucht ankern oft kleinere Kreuzfahrtschiffe, wie die Segler Sea Cloud oder Royal Clipper. In der Umgebung von Soufrière befinden sich die landschaftlichen Highlights von St. Lucia: Die beiden **Pitons** und die dampfenden Schwefelquellen Sulphur Springs. Sie gehören zu einem noch aktiven Vulkan, der sogar mit dem Auto befahrbar ist – laut Touristenfaltblatt der einzige „Drive-in-Vulkan der Welt". Ein grünes Wunder ist der **Diamond Botanical Garden** in den Bergen oberhalb von Soufrière. Er könnte auch Drehort für das nächste Dschungel-Camp sein. Zum touristischen Pflichtprogramm gehört die alte **Morne-Coubaril-Plantage** von 1723. Neben der Führung durch eine ehemalige Sklavensiedlung wird auch die Produktion von Kakao demonstriert. Aber auch auf St. Lucia ist der Weg das Ziel: Die Fahrt entlang der Westküste, vorbei an üppigen Bananenplantagen, lohnt sich immer.

UWE BAHN

FOTOS: MSC Kreuzfahrten (2), U. Bahn (2), Verlagsarchiv (4)

Nordamerika

„Transatlantik" nach New York – ein Kreuzfahrtklassiker schlechthin. Doch wer einmal da ist, will auch Boston, Charleston und Philadelphia sehen. Oder Ostkanada – am besten im magischen „Indian Summer"

Die beste Reisezeit: der Indian Summer

Peggy's Cove

Skyline

Fort George

Landgang

Halifax & Nova Scotia

Willkommen in der sympathischen Hauptstadt „Neu-Schottlands“! Dass nur 370.000 Menschen hier leben, mag man, wenn man sich der glitzernden Skyline nähert, kaum glauben. Doch schnell spürt man: Hektik à la Boston oder New York kennt diese Stadt nicht. Und ein Geheimtipp ist sie auch wegen der sie umgebenden Landschaft: Nova Scotia zeigt das Beste der Atlantikküste Kanadas – vor allem zur Zeit der Herbstlaubverfärbung im legendären „Indian Summer“.

VOM HAFEN IN DIE STADT Kreuzfahrer legen am modernen **Halifax Seaport** an; von dort aus kann man zu Fuß ins Zentrum laufen. Wenn mehr als zwei Schiffe zu Gast sind, wird der Containerhafen als Ausweichplatz genutzt. Dort ist man auf Taxi oder Shuttlebus angewiesen.

ANSCHAUEN Am **Boardwalk** am Hafen schlägt das Herz der Stadt. Moderne Glastürme stehen neben historischen Speichern wie dem **Privateer's Wharf**, in denen jede Menge Galerien, Restaurants und Souvenirshops untergebracht sind, außerdem viele Livemusik-Pubs: Vor allem die Folk-Szene der Stadt ist lebendig. Empfehlenswert auch ein Blick in die Museen. Im **Pier 21** im Obergeschoss des Seaport geht es um die Geschichte der Einwanderung – und im **Maritime Museum of the Atlantic** u. a. um zwei Großereignisse der Seefahrtsgeschichte: den Untergang der **Titanic** 1912 (in Halifax wurden 140 Opfer der Katastrophe bestattet) und die Explosion des französischen Kreuzers **Mont Blanc** im Jahr 1917. Große Teile der Stadt wurden damals verwüstet; 1.635 Menschen kamen ums Leben. Wer gut zu Fuß ist, steigt vom Boardwalk aus noch zur Zitadelle **Fort George** im Zentrum hinauf. In ihrer Nähe befinden sich das **Province House** von 1811–18, die historische **City Hall**, die **Art Gallery of Nova Scotia** – und der fotogene **Uhrturm** „Old Town Clock“.

TIPP Im 30-Minuten-Takt fährt die Dartmouth Ferry zum Stadtteil Dartmouth hinüber. In 12 Minuten Fahrzeit bringt sie Besucher in eine stillere Welt. Zum Beispiel zum World Peace Pavilion, wo man u. a. Mondgestein bestaunen kann – und einen Brocken aus der Berliner Mauer!

ESSEN & TRINKEN „Clam chowder“ & „lobster“: Man war nicht in Kanada, wenn man nicht einmal die köstliche Meeresfrüchtesuppe oder fangfrischen Hummer probiert hat. Gelegenheit dazu gibt's zuhauf längs des Hafens. **TIPP Wer Seafood in Fine-Dinig-Atmosphäre möchte, geht zu The Press Gang (Prince Street 5218) – oder nimmt ein Taxi ins schicke Onyx in der Spring Garden Road (No. 5680).**

DIE BESTEN AUSFLÜGE Nova Scotias Küste ist gespickt mit Leuchttürmen. Dass einer schöner als der andere ist, zeigt der **Lighthouse Trail**. Einer seiner Höhepunkte steht 30 Minuten südlich von Halifax: **Peggy's Cove**. Dramatisch thront er auf Granitklippen, und im Turm gibt's ein Postamt, das Ihren Postkarten einen Sonderstempel aufdrückt. Jede Menge Motive dafür gibt's auch eine halbe Stunde weiter in **Lunenburg**: 1753 von deutschen Siedlern gegründet, steht der Bilderbuchort mit seinen ochsenblutrot gestrichenen Hafenspeichern auf der UNESCO-Welterbeliste. Nur bei längeren Aufenthalten wird auch der nördliche Teil von Nova Scotia besucht, die wildromantische Halbinsel **Cape Breton**. Vier Stunden dauert die Fahrt dorthin. Manchmal legen Schiffe aber auch im Hafen von **Sydney** an, in dessen Nachbarschaft die National Historic Site **Louisbourg** Besuchermagnet ist: ein Dorf aus der Zeit, in der Franzosen und Briten um die Herrschaft über Kanada rangen – und in dem man isst, trinkt und „lebt“ wie damals: „living history“ vom Feinsten.

JOHANNES BOHMANN

FOTOS: Fotog (1), Princess Cruises (1), iStockphoto (2)

Südamerika

Amazonas, Anden, Iguaçu und Kap Hoorn: Südamerika heißt einer der jüngsten Kreuzfahrttrends. Auch wegen seiner schillernden Städte – von denen Buenos Aires, neben Rio, zu den schönsten zählt

Tango, Tango

Im Zentrum

La Boca

Landgang

Buenos Aires

Es gibt Paris, Madrid und London. Und es gibt eine Stadt in Südamerika, die in fast allen Winkeln an diese alten Damen Europas erinnert: Buenos Aires. An die Zeit, als die Menschen aus der alten Welt hoffnungsvoll in die Stadt am Río de la Plata strömten, als man Glanz und Gloria an den Prachtfassaden des vornehmen Recoleta ablesen konnte, während in der ärmeren Altstadt von San Telmo die Bandoneons das Seufzen der liebeskranken Tango-Tänzer begleiteten. Der Tango schmachtet noch immer aufs Schönste, die jüngeren Porteños bevorzugen allerdings coolere Klänge. Im Viertel Palermo oder in der Hafenmeile von Puerto Madero feiern sie das Leben und die Mode bei Mate oder Café con leche.

VOM HAFEN IN DIE STADT Ganz klar – mit dem Taxi. Mehr als ca. 2 Euro wird man auf kaum einer Strecke los. Wer nur ein bisschen zu Fuß gehen möchte: Der Cruise Terminal an der Avenida General Castillo liegt in der Nähe des schicken neuen Hafenviertels **Puerto Madero** – eine schlappe Linksdrehung weiter sozusagen.

ANSCHAUEN Ein Muss ist die Altstadt von **San Telmo**, mit pittoresken Innenhöfen, Kuppeln und Kirchen, Straßenkünstlern, Pariser Flair, Flohmarkt und Tango auf der Straße. Von hier aus zu Fuß machbar: der historische Platz **Plaza de Mayo** mit dem Regierungsgebäude **Casa Rosada**, aus dem schon Evita winkte. Aus Tradition schick ist der Stadtteil **Recoleta**, mit breiten Boulevards, Villen und glitzernden Einkaufspassagen – und mit einem Friedhof, auf dem die Toten Minihäuschen an kleinen Gassen mit Straßennamen bewohnen. Auch Eva Perón liegt hier begraben. Gar nicht morbide ist **Palermo Viejo**, der Stadtteil der Künstler und Modemacher: entzückende Cafés, witzige Shops und Plätze unter Bäumen, voller Lachen und Leben. Architekturfans dürfen **Puerto Madero** nicht verpassen, die argentinischen Docklands. Seit 1993 haben sich dort Norman Foster, Philippe Starck und andere Größen ausgetobt. Die Brücke **Ponte de la Mujer** trägt eindeutig die Handschrift Santiago Calatravas. Toll auch die Kunstsammlung **Collección Fortabat**: Warhol, Dalí, Brueghel & Co. in der Straße Olga Cossettini 141.

TIPP Buenos Aires hat seine Finanzkrise schon einige Jahre hinter sich, und obwohl die Preise seit 2001 wieder angezogen haben – für Europäer liegen sie noch auf Schnäppchenniveau. Wer also shoppen gehen will: Argentinien ist für sein Leder bekannt, für schicke Stiefel und Schuhe – fast alles ist enorm preiswert für Euro-Zahler. Witziges aus Kuhhaut gibt es bei Humawaca im Stadtteil Palermo (El Salvador, No. 4692). Ein Tipp sind auch die heimischen Modedesignerinnen Jazmín Chebar und María Cher: Prêt-à-porter zu Spottpreisen.

ESSEN & TRINKEN Die Rinder der Pampa sind nicht weit: Buenos Aires frönt der Fleischeslust. Steaks, Koteletts, Filets – alles wird zentimeterdick serviert.

TIPP Großartig und geschichtsträchtig zugleich ist El Obrero in La Boca. In diesem eigentlich einfachen Arbeiterlokal speiste schon Maradona. Achtung: Die Gegend ist berüchtigt. Mit dem Taxi vor die Tür fahren – und sich dort auch wieder abholen lassen. Zum Chillen, Lunchen und Beautiful-people-Gucken: die Bar 6 in Palermo (Armenia 1676, Tel. 48 33 68 07).

SILKE PFERSDORF

FOTOS: MSC Kreuzfahrten (3), iStockphoto (1)

Bali

Oman

FOTOS: iStockphoto (2), J. Bohmann (1)

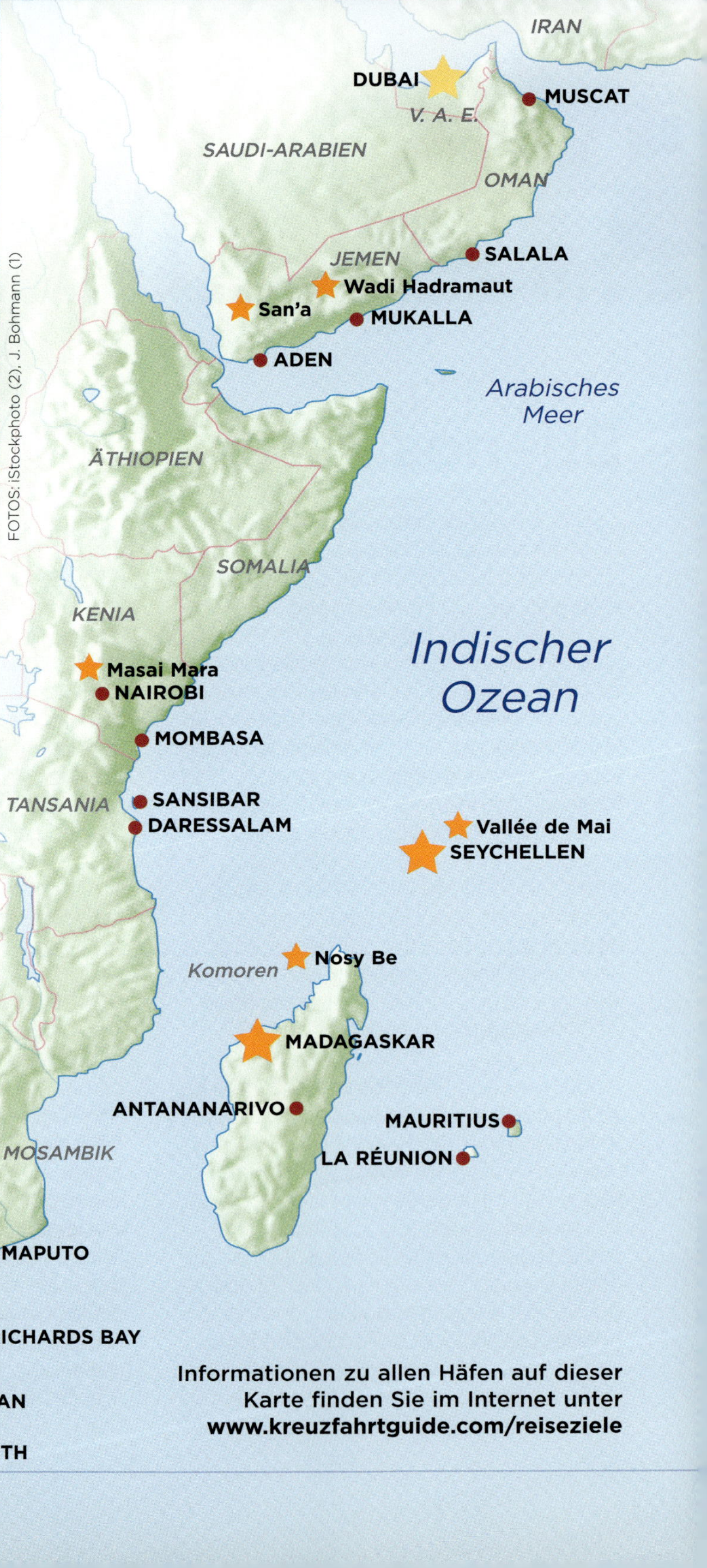

Informationen zu allen Häfen auf dieser Karte finden Sie im Internet unter **www.kreuzfahrtguide.com/reiseziele**

Indien

Kurs Exotik

Blaue Wunder vom Kap der Guten Hoffnung bis zu den Stränden Balis: willkommen in einem Kreuzfahrtrevier für Fortgeschrittene!

Kein anderes Weltmeer kann an Schönheit mit dem „Indik", wie Seeleute ihn nennen, mithalten – auch nicht der Pazifik, denn er ist ärmer an Kultur. Dagegen hier: Inseln wie schwimmende Träume, Häfen wie aus einer anderen Zeit – und ungezählte Orte, in denen man den Spuren der Gewürzhändler, der Entdecker und der arabischen oder europäischen Seefahrer folgen kann: Sindbad und Vasco da Gama, Marco Polo und Ibn Battuta – und nicht zuletzt Joseph Conrad haben dieses „Meer der Träume" bereist. Doch auch die Zukunft hat zwischen Kalkutta und Kapstadt, Mumbai und Mombasa längst begonnen. Am augenfälligsten am Arabischen Golf, den man früher den Persischen Golf nannte. Und an dem mit der „Übermorgenstadt" Dubai eine Metropole herangewachsen ist, die als Kreuzfahrtziel zu Recht in aller Munde ist. Sie fasziniert wie früher New York. Und ist doch völlig und rundherum anders.

Tradition

Burj Dubai

Statussymbol

Landgang
Dubai

Höher, schneller, weiter: Dubai – Stadt der Superlative. Mehr als 1,5 Millionen Menschen unterschiedlichster Herkunft leben hier. Kaum vorstellbar, dass es hier vor vierzig Jahren lediglich ein verschlafenes Fischerdorf gab. Genau da, wo heute eine atemberaubende Skyline an den Wolken kratzt – das höchste Gebäude der Welt gehört seit kurzem dazu. Mit Erdölfunden im Jahr 1966 fing alles an. Zur Megacity, über die alle Welt heute spricht, wurde Dubai aber erst, seit man weiß, dass das Öl zur Neige geht. Denn erst seither setzt man auf den Tourismus als neue Einnahmequelle. Und baut ihm im Rekordtempo immer neue Sensationen.

Palm Jumeirah

VOM HAFEN IN DIE STADT Im **Port Rashid** westlich des **Dubai Creek** legen die Schiffe an – an einem nagelneuen, soeben eröffneten Terminal. Dort warten die Taxen und Ausflugsbusse: Wer möglichst viel in kurzer Zeit sehen möchte, sollte die City-Tour mitmachen. Die Alternative: Durch den **Shindagha-Tunnel** kann man auch zu Fuß hinüber zum anderen Ufer des Flusses gehen – und ist mittendrin im „alten" Dubai. Der **Gold-Souk** wartet dort, ein traditioneller Basar mit günstigen Preisen für das Edelmetall – und nicht weit entfernt auch der **Gewürz-Souk**, in dessen engen Gassen es nach Nelken, Kardamom, Zimt und Weihrauch duftet, direkt aus offenen Säcken zu kaufen. Doch auch Museen gruppieren sich um den alten Hafen am Fluss: Das Ende des 19. Jahrhunderts mit kühlenden Windtürmen errichtete **Sheikh-Zayed-Haus**, der ehemalige Wohnsitz des 2004 verstorbenen Herrschers, gehört dazu. Oder das **Heritage Village**, das Einblicke in die traditionelle Architektur und das Leben der Beduinen gewährt. Wer mag, kann sich hier schon mal im Kamelreiten versuchen.

ANSCHAUEN Für alle, die weiter auf eigene Faust unterwegs sind: Eine Fahrt mit den **Abras** genannten Wassertaxen auf dem Dubai Creek ist ein Abenteuer für sich – und kostet fast nichts. Fragen Sie nach dem Fahrziel **Bastyaka**: Mit seinen schmalen Gässchen vermittelt der frisch restaurierte Stadtteil einen lebensnahen Eindruck von der „guten alten Zeit". Von ihr – der Ära vor der Entdeckung des Erdöls – erzählt auch das ganz in der Nähe gelegene **Dubai Museum**. Es ist im 1787 erbauten Al-Fahidi-Fort untergebracht, das Dubai einst vor Angriffen von der Landseite schützte und später als Palast, Garnison und sogar Gefängnis diente. Ein Exkurs in die Welt der Perlentaucher und interessante archäologische Funde runden den Besuch ab.

FOTOS: P. Günther (1), DTCM (2), J. Bohmann (2), iStockphoto (3)

Wüstensafari

Cruise Terminal

Burj al Arab

Ab jetzt geht der Blick zum Himmel (und braucht man ein Taxi): Die heiligen Traditionen des Islam verkörpern die zahlreichen Gebetshäuser der Stadt. Als größtes gilt die **Jumeirah-Moschee**, errichtet im Stil der Fatimiden-Tradition, mit einem Doppelminarett, das vor allem in der Dunkelheit eindrucksvoll ist. Nicht-Moslems dürfen ihr Inneres aber nur zu bestimmten Uhrzeiten betreten (zzt. donnerstags und sonntags um 10 Uhr morgens) – und müssen sich anmelden (Tel. +971 (0)4 344 775). Anmeldungsfrei, weil weithin wahrnehmbar, ist der Blick auf das höchste Gebäude der Welt: den **Burj Dubai**. Er ist Mittelpunkt eines neuen Stadtteils (Downtown Dubai), soll 818 Meter (!) in den Himmel ragen und im 124. Stock eine Aussichtsplattform bieten – wie man hinaufkommt, stand bei Redaktionsschluss jedoch noch nicht fest. Falls es Ihnen gelingt, können Sie von oben die „offshore" gelegenen Meisterwerke der Dubaier Ingenieurskunst bestaunen: das segelförmige Hotel **Burj al Arab** und die künstlichen Inseln vor der Küste, **The World** also und die drei (noch lange nicht fertigen) „Palmen". Immerhin, die 560 Hektar große **Palm Jumeirah**, Vorreiterin der Landgewinnung, ist komplett. Ihren Wellenbrecher krönt ein ockerfarbener Koloss: das Megahotel **Atlantis**.

TIPP **Taxis sind in Dubai günstig. Achten Sie aber bei längeren Fahrten auf die Tageszeit: Zur Rush Hour ist die Hauptverkehrsader Sheikh Zayed Road meist hoffnungslos überfüllt. Die Alternative: die 2009 eröffnete Metro!**

ESSEN & TRINKEN Ob ein „Shawarma" auf die Hand oder ein üppiges Mahl mit Fleisch, Fisch und Süßspeisen – Dubais Küche hält für jeden Geschmack etwas bereit. Neben Restaurants libanesischer, syrischer oder ägyptischer Ausrichtung gibt es auch ein üppiges Angebot an indischer, pakistanischer oder philippinischer Küche. Einheimische Spezialitäten wie die Fleischgerichte „Harees" und „Machboos" oder den Eintopf „Fareed" isst man am besten im Stadtteil **Bur Dubai**, nahe dem Bastyaka. Eine kulinarische Reise (fast) rund um die Welt bieten die dem Luxushotel **Madinat Jumeirah** angeschlossenen Nobel-Etablissements. Ihr zusätzlicher Vorteil: Auch das Hotel selbst ist eine Augenweide – und blickt direkt auf den Burj al Arab.

TIPP **Außerhalb der Hotels ist es Restaurants nicht gestattet, Alkohol auszuschenken. Probieren Sie doch stattdessen einen mit Kardamom durchsetzten arabischen Kaffee.**

SHOPPING Auch hier nichts als Superlative: Mit der **Dubai Mall** steht seit November 2008 das größte Einkaufszentrum der Welt in Downtown Dubai. Das Gebäude in Schiffsform beherbergt auf 350.000 Quadratmetern zahllose Geschäfte, darunter den größten Gold-Souk der Welt. Auf dem über eine Million Quadratmeter großen Gelände gibt es zudem eine Eislaufbahn, ein Multiplexkino und ein riesiges Aquarium. Und man kommt mit der **Metro** hin: Von der Station Burj Dubai fährt ein Zubringerbus zur Mall.

DIE BESTEN AUSFLÜGE Stadtrundfahrt und Wüstensafari: So lautet das Dubai-„Pflichtprogramm"; einmal in den Dünen auf Kamelen reiten oder „Sandboard" fahren gehört dazu. Teurer, aber sehr eindrucksvoll sind Rundflüge per Helikopter oder Wasserflugzeug: Dabei werden einem die Ausmaße der künstlichen Inseln und der Wolkenkratzer erst richtig bewusst. Wer's traditioneller mag, bucht eine **Dhow**: Auf Holzbooten dieses Namens lässt sich der Creek auf das Ursprünglichste erleben. Und wer noch mehr Arabien will, fährt weiter. Nach **Abu Dhabi**, **Sharjah**, **Bahrain** oder gar bis in den **Oman**. Aber das ist eine ganz andere Geschichte ... aus 1001 Nacht.

PEGGY GÜNTHER

SCHIFFE

40°

REEDEREIEN & VERANSTALTER

0°

40°

Maritime Bücherkiste

Spannende, unterhaltsame und informative Kreuzfahrtlektüre – mit unseren Buchtipps wird Ihre Reise garantiert nicht langweilig

Moderne Piraterie im Golf von Aden: ein spannender Augenzeugenbericht von Kapitän Marchesseau

Tatsachenbericht zur Piraterie

Im April 2008 wird der Luxussegler **Le Ponant** auf einer Transitfahrt im Golf von Aden von Piraten überfallen. Eine Woche lang befinden sich die 30 Besatzungsmitglieder in der Hand der Angreifer, bevor Kapitän **Patrick Marchesseau** eine Lösung herbeiführen kann. Eine spannendes Tatsachenprotokoll. **Koehler Verlag. 2008, 208 Seiten, € 19,90**

Ideal zum Schmökern: Das liebevoll gestaltete Kartenwerk entführt in fremde Welten

Inseln zum Träumen

Von der Oster- bis zur Weihnachtsinsel: Fünfzig entlegene Orte rückt die Kommunikationsdesignerin **Judith Schalansky** mithilfe von historischen Begebenheiten und naturwissenschaftlichen Berichten erstmals in den Fokus des Betrachters. Der kunstvoll gestaltete Halbleinenband ist eine Augenweide. **mareverlag, Hamburg 2008, 144 Seiten, € 34,00**

Von der Erdenscheibe und „terra australis" zeugen zahlreiche historische Karten

Navigationsgrundlage

Großformatige Welt- und Seekarten vermitteln in diesem Atlas die sich wandelnde Weltsicht von der Antike bis zur Neuzeit. In der französischen Nationalbibliothek traf **Oliver Le Carrer** eine interessante Auswahl an Beweisstücken. **Delius Klasing, Bielefeld 2009, 128 Seiten, € 39,90**

Der Journalist und Seemann Herbert Fricke plaudert aus seinem Leben auf See

Kreuzfahrt-Geschichten

In gewohnt lockerer Manier erzählt NDR-Moderator **Herbert Fricke** von Szenen, wie man sie nur auf hoher See erleben kann. Das kurzweilige Buch widmet sich lustigen Anekdoten, aber auch der traurigen Geschichte einer stummen Schönheit. **Delius Klasing, Bielefeld 2009, 192 Seiten, € 12,90**

BELLEVUE AND MORE

Uwe Bahn, Johannes Bohmann
Kreuzfahrt-Guide 2010

Autoren

Uwe Bahn, Dr. Johannes Bohmann (Hauptautoren), Frank Behling, Katharina Büttel, Krischan Förster, Fred Friedrich, Peggy Günther, Thomas P. Illes, Claudia List, Christian Oldendorf, Silke Pfersdorf, Bernd Schiller, Oliver Schmidt, Kurt Ulrich, Mike Witte

Chefredaktion Claus-Peter Haller
Redaktion Dr. Johannes Bohmann, Peggy Günther
Grafik Susanne Huber (Konzept), Anne-Katrin Piepenbrink, Claudia Spring
Litho Profi Repro Andreas Bentfeld/ Guido Zbinden
Bildredaktion Christian Oldendorf
Schlussredaktion Oliver Holzweißig
Karten Axel Kock (www.AxelKock.de), Jochen Schäfers (www.gecko-graphics.de)

Verlag

BELLEVUE AND MORE GmbH
Dorotheenstr. 64, 22301 Hamburg
Tel. +49 (0)40 696 595-0
Fax +49 (0)40 696 595-399
E-Mail info@bellevue.de
Internet www.kreuzfahrtguide.com

Geschäftsführung Andrea Wasmuth
Anzeigenleitung Sebastian Schurz
Anzeigendisposition Andreas Schröder
Druck Möller Druck und Verlag GmbH, Ahrensfelde

Vertrieb

GEO CENTER Touristik
+ Medienservice GmbH
Schockenriedstr. 44
70565 Stuttgart
Tel. +49 (0)711 78 19 46 10

DPV Network GmbH
Postfach 57 04 12
22773 Hamburg
Tel. +49 (0)40 37 84 50

Fotonachweis

Wir bedanken uns für die freundliche Genehmigung zum Abdruck der Fotos aus den Archiven der Reedereien, Veranstalter und Fremdenverkehrsämter. Von ihnen oder aus dem Archiv des Verlags stammen, soweit nicht anders vermerkt, sämtliche Fotos in diesem Band, außer den folgenden: S. 94 oben: Dieter Stroh; S. 106 oben u. unten: Thomas P. Illes/Marine Press – Fotomarine; S. 118 oben, S. 119 u. S. 153: Oliver Schmidt; S. 150 oben links: Frank Behling; S. 208 oben: Katharina Büttel

Diesem Buch liegt ein Reisegutschein bei. Sollte er aus Gründen, die der Verlag nicht beeinflussen kann, fehlen, besteht kein rechtlicher Anspruch auf Ersatz oder Barauszahlung.

1. Auflage 2009
ISBN 978-3-9810991-7-1
Pressecode 73486